François Brune

Der innere Schrei nach Erlösung
Befreiung von innen

Holographische Theologie und Mystik

Verlag Via Nova

*Aus dem Französischen
übersetzt von Colette Stüer*

Titelphoto: Henri Stierlin

Originaltitel

*Christ et karma
La réconciliation?*

Editions Dangles
18, rue Lavoisier
45800 ST-JEAN-DE-BRAYE

1. Auflage 1999

Verlag Via Nova, Neißer Straße 9, 36100 Petersberg
Telefon und Fax: (06 61) 6 29 73
Satz: typo-service kliem, 97647 Neustädtles
Druck und Verarbeitung: Rindt-Druck, 36037 Fulda
Alle Rechte vorbehalten
ISBN 3-928632-44-2

Inhaltsverzeichnis

Einleitung

Die Kirche des heiligen Godehard bietet mir einen herrlichen Anblick. Sie wurde vom Krieg verschont, und alle ihre Fenster sind erhalten. Sie ist weniger berühmt als andere Kirchen Rouens, so daß sie nicht von Touristen überschwemmt wird. Neben dem Beichtstuhl brennt ein Lämpchen. Ein alter Priester betet. Ein sehr alter Priester; ich erfahre später, daß er 89 Jahre alt ist. An den Tafeln am Eingang der Kathedrale stand geschrieben, das Durchschnittsalter der Geistlichen in der Diözese betrage 68 Jahre. Es ist auch das Durchschnittsalter der Geistlichen in ganz Frankreich. In manchen Diözesen in Deutschland ist die Situation nur wenig besser. Dieser mutige Priester hält sich bereit, trotz seines hohen Alters, im Dienste... aber übrigens, in wessen Dienst? Die Kirche ist leer. Niemand ist da! Anscheinend braucht ihn niemand mehr.

Es wird immer offensichtlicher, daß die heutige Welt für viele Menschen keinen Sinn mehr hat, daß die Werte, die in ihr herrschen, zutiefst pervertiert sind. Alles sehnt sich nach Erneuerung wie die Natur am Ende des Winters. Es wird nicht ausreichen, politisch etwas zu ändern, oder eine Revolution herbeizuführen, damit alles besser wird. Es geht nicht nur um bessere Organisation, auch nicht um besser angepaßte Sozialstrukturen.

Was so viele junge Leute zum Selbstmord oder Drogenkonsum treibt – das kommt auf das gleiche hinaus –, ist doch die Leere, die Angst vor einem sinnentleerten, ausweglosen Dasein. Wenn alles nichtig ist, so ist es besser, sich sofort ins Nichts zu stürzen.

Reaktiv verstärkt diese Leere das Verlangen nach dem Absoluten. Man kann dem Nichts, dem Absurden, nur entkommen, indem man den Sinn wiederfindet, aber es muß der ganze Sinn sein.

Das erfuhr z. B. Tatjana Goritschewa, eine ehemalige Funktionärin der kommunistischen Jugend in Leningrad. Damals hieß Sankt Petersburg noch Leningrad. Sie führte eine Art Doppelleben. Tagsüber genoß sie es, „eine erfolgreiche Studentin zu sein, der Stolz der philosophischen Fakultät, mit auserlesenen Intellektuellen zu verkehren, gelehrte Vorträge zu halten, geistige Leckerbissen spielerisch zu kosten." Nachts aber stürzte sie in die Verzweiflung, in die Gesellschaft der Ausgestoßenen, in den Abgrund der Diebe, der Wahnsinnigen und der Süchtigen. „Wir suchten die Schmuddelecken auf", schreibt sie, „wir tranken in Speichern und Kellerlöchern."

Das war ihre existentialistische Lebensstufe, die sie auch heute in gewissem Sinne nicht verleugnet: „Auch wenn Sartre ein Religionsfeind ist, so konnte er uns gerade bis zur Verzweiflung führen, die an der Grenze zum Glauben liegt."

Die nächste Stufe wurde die Erfahrung des Yoga. „Ich lernte es nach und nach, geheimnisvolle ‚Energien‘, die ich entdeckte, zu nutzen. Yoga war mir insofern willkommen, als er eine ‚Energielehre‘ vertrat, d. h. einen Materialismus ohne die geringste Notwendigkeit, glauben zu müssen. So wurde er für uns Nichtgläubige zu einer Art Brücke zwischen der Welt der Empirie und der Welt der Transzendenz… Aber die Leere, die schon lange existentiell geworden war, war deswegen noch lange nicht gewichen. Sie schien im Gegenteil noch abgründiger zu werden, wuchs sozusagen zu einem mystischen Entsetzen heran, das mich an den Rand des Wahnsinns brachte."

„Ich hatte noch nie gebetet, kannte kein einziges Gebet. Eines unserer Yogabücher aber schlug uns eine Übung mit dem Herrengebet, dem Vaterunser, vor. Ich fing an, es mechanisch, ausdruckslos, wie ein Mantra vorzutragen. Als ich es ungefähr zum sechsten Mal las, wurde ich plötzlich wie umgekrempelt.

Nicht meine idiotische Vernunft, sondern mein ganzes Wesen verstand, daß Er existiert, Er, der Lebendige, Persönliche Gott, der mich und die ganze Schöpfung liebt, der Gott, der diese Welt geschaffen hat und aus Liebe Mensch geworden ist, der gekreuzigte und wiederauferstandene Gott. In einem Augenblick offenbarte sich mir das ‚Geheimnis‘ des Christentums, das wahre Leben und mein Platz in diesem Leben. Ich war wirklich erlöst."[1] Deswegen bleibe ich ein überzeugter Christ.

Bedauerlich ist eben, daß im christlichen Abendland viele unserer Theologen Gott auf die Art der Philosophen „suchen": Gesetzt den Fall, daß es Gott wirklich gibt, unter welchen Bedingungen könnte denn der Mensch hoffen, ihn zu erkennen? Und wenn er dahin käme, inwieweit könnte man eine Beziehung zwischen Gott und Mensch herstellen?

Die theologischen Vorbereitungsübungen werden immer länger. Die Begegnung bleibt aus.

„Keiner kann Theologe sein, ohne Gott gesehen zu haben" , sagt ein Text aus den ersten Jahrhunderten der Kirche. Ja! Die Gotteserfahrung kommt zuerst. Alle Reden kommen erst hinterher und beziehen ihren Wert aus dieser Erfahrung. Wo sie an der Wurzel fehlt, ist die Rede nichts wert.

---

[1] Tatjana Goritschewa, „Wir Bekehrte aus der UdSSR".

Warum fühlen sich so viele unserer Zeitgenossen von orientalischen Religionen, vom Islam und auch immer mehr von esoterischen „New Age"-Strömungen angezogen?

All diese religiösen Strömungen, obwohl im übrigen sehr unterschiedlich, fordern zunächst einmal auf, etwas zu erfahren. Die Lehre wird die Erfahrung nur vorbereiten, begleiten und in ihrer Wirkung weiterführen. Aber alles dreht sich um diese Erfahrung…

In unseren abendländischen Kirchen hält man spirituelle Erfahrung zu oft für ein Privileg auserwählter Seelen, für etwas Unerreichbares und sogar ein wenig Gefährliches. Direkten Kontakt zu Gott haben zu wollen scheint immer etwas verdächtig.

Aber trotzdem: Ist Christus der Schlüssel zum Weltgeheimnis, dann kann das Heil nur von ihm kommen, nicht als „dem größten aller Eingeweihten", wie er oft in einer gewissen esoterischen Literatur verkleinert dargestellt wird, sondern als einzigem Sohn Gottes, als menschgewordenem Gott, wahrem Gott und wahrem Menschen; als die unendliche, bedingungslose Liebe Gottes, die zu uns herabgekommen ist, das ist viel mehr, unendlich viel mehr.

Darin liegt ein wunderbares Geheimnis, von dem unsere abendländischen Kirchen nicht mehr genügend zu erzählen wissen und an das viele kaum noch zu glauben wagen.

Das kommt aber auch daher, daß die Menschen das Geheimnis nicht mehr verstanden haben. Zugegeben, das Bild, das uns von diesem Geheimnis vermittelt wurde, blieb zu sehr an der Oberfläche, ging nicht genug in die Tiefe, wurde oft zur Karikatur entstellt und ist für viele Christen unannehmbar geworden.

Ich möchte Ihnen hier aufzeigen, daß es schon immer eine ganz andere Art gegeben hat, das Geheimnis der Menschwerdung Gottes aufzuschließen. Und dann ändert sich alles, wird alles wunderbar.

Das Leitschema

Ob wir es gutheißen oder nicht, die Menschen werden eben heute immer mehr mit den verschiedenen Glaubensrichtungen dieses Planeten konfrontiert, ob es um große traditionelle Religionen oder um zeitgenössische esoterische, mehr oder weniger spirituelle Strömungen geht.

In fast allen unseren Städten haben sich die ehemals „religiösen" Buchhandlungen umstellen müssen. Heute bleiben nur noch wenige Abteilungen dem Christentum vorbehalten, während viele andere sich sowohl mit

Hinduismus, Buddhismus, Islam, der Kabbala als auch mit Astrologie, Numerologie, Tarot, sanfter Medizin usw. befassen.

Zunächst setzte sich das Christentum vor allem in den „Missionsländern" mit den anderen großen Religionen auseinander. Dort waren die Christen in der Minderheit. Heute haben sowohl der Informationsaustausch als auch die Mobilität der Menschen so zugenommen, daß kein Landstrich abseits bleiben kann. In Zukunft wird wohl kaum jemand nur deswegen Katholik, Jude oder Protestant bleiben, weil er als solcher groß geworden ist. Jeder wird im Einklang mit seinen persönlichen Sehnsüchten nach der Wahrheit suchen, die sein Herz und seinen Verstand zufriedenstellen. Diese Entwicklung hat schon eingesetzt und wird sich in den nächsten Jahren fortsetzen.

Ich für mein Teil schlage diesen Weg mit Zuversicht und ohne rückwärtsgewandte Trauer ein. Ich meine, er wird für uns alle eine Vertiefung unserer Traditionen und also geistigen Fortschritt bedeuten.

Christliche Theologen und Philosophen versuchen schon lange, Parallelen oder Übereinstimmungen zu finden, mögliche Brücken zwischen unseren abendländischen Kategorien und anderen, ebenso berechtigten Ausdrucksweisen zu schlagen.

Ich verweise hier auf Olivier Lacombe, Dom Henri Le Saux, die Patres Jules Monchanin, Guy Deleury, Maurice Maupilier, Bede Griffiths und Raimon Panikkar, was den Hinduismus angeht; auf die Patres H. de Lubac, Kadowaki, Lassalle, Rérolle, Willigis Jäger, was den Buddhismus betrifft; auf Asin Palacios, Louis Massignon, Louis Gardet, Roger Arnaldez in bezug auf den Islam; nicht vergessen sollte man René Guénon, Arnaud Desjardins und viele andere…

Und dann wäre an diejenigen zu denken, die den Weg in der anderen Richtung zurücklegten und die, ohne ihre eigene Kultur aufzugeben, das Christentum entdeckten und zu Jüngern Christi wurden. Erwähnenswert ist auch der systematische Austausch von Mönchen, der seit 1983 im Rahmen der spirituellen Ost-West-Begegnung stattfindet, der von Papst Johannes Paul II. offiziell gefördert wird.

Selbstverständlich beziehe ich mich auf die Arbeit dieser herausragenden Spezialisten. Aber ich möchte hier keineswegs über „vergleichende Religionswissenschaft" schreiben. Sie werden also in diesem Buch ebensowenig eine systematische Darstellung des Wesentlichen all dieser großen Religionen wie eine Diskussion über Besonderheiten finden. Das alles überlasse ich den Fachleuten.

Mein Ansatz ist ein anderer und hängt mit meinem persönlichen Werdegang zusammen. Nach ziemlich langem geisteswissenschaftlichem

Studium trat ich in das große Seminar des „Institut Catholique" in Paris ein.

Beim Eintritt war ich darauf vorbereitet, eine ziemlich strenge Disziplin zu ertragen, ebenso wie eine gewisse Kleinlichkeit, wie Außenstehende sie oft in religiösen Anstalten vermuten. Ich war auch bereit, so will mir scheinen, viele Unzulänglichkeiten hinzunehmen. Dafür hoffte ich, Gott geschenkt zu bekommen. Ihn zu suchen, war ich gekommen. Um seinetwillen war ich bereit, alles andere zu ertragen. Aber die Theologie, die man mir beizubringen versuchte, stellte mich weder intellektuell noch spirituell zufrieden. Ich mußte also schon zu dieser Zeit anfangen, etwas anderes zu suchen. Das wurde eine sehr lange Suchbewegung, die mich eine ganz andere Interpretation des Christentums, eine ganz andere, bis in die ersten christlichen Jahrhunderte zurückreichende Tradition entdecken ließ, die unsere Mystiker auch immer wieder spontan aus ihrer eigenen Erfahrung heraus wiedergefunden hatten. Was ich aber gleichzeitig entdeckte, war das Außerordentliche des so verstandenen Christentums, das nirgends sonst wiederzufinden ist.

Diese Interpretation des Christentums möchte ich Ihnen also hier vorstellen.

Flüchtige und sehr partielle Vergleiche mit anderen Religionen oder mit der gängigen katholischen Theologie werden nur herangezogen, um das absolut Aufsehenerregende und Wunderbare der so verstandenen Stellung Christi hervorzuheben. Wir werden übrigens gleichzeitig en passant feststellen, daß diese Interpretation wahrscheinlich viel eher als alle anderen für heutige Naturwissenschaftler annehmbar ist.

Lassen Sie mich also die Fragestellung aus meiner Sicht etwas näher erläutern.

Die großen Religionen sind einander sehr nah, wenn es um das Ziel der Existenz, um die Einheit mit Gott, geht. Selbstverständlich vereinfache ich hier ein wenig – ich weiß es. Es kann durchaus in dieser oder jener religiösen Strömung wichtige abweichende Nuancen geben. Aber es will mir scheinen, daß es im großen ganzen die größte Übereinstimmung in der Vorstellung des ewigen Lebens gibt.

Dagegen herrscht überhaupt keine Übereinstimmung, wenn es um die „Wirkungsweise" unseres Heils geht, d. h. um den Weg der Erlösung hin zum Erreichen der Einheit mit Gott.

Hier gibt es zwei entgegengesetzte Tendenzen, zwischen denen alle großen Religionen unentwegt hin- und herpendeln, deren Synthese unmöglich ist.

Einerseits treffen wir auf eine Geistesströmung, die den Eindruck vermittelt, unser Heil könne durch gänzlich äußerliche Handlungen, ohne echte innere Bekehrung, ohne unsere Mitarbeit erreicht werden. Mechanisch gesprochene Worte, Riten, die wir oder sogar andere für uns vollziehen, könnten ausreichen, um uns zu retten, um uns mit der Quelle allen Lebens und aller Erfüllung zu verbinden, um uns aufs neue mit dem Leben Gottes in Beziehung zu bringen.

Zugegeben, sollte das Paradies schließlich nur eine Art Disneyland sein, scheint eine anspruchsvolle geistige Vorbereitung darauf überflüssig. Es ist dann unerheblich, ob Sie selbst den Eintrittspreis bezahlt haben oder jemand anders. Hat man aber vom ewigen Leben eine anspruchsvollere Vorstellung, muß wohl eine gewisse Harmonie zwischen dem bereitgestellten Glück und dessen Empfänger herrschen. Man nimmt doch keinen Blinden mit in eine Gemäldeausstellung. Erst recht tritt man nicht ohne Vorbereitung in das Leben Gottes ein.

Es scheint, daß vor allem das Christentum, besonders in seiner katholischen Ausprägung, in der Gefahr steht, das Heil als von außen gewirkt zu betrachten. Wir werden aber noch feststellen, daß auch die anderen großen Religionen dieser Versuchung erlagen.

Auf der anderen Seite finden wir eine diametral entgegengesetzte Haltung. Wir werden aufgefordert, uns voll bewußt zu werden, daß wir unser Schicksal selbst in der Hand haben, daß alles von unserem wirklichen innerlichen Werden ohne jegliche Täuschungsmöglichkeit abhängt; daß wir zwar ganz frei sind, aber dafür auch nicht auf die Hilfe anderer vertrauen können.

In dieser Perspektive sind wir allein für uns verantwortlich, jeder für sich, in völliger Einsamkeit.

Der Islam entspricht ganz diesem Schema; tatsächlich aber haben eher Hinduismus und Buddhismus durch die Entwicklung der Lehre vom „Karma" dazu beigetragen, uns heute diese Sicht unseres Heils zu vermitteln.

Selbstverständlich möchte ich die beiden entgegengesetzten Haltungen nur schildern, um eine andere Einstellung zu würdigen, die eine Rückkehr zu einem mystischen Christentum bedeutet, das unserer abendländischen Theologie praktisch unbekannt ist. Wenn die abendländischen Theologen versuchen, die Erfahrung der Mystiker, der „Gottseher", zu berücksichtigen, so führen sie sie häufig vordergründig auf sehr rational erklärbare psychologische Erscheinungen, auf Projektionen, Kompensation von Frustrationen usw. zurück.

Dagegen weicht der Weg, den ich einschlagen möchte, völlig davon ab. Er ist aufsehenerregend und unglaublich.

Ich versuche zu zeigen, daß das wahre Christentum darin verborgen liegt und daß tatsächlich dieser Weg am ehesten der Tradition entspricht.

Darüber hinaus ist heute ein Paradigmenwechsel in den Naturwissenschaften erfolgt, wie er am Anfang dieses Jahrhunderts für unmöglich gehalten worden wäre, so daß die moderne Physik selbst dieser mystischen Vision entgegenkommt.

Kapitel 1

Heilsgewährung von außen im Christentum

Zunächst untersuche ich die Strömung im Christentum, und ganz besonders in der Tradition der katholischen Kirche, die das Heil von außen durch Einhaltung von äußeren Handlungen ohne Bekehrung erwartet. Hier geht es selbstverständlich nur darum, eine bestimmte Richtung zurückzuweisen. Es wäre unzulässig, die ganze katholische Tradition in Frage stellen zu wollen. Es gab immer Strömungen, die die Umkehr des Herzens forderten. Man denke z. B. an die Mystik der „Nachfolge Christi", die auf persönliche Bekehrung drängt. Aber in der Tat besteht in derselben Kirche die erwähnte Neigung, und sie hat beträchtliches Unheil angerichtet. Sie ist wahrscheinlich eine der Ursachen der Ablehnung der Kirche in den heutigen Tagen.

Daher müssen wir uns einige konkrete Beispiele ansehen. Ich gehe zunächst auf die Riten und Gebete ein, die sich den Anschein geben, das Herz Gottes anzurühren und das Heil des Sünders ohne seine Bekehrung zu erlangen.

Das Gebet für andere

Eine „schöne" Predigt

Ich entsinne mich, eine Predigt gehört zu haben, die ganz in diesen Zusammenhang gehört. Es war in Grenoble während der Messe zu meiner eigenen feierlichen Erstkommunion. Einer der Seelsorger des Champollion-Gymnasiums, an dem ich Schüler war, predigte. Er war ein Priester mit großen intellektuellen Fähigkeiten und sehr gebildet, alle respektierten ihn. Schon zu jener Zeit quälte es unsere Seelsorger, daß sie die meisten von uns nach der Feier wahrscheinlich nie mehr wiedersehen würden, oder allenfalls unter außergewöhnlichen Umständen wie Hochzeit, Taufe unserer Kinder oder kurz vor unserem Tode. Diese Predigt sollte also so etwas wie ein Abschied sein, und der Prediger fühlte sich gehalten, uns eine Art Wegzehrung mitzugeben, letzte Ratschläge, die unseren Weg leiten oder eines Tages helfen sollten, sei es in der Verzweiflung oder in der letzten Stunde, den Weg zu Gott wiederzufinden. Er wollte uns davon überzeugen, daß wir, auch wenn wir alle religiöse Praxis aufgegeben hätten wie Gebet, Besuch der Heiligen Messe, Empfang der Sakramente, ja selbst wenn wir als große Sünder gelebt hätten, dann trotzdem niemals vor Gott verloren wären.

Deshalb wollte uns unser Seelsorger von der Barmherzigkeit Gottes erzählen. Dann aber erteilte er uns den Rat, uns lieber an Maria, die heilige Jungfrau, zu wenden, um diese Barmherzigkeit zu erlangen. Gott, meinte er, sei trotz all seiner Liebe gezwungen, die Gerechtigkeit zu wahren. Er sei verantwortlich für die Ordnung des Universums und könne trotz seines Wunsches und seiner Liebe nicht verzeihen. Maria hingegen habe diese Verantwortung nicht und könne deswegen den Eingebungen ihres Herzens folgen und ohne jede Einschränkung unsere Fürbitterin sein. Sie wende sich ganz selbstverständlich an ihren Sohn, der ihr nichts abschlagen könne, wie man bei der Hochzeit zu Kanaa gesehen habe. Da Christus selbst Gott sei, müsse Gott sein Einverständnis geben, und alles sei gewonnen.

Ich zitiere nicht wörtlich. Er sprach es eleganter aus, in einer edleren Sprache. Aber den Grundgedanken gebe ich richtig wieder. Ich entsinne mich übrigens, daß diese Predigt nicht widerspruchslos aufgenommen wurde. Beim Hinausgehen diskutierten die Gläubigen, d. h. vor allem die Eltern der Schüler, darüber. Viele fühlten sich unbehaglich bei der Vorstellung, daß Gott ein Gefangener seiner eigenen Gerechtigkeit sei, während eines seiner Geschöpfe, selbst wenn es um die Reinste von allen geht, zu mehr Liebe fähig sei und ihm Gnade abringen könne.

Wer ist dieser Gott, der nur dann verzeihen kann, wenn ihn die Mutter seines Sohnes bittet? Entweder kann er wirklich nicht verzeihen, und dann sollte ihn nichts umstimmen können, oder aber er kann es doch, und dann sollte er keine Fürbitterin benötigen.

Was ist das für ein Heil, um das ich vielleicht nicht einmal selbst ringen muß, da ein anderer es an meiner Stelle für mich erringen kann, selbst ohne mein Wissen! Denn so wird in der Kirche allzu häufig die Wirkungsweise der Fürbitte dargestellt. Schauen Sie sich einmal die wundervollen „Deesis"* Ikonen an, die ich so liebe. Selbst dort wird dieser Vorstellung entsprochen: Im Zentrum thront für gewöhnlich Christus, umgeben von der heiligen Jungfrau und Muttergottes und von Johannes dem Täufer, die stehend sich zu ihm in der Haltung der Fürbitte hinneigen. Würden wir uns nur an sie wenden, wir könnten mit unserem Flehen den göttlichen Christus erreichen und erlangten so die Vergebung der Sünden, wobei es selbstver-

---

* Anmerkung: In Byzanz entstandene Darstellung des Thronenden Christus.

ständlich um uns selbst gehen kann, aber auch um jemand anderen, dessen Heil uns fraglich erscheint, jemand, der vielleicht nicht einmal weiß, daß wir für ihn beten und dem es ganz gleichgültig sein mag.

Zwar wird das alles manchmal korrekter ausgedrückt, indem es heißt, das Gebet bezwecke nicht die Vergebung, sondern nur die Bekehrung des Sünders. Unglücklicherweise bleibt es aber dabei, daß diese Bekehrung immer noch wie von außen gewirkt scheint, so wie die gute Fee mit dem Zauberstab den Kürbis in eine Karosse verwandelt, so als würde Gott plötzlich Gnade auf den Sünder herunterregnen lassen, so daß er sich auf der Stelle bekehrt.

Verstehen Sie mich richtig. Ich bezweifle nicht die Wirksamkeit des Gebetes, ich bin überzeugt, das Gebet ist wirksam, für mich selbst wie auch für andere. Aber die erwähnten Bilder und der verwendete Wortschatz führen hier auf eine falsche Fährte. Mich stört schon der Ausdruck Fürbittgebet und der Gedanke, daß die Heiligen, besonders die heilige Jungfrau, für uns „eintreten" können, d.h. Gott für uns und an unserer Stelle ansprechen können, ihn anflehen und schließlich umstimmen können, indem er zu unseren Gunsten „gerührt" wird. Dieses Schema scheint mir einer mythologischen Vorstellung zu entstammen. Die Menschen sind sich dessen aber durchaus bewußt und fühlen sich unbehaglich. Mit Recht verwarfen die Protestanten diese mythische Vorstellung. Sie verkannten aber, daß unter der unannehmbaren Sprache ein anderes tieferes Mysterium lag, und brachten sich so, wie wir sehen werden, um einen unermeßlichen Schatz. Es ist heute nicht mehr möglich, die Religion in einer solchen Sprache zu verkünden. Sie rührt nicht mehr an und dringt nicht in das Herz ein. Deswegen ist es heute so schwierig, die Menschen religiös anzusprechen und sie für die Wahrheit der christlichen Botschaft zu begeistern.

Das Erwerben von Verdiensten für andere

Die Theologie der Verdienste kann sehr leicht auf ähnliche Weise entarten. Wenn es um selbsterworbene Verdienste geht, setzen sie sehr wohl eine bestimmte Art von Bekehrung voraus, obwohl die Ausdrucksweise recht merkantilistisch bleibt. Das Heil wird in einer Art Tauschhandel mit Gott „erworben": wer gibt, bekommt. Es geht hier nicht gerade um große Liebe. Läßt man jedoch die ungeschickte Wortwahl unbeachtet, ist anzuerkennen, daß eine persönliche Anstrengung dahinter steht.

Indessen fordern uns viele christliche, speziell katholische, geistliche Autoren auf, Verdienste zu erwerben, die anderen zugute kommen sollen.

16

Und wer soll sie den anderen zugute kommen lassen? Gott selbst. Er vergibt Peter auf Grund von Pauls Verdiensten. Da hat der Tauschhandel etwas Widerwärtiges. Wenn Gott wirklich vergeben kann, wenn seine Vergebung genügt, damit jemand gerettet wird, warum vergibt er dann nicht umsonst? Warum muß ein so schrecklicher Preis gezahlt werden?

Der grausame Gott der traditionellen Theologie

Diese ganze Theologie, in der Gottvater von seinem eigenen Sohn das Opfer am Kreuz verlangt, um uns seine Vergebung zu schenken, vermittelt den Eindruck von Grausamkeit.

Der vielleicht berühmteste Ausdruck dieser abwegigen Theologie findet sich in der Predigt, die der französische Bischof und Hofprediger Bossuet vor dem französischen Hof am Karfreitag des Jahres 1660 hielt. Ich zitiere:

„Er (Gottvater) verwarf seinen Sohn und öffnete uns seine Arme; er schaute ihn zornig an, und unser erbarmte er sich… Er entlud seinen Zorn; er schlug seinen unschuldigen Sohn, der gegen Gottes Zorn kämpfte. Dies geschah am Kreuze; bis daß der Sohn Gottes, als er in den Augen des Vaters las, daß dieser ganz befriedet war, schließlich wußte, daß es an der Zeit war, die Welt zu verlassen."

Sie werden den Mechanismus dieser Erlösung genau erkannt haben. Christus hätte vielleicht etwas eher sterben und also etwas weniger lange leiden können. Aber sein Leiden selbst war es, das nach und nach den Zorn des Vaters besänftigte. Wenn wir also erlöst werden sollen, darf er nicht zu schnell sterben, sondern muß erst dem Vater seinen Leidenszoll entrichtet haben. Ein solches Gottesbild ist monströs, selbst wenn man spitzfindig erklärt, daß der Vater aus Liebe zu uns das Leiden seines Sohnes fordert.

Man erkläre nicht, diese Theologie sei erst unserem modernen Empfinden zuwider, oder wir verstünden sie nicht mehr. Schon im vierten Jahrhundert protestierte der heilige Gregor von Nazianz gegen eine solche Interpretation der Passion Christi: „Wieso sollte sich der Vater an dem Blut seines einzigen Sohnes erfreuen, wo er doch nicht einmal das Opfer Isaaks aus der Hand seines Vaters annehmen wollte?"[1] Und doch hatte bedauernswerterweise Kardinal Ratzinger ganz recht, als er vor einigen Jahren noch

---

[1] Discours 45, §22.

schrieb, es handle sich hier „um die gängige christliche Auffassung der Erlösung".[2]

Die Aufarbeitung im neuen Katechismus

Im neuen „Katechismus der katholischen Kirche" wird versucht, die Irrtümer der Vergangenheit zu tilgen, ohne auf den alten, leider allzu traditionellen Wortschatz zu verzichten. Das Erlösende am Kreuzesopfer wird jetzt nicht mehr dem Leiden Christi, sondern seiner Liebe zugeschrieben. Nach dem Zitat mehrerer Schriftstellen, die nicht unbedingt in dieses Schema passen, wird zusammengefaßt. „Jesus hat unsere Sünden wiedergutgemacht und Gott dem Vater für sie Genugtuung geleistet." (§ 615)

Im nächsten Abschnitt wird versucht, die alte Auffassung der Erlösung zurechtzurücken, ohne daß gewagt wird, wirklich deutlich mit dieser ganzen schrecklichen Tradition zu brechen. Soll nämlich immerfort der Glaube an eine unfehlbare Kirche aufrechterhalten bleiben, wird alles nur noch schlimmer. Ich zitiere also den Text:

„Liebe bis zur Vollendung (Johannes 13,1) gibt dem Opfer Christi seinen Wert und bewirkt, daß es erlöst und wiedergutmacht, sühnt und Genugtuung leistet."

Und das alles, obwohl es von Anfang an ein anderes Verständnis des Christentums gibt, das bis in unsere Tage bestehen bleibt und eine solche schreckliche Auffassung immer zurückgewiesen hat: die Tradition der christlichen Ostkirchen, heute von den orthodoxen Kirchen vertreten.

Paradoxerweise zeigt sich die Ablehnung der westlichen Satisfaktionstheorie durch die Ostkirchen darin, daß zu einer bestimmten Zeit einige östliche Theologen doch versucht haben, diese westlichen Kategorien einzuführen. Aber es regte sich aus der Tiefe der Tradition Widerstand, der bald wieder diese Karikatur der Liebe Gottes verdrängte.[3] An dieser Vorstellung war nämlich nicht nur der hohe Preis unseres Heils unannehmbar, sondern auch, wie schon erwähnt, seine Gewährung ganz von außen.

Daß der „Zorn" des Vaters befriedet sein soll, ist zwar erfreulich, aber es ist nicht nachvollziehbar, wie dadurch die Besserung des Sünders eintreten soll. Trotzdem trifft man andauernd in der ganzen spirituellen Literatur des Westens auf eine solche mechanistische Vorstellung der Erlösung.

---

[2] ‚Christlicher Glaube gestern und heute.
[3] s. u.a. F. Brune: Pour que l'homme devienne Dieu (Dangles, 1992).

Das „erlösende" Leid im Leben der Heiligen

Das Thema geht direkt auf den heiligen Paulus zurück, der sich über seine Heimsuchungen so ausließ: „Ich ergänze in meinem Fleisch das, was an den Leiden Christi noch fehlt" (Kol, 1,24). In der Nachfolge des Paulus boten sich dann etliche Heilige an, um sich den Leiden Christi und besonders seiner Passion anzuschließen.

Lesen Sie z.B., was eine neunjährige Göre schrieb, die später eine der größten Mystikerinnen unserer Zeit werden sollte. Dieser Text stammt aus dem Jahre 1911 und aus der Feder eines kleinen Mädchens. Stören Sie sich also nicht am Stil:

„O mein kleiner Jesus,
Ich werde nur Dir leben.
Ich werde schweigend arbeiten
und, wenn Du es willst, schweigend viel leiden.
Ich flehe Dich an, mach aus mir eine Heilige,
eine sehr große Heilige, eine Märtyrerin.
Laß mich immer treu sein.
Ich will viele Seelen retten…"[4]

Hier bezieht die außergewöhnlich großmütige Seele eines Kindes alle frommen Reden von Jahrhunderten auf sich. Später, als aus Yvonne Beauvais Schwester Yvonne-Aimée von Jesus geworden war, wurde dieses Gebet gänzlich erhört. Die medizinische Akte ist erdrückend. Was uns aber hier interessiert, ist der Sinn, den sie selber ihrem Leiden verlieh und der vollkommen ihrer ursprünglichen Absicht entspricht, als sie sich mit neun Jahren aussprach. Betrachten wir noch einige Äußerungen:

24. Juli 1924: „Zur Zeit trage ich mein Kreuz auf vielfältige Weise. Ich leide für Malestroit und für das Wohl der Seelen."

9. Jan. 1925: „O Jesus, all diese Leiden gelten der Rettung der Dir anempfohlenen Seelen. Ich habe es auf mich genommen, alle Sakrilege, alle Sünden des Hochmuts, des Neides, der Eifersucht, der Unzucht, der Faulheit, der Naschsucht, des Geizes, des Zorns von den dreihundertzwölf Seelen[5] abzubüßen. Ich will alle Sünden gegen die Liebe, alle Verstöße

---

[4] P. Mahéo et R. Laurentin, l'amour plus fort que la souffrance, histoire médicale d'Yvonne-Aimée de Malestroit (Verlag Guibert).
[5] Es geht hier um Seelen, derer sie sich angenommen hat.

19

gegen die Regel, alle Fehler, die Dich beleidigen, in den Dir geweihten Seelen sühnen. Ich will in meinem ganzen Leib leiden, um Genugtuung zu leisten. Ich liefere mich ganz Deiner Gerechtigkeit aus. Befriede sie an mir... Ich will Seelen retten."[6]

Da finden wir die ganze gängige Theologie wieder. Ich hatte keineswegs übertrieben. Es geht darum, „abzubüßen", „Beleidigungen" zu „sühnen". Wozu? Um „Seelen zu retten." Wie? Indem der göttlichen „Gerechtigkeit" Genugtuung verschafft wird. Wodurch? Durch das Leiden in ihrem ganzen Leib! Alles steht da. Und das Wort „befrieden" weist sogar über die „Gerechtigkeit" hinaus. Man „genügt" der Gerechtigkeit. Man „befriedet" nur den Zorn.

In den Visionen von Schwester Marie-Marthe Chambon drückt sich Christus ihr gegenüber ganz in dem Sinne dieser Theologie aus: „Ich mache dich verantwortlich für die Fehler deines Nächsten... Du wirst das Opfer sein, das jeden Tag die Sünden aller abbüßen muß. (...) Ihr müßt Gnaden durch Leid erkaufen (...) Ich habe dich leiden lassen um einiger Seelen willen, die ich aus dem Fegefeuer holen wollte."[7]

Da geht es um allerlei Leiden, und Christus kommt ihrem Bericht zufolge selbst und fordert Marie-Marthe auf, auf dem Fußboden zu schlafen, und tatsächlich vermag sie nicht mehr zu schlafen, bis ihr ihre Oberin schließlich die Erlaubnis zu der ungewöhnlichen Ruhelagerung erteilt.

Christus befiehlt Marie-Marthe angeblich, Tag und Nacht ein Bußkleid zu tragen, und als die Oberin ihr gebietet, es auszuziehen, leidet sie solch unerträgliche Schmerzen, daß man ihr das Bußkleid zurückgeben muß. Sie fühlt sich aufgefordert, beim Schlafen eine Dornenkrone zu tragen. Die Oberin verbietet es ihr. Aber dann erkrankt Schwester Marie-Marthe, bis man ihr das Tragen der Dornenkrone schließlich erlaubt.

Das alles könnte als ein Extremfall erscheinen, der sicher für die Psychoanalyse sehr aufschlußreich, aber als Beispiel der Heiligkeit suspekt bleibt. Die Kirche selbst scheint Schwester Marie-Marthe gegenüber etwas zurückhaltend gewesen zu sein, da sie sie nicht heilig gesprochen hat. Aber tatsächlich findet man ähnliche Phänomene bei vielen anerkannten Heiligen. So erschien eines Nachts Christus der heiligen Katharina von Siena mit zwei Kronen, unter denen sie die Wahl treffen sollte. Die eine war aus Gold, mit Perlen und Edelsteinen besetzt, die andere war eine Dornen-

---

[6] Ibid., S. 218.
[7] Schwester Marie-Marthe Chambon war Nonne im Kloster Mariä Heimsuchung in Chambéry (1841-1907).

krone. Selbstverständlich reagierte Katharina sofort: „Ohne einen Augenblick zu zögern, streckte Katharina die Hand zur Dornenkrone hin… Und Jesus drückte sie ihr so fest in die Schläfen, daß sie fürderhin stets fühlte, wie ihr die Dornen in die Stirn stachen...” Hier handelt es sich nur um eine Vision. Aber die Wirkung und der Sinn bleiben die gleichen.[8]

Selbst die „kleine“ Schwester Therese vom Kinde Jesu scheint eine ähnliche Einstellung gehabt zu haben. Sie erschien ja einer anderen Therese, Therese Neumann nämlich, um sie der Heilung zuzuführen, kündigte ihr aber gleichzeitig an: „Du mußt noch viel und lange leiden, und kein Arzt wird dir helfen können… Das Leid wird viel mehr Seelen retten als die gelehrtesten Predigten.“[9]

Oft erscheint Christus selbst, um zum Heldentum aufzufordern, um den Heiligen oder die Heilige zu bitten, im voraus in die Heimsuchungen einzuwilligen, die er ihnen zugedacht hat, und erklärt ihnen, daß er das zur Rettung von Seelen brauche.

Die westliche christliche Mystikliteratur ist voll von solchen willigen Opfergestalten. Und wenn es nicht um körperliche Leiden geht, dann geht es um seelische oder spirituelle Leiden, was auch nicht besser ist.

So kündigt Christus Schwester Consolata Betrone an: „Dir gebe ich keine Wundmale wie deinem Vater, dem heiligen Franz, aber du wirst alle Ängste meines Herzens und meiner Seele mitfühlen.“ Und weiter: „Heute werde ich als Gekreuzigter zu dir kommen und dich kreuzigen.“[10]

In den Augen der meisten unserer Zeitgenossen scheint auch hier der „Gott der Liebe“ von einem recht morbiden Gefallen am Leiden befallen. Wir lehnen uns heute um so mehr gegen solche Thesen auf, als es auch nicht recht nachvollziehbar ist – ich sage es noch einmal –, inwiefern das so flehentlich erbetene Leid das ewige Heil des Sünders erreichbarer machen soll.

Dies waren also einige charakteristische Beispiele für die Auswirkung mancher katholischer Glaubensvorstellungen, bei denen eine äußerliche und von unserem Willen gänzlich unabhängige Tat unmittelbar auf Gottes Willen einwirken und unser Heil erwirken kann. Sie kennt aber auch eine ganze Reihe von Riten oder Texten, die anscheinend unmittelbar auf das Gewissen des Sünders einwirken und ihn verändern können, ohne daß er dafür die Anstrengung echter persönlicher Bekehrung auf sich nehmen müßte.

---

[8] Johannes Jörgensen, Sainte Catherine de Sienne (Beauchesne, 1924).
[9] Zitat von J. Steiner, in: Therese Neumann, die Stigmatisierte von Konnersreuth.
[10] Lorenzo Sales, Schwester Consolata Betrone, Verlag Salvator, 1963.

Die Theologie der Taufe

Ein lehrreiches Beispiel

Ich gehe von einem Beispiel aus, das vielleicht wie ein Zerrbild erscheint. Aber es stammt aus der Erfahrung und bleibt tatsächlich ganz in der Logik offizieller Theologie. Alles geschah in der Zeit meiner Professur am Priesterseminar und liegt nicht allzu weit zurück, etwa 1970.

Einer meiner Mitbrüder gehörte dem kleinen Führungsteam jenes Seminars an, und es gehörte zu seinen Aufgaben, sonntags vor den zukünftigen Priestern zu predigen. Er war jahrelang Pfarrer in einer Gemeinde gewesen und ging gerne von konkreten Fällen aus, die er darstellte und kommentierte. An jenem Tage wollte er uns ein Beispiel großen Glaubens nahebringen, das ihn noch beim Nacherzählen sichtbar rührte.

Es ging um eine Frau, die mehrere Kinder hatte. Sie war eine gute Christin, und natürlich waren alle Kinder getauft. Unglücklicherweise war eines ihrer Kinder geistig behindert. Hier wurde mein Konfrater überdeutlich, damit sein Beweis um so schlagkräftiger wirkte. Ich zitiere ihn aus dem Gedächtnis: „Der Junge war vollständig geistig behindert, konnte nicht einmal ja von nein unterscheiden. Und nun, sehen Sie, diese Frau sagte mir in ihrem Glauben: ‚Mein ganzer Trost ist es, zu denken, daß ich wenigstens sicher sein kann, daß er das Heil erlangen wird!'"

Augustinus als Quelle

Jetzt könnten Sie meinen, ein solches Beispiel beweise nichts. In jedem Beruf gibt es Leute, die Unsinn verzapfen, und jeder von uns sagt hin und wieder Unsinniges. Aber das Schlimme ist, daß jene Predigt der Theologie des heiligen Augustinus bestens entspricht und daß die Kirche ihm lange Zeit gefolgt ist.

Dieser Punkt muß etwas genauer untersucht werden, denn diese Theologie hat die ganze westliche Zivilisation tief geprägt.

In allen christlichen Kirchen findet man den Gedanken einer sehr starken Solidarität der ganzen Menschheit im Guten wie im Bösen, so bei der Frage nach dem Bösen in der „Erbsündenlehre". Aber Augustinus hat eine sehr eigenwillige Version der gemeinsamen Lehre erfunden. Er hat das Griechische nie wirklich gut beherrscht, weswegen ihm ein sinnentstellender Fehler beim Lesen des heiligen Paulus unterlief, und als er später seinen Irrtum bemerkte, war es zu spät. Er hatte seine ganze Lehre auf den

Übersetzungsfehler aufgebaut und gab die Lehre nicht mehr auf, lieber wurde dem Satz des Paulus Gewalt angetan, um ihn das aussagen zu lassen, was Augustinus erst verstanden hatte.[11]

Die Erfindung des Augustinus aber bestand darin, zu behaupten, alle Menschen hätten die Sünde Adams (als des ersten Menschen) mitvollzogen. Von daher ergibt sich, daß jeder von uns, wenn er auf die Welt kommt, so klein, frisch und rosig er auch erscheinen mag, durch sein Tun aller Gerechtigkeit nach ewige Verdammnis verdient hat.

Der einzige Ausweg ist für Augustinus das Sakrament der Taufe. Bei ihm ist keine Rede von Wunschtaufe oder vom impliziten Taufwunsch, denn das alles ist zeitlich viel später entstanden. Er sah aber in einer Zeit erschreckender Kindersterblichkeit jeden Tag viele Kinder sterben, ohne daß man Zeit gehabt hätte, sie zu taufen, während andere das Glück hatten, kurz vor ihrem Tode getauft zu werden. In beiden Fällen ging es selbstverständlich um Kinder, die auf dieser Welt keine Zeit gehabt hatten, Gutes oder Böses zu wirken. Er schloß daraus, die einen seien von Gott zu einer ewigen Verdammnis im Namen der Gerechtigkeit prädestiniert worden, während die anderen aus reiner Barmherzigkeit zum Heil des ewigen Lebens bestimmt waren; und zwar deshalb aus reiner Barmherzigkeit, weil diejenigen, die durch die Taufe gerettet werden, ihr Heil in keiner Weise hatten verdienen können.[12]

Praktische Anwendung

Fasse ich also ein wenig überspitzt, aber ohne irgendeine Verfälschung zusammen, ergibt sich folgendes Schema:

Das Kind ist um 8 Uhr morgens geboren. Man merkt schnell, daß es schlecht steht, und ruft einen Priester. Der Priester kommt um 8 Uhr 10 und tauft das Kind sofort. Das Kind stirbt um 8 Uhr 15. Es ist gerettet.

Anderes Szenario: Der Priester trifft um 8 Uhr 20 ein. Er wurde von einem Verkehrsstau aufgehalten. Aber das Kind ist schon tot. Es ist verdammt in alle Ewigkeit.

---

[11] Ausführlichere Darstellung in meinem Buch: Pour que l'homme devienne Dieu, Dangles 1992.

[12] Vgl. u.a. den 190. Brief des Augustinus, 2. Kap., § 10. Das Wesentliche daraus befindet sich übersetzt und kommentiert in meinem ersten Buch: Pour que l'homme devienne Dieu, Dangles 1992.

Mag uns auch der Gedanke, ein kleines Kind würde ohne jegliche Schuld in der Hölle landen, besonders schockieren, so ist es aber tatsächlich genau so schwer, sich vorzustellen, es könnte auch in den Himmel ohne jede Vorbereitung und persönliche Bemühung gelangen.

Gerade diese Theologie aber wurde jahrhundertelang gelehrt. Vor kurzem noch war es auf dem Land üblich, nachts stets eine brennende Kerze beim Neugeborenen aufzustellen, um bei Bedarf schneller eingreifen zu können und um das Kind selbst, auch ohne Priester, taufen zu können, sollte es plötzlich einen Erstickungsanfall bekommen. Denn davon hing nach dem Volksglauben sein Heil ab.

Wie kam es dazu?

Das alles beruht auf einem sehr engen Verständnis der „Aussendung" der Apostel durch Christus im Matthäusevangelium (Kap. 28, Vers 19): „macht aus allen Nationen Jünger und tauft sie im Namen Gottes, des Vaters, des Sohnes und des heiligen Geistes!" Daraus schloß man, die Taufe sei zum Heil absolut notwendig. Die Lehrbücher erklärten dazu, es gäbe zwei Arten von Notwendigkeit:

1. Die *prinzipielle Notwendigkeit*: Z.B. braucht man zur Einreise nach Brasilien ein Einreisevisum. Wenn man sich aber bereits in Guyana befindet, kann man durch den Wald nach Brasilien gelangen. Dann ist man zwar illegal in Brasilien, aber trotzdem ist man dort.

2. Die *natürliche Notwendigkeit*: Um nach Brasilien zu gelangen, muß man das Meer überqueren, entweder per Schiff oder Flugzeug, aber das Meer muß überquert werden.

Die Taufe wurde so als naturnotwendig zu unserem Heil dargestellt.

Liest man die großen christlichen Autoren der ersten Jahrhunderte aber aufmerksam, so zeigt sich, daß wir im Laufe der Zeit das Opfer einer „Verdinglichung" ihrer Ausdrucksweise wurden. Wenn sie über den Taufritus und dessen Wirkung sprachen, gingen sie in etwa so vor, wie der von mir eingangs erwähnte Seelsorger. Sie legten dar, daß jemand, der nach langer innerer Vorbereitung vorbehaltlos auf die Liebe Gottes zu antworten versucht und den Taufritus mit seiner ganzen Person mitvollzieht, für das ganze Leben „gezeichnet" bleibt und dieses nie mehr vergessen kann. Dann kam der Vergleich zwischen dem in uns hinterlassenen Eindruck der Taufe und dem Siegel als Erkennungszeichen des Eigentümers, das wie bei Schafen gleichsam eingebrannt wurde. Die Taufe wurde vorgestellt als Siegel unserer Zugehörigkeit zu Christus.

Unglücklicherweise wurde aber dieses Siegel nach und nach immer mehr als „ontologisches" Markenzeichen aufgefaßt, als ein Merkmal, das die Natur des Getauften, sein „Sein" an sich, wirklich verändert. Und dann heißt es: entweder man besitzt es oder nicht. Es geht nicht mehr um den guten Willen, oder um die Großmut, sondern um eine Tatsache. Bei einer Epidemie stellt sich die Frage, ob Sie geimpft sind oder nicht. Die Großmut des Arztes ändert nichts daran. Hier geht es um Naturnotwendigkeit.

Schadensbegrenzung

Zwar hatten sich die Theologen bemüht, das Abschreckende und Absurde dieser Lehre abzumildern. Schon Augustinus mußte vor der entrüsteten Reaktion seiner Zeitgenossen schließlich zugeben, daß die ohne Taufe verstorbenen Kleinkinder in der Hölle nur die allerleichteste Strafe erdulden müßten. Aber er hielt weiter daran fest, sie verblieben in Ewigkeit beim Teufel („cum diabolo").

Ab dem dreizehnten Jahrhundert erfand man eine Art Zwischenstation: der „limbus puerorum", der Vorhimmel. Dort war nicht wirklich das Paradies, dort war man keineswegs mit Gott vereint, aber es war auch nicht die Hölle.

Die lieben „blonden Köpfe", wie man heute sagt, die ohne das Siegel der Taufe ins Jenseits gelangten, sollten dort in einer Art „naturhaften" Glückseligkeit leben können.

Ich erinnere mich, daß 1960 unser Dogmatikprofessor am Institut Catholique in Paris Wert darauf legte, möglichst viele Leute zu jenem imaginären Ort zu „schicken", und uns versicherte, daß man dort zwar Gott nicht anschauen könne, dafür aber „Teilwahrheiten" und „positive intellektuelle Freuden"[13] genießen könne. Mir scheint, eine so erfreuliche Perspektive müsse in der Tat jeden beruhigen.

Dem ist aber nicht so! Ich weiß noch, als ich 1966 beim Priesterseminar in Rodez Professor für Bibelkunde war, daß die Schwester eines meiner Studenten mit einer Totgeburt niederkam.

Einige Tage später hatte sie, die in einer Klinik versuchte, sich von den körperlichen und vor allem seelischen Strapazen zu erholen, den Besuch eines ihrer Onkel erhalten, der Pfarrer in der Provinz war. Dieser wohlmeinende Priester hatte sofort den Versuch unternommen, sie von der Sorge um das Los ihres Kindes zu befreien, indem er ihr erklärte, daß es nicht in die Hölle, sondern in den Vorhimmel kommen würde. Ich weiß zwar nicht,

---

[13] P. de Broglie: De la place du surnaturel dans la philosophie de Saint Thomas (Recherches de sciences religieuses, 1924).

25

wie der gute Onkel den Vorhimmel beschrieben hatte, aber Tatsache ist, daß der Mutter die Freuden, die dort auf ihr Kind warteten, unbefriedigend vorgekommen waren. (Der gute Pfarrer hatte es sicher versäumt, ihr von den „positiven intellektuellen Freuden" zu berichten!) Der Gedanke, daß ihr Kind niemals bei Gott sein würde, war der Mutter schier unerträglich. Erschüttert sagte sie ihrem Onkel: „Aber, wenn jemand bestraft werden muß (wofür, frage ich Sie?), warum bestraft Gott nicht mich, warum muß es mein kleines Kind sein?"

Das aber war ein Schrei der Liebe – es ging natürlich nicht mehr um Theologie.

Zugegeben, unsere christlichen Kirchen haben jahrhundertelang der Taufe eine beinahe magische Wirkung zugesprochen. Es hat sich sicher diesbezüglich viel verändert. Aber die Gefahr einer magischen Vorstellung ist noch immer gegeben.

Das magische Verständnis des Taufritus bewog bestimmte alte orthodoxe Mönche vom Berg Athos dazu, mir zu erklären, ich sei nicht wirklich gültig getauft worden. Ich erinnere mich besonders an einen alten rumänischen Mönch aus dem Kloster Prodom, an der Halbinselspitze. Dort wartete ich mit einigen anderen Priestern, die meine Studenten gewesen waren, auf das Schiff, das uns zur trockensten Stelle des heiligen Berges fahren sollte. Der wunderbare Mönch, ein uraltes, gebücktes, runzliges und zahnloses Männlein von urwüchsiger Authentizität, versuchte uns klarzumachen, daß jemand „taufen" bedeutet, ihn ins Wasser einzutauchen. Und es stimmt, daß dies der ursprüngliche Sinn des Wortes im Griechischen ist. Daher hatte für ihn die Taufe durch „Begießung", wie er sie nannte, keinen Wert. Und da wir diese bedrückende Nachricht mit offensichtlicher Leichtfertigkeit aufnahmen, versuchte er uns etwas Schuldgefühl einzureden: es sei „nicht gut!" Wir sollten uns da nicht lustig machen.

Mir will scheinen, daß wir noch nicht am Ziel angelangt sind. Der Kampf ist hart, denn viele Texte der Urkirche betonen so sehr die Notwendigkeit der Taufe, daß man aus diesen Texten schließen könnte, es gäbe gar keine andere Möglichkeit zum Heil. Und trotzdem besteht schon immer in der Kirche eine andere Strömung, die viel breiter denkt. Es ist höchste Zeit, wieder daran anzuschließen.

Die Etappen einer langsamen Entwicklung

Die Entwicklung zu tieferen Erkenntnissen erfolgte in mehreren Etappen. Erst wurde zugegeben, daß derjenige, der auf dem Weg zur Kirche, wo er getauft werden soll, von einem Lastwagen überfahren wird, trotzdem gerettet ist. Dies nannte man „Begierdetaufe." Ein seltsames Wort: einfacher und zutreffender wäre es, hier von „Taufwunsch" zu sprechen, aber da die absolute Notwendigkeit der Taufe zur Erlangung des Heils unbedingt weiterbestehen sollte, mußte ein Trick auf der Sprachebene herhalten. Tatsächlich aber wurde schon hiermit zugegeben, daß allein ausschlaggebend die innere Haltung ist: eine beträchtliche Wende!

Die zweite Etappe bestand darin, eine „implizite Begierdetaufe" anzunehmen.

Angenommen, jemand ist rechtschaffen, großmütig und aufrichtig, dann kann man davon ausgehen, daß, wenn er Christus und das Evangelium gekannt hätte, er sicher die Taufe gewünscht hätte. Hier ist der Sprache nach die absolute Notwendigkeit der Taufe aufrechterhalten. Aber tatsächlich wird erkannt, daß nicht der Vollzug des Ritus, sondern die innere Haltung das Heil sichert. Eine revolutionäre Erkenntnis, denn schließlich gilt das auch für den Getauften. Wenn der „implizite" Wunsch genügen soll, dann folgerichtig auch der „explizite" Wunsch, der zur Taufe führt, der aber dann an sich wichtiger sein muß als der reine Vollzug des Ritus.

Der sprachliche Trick, „Begierdetaufe" statt „Taufwunsch" zu sagen, war absolut genial, denn plötzlich waren Millionen, ja Milliarden von Menschen, die man bis dahin als in alle Ewigkeit verdammt geglaubt hatte, in der gleichen Situation wie die Getauften. Besser noch, sie waren „Getaufte", aber ohne es zu wissen. Was Millionen von Missionaren im Laufe von mehreren Jahrhunderten nicht geglückt war, schuf dieser wunderbare Wortschatztrick in einem Augenblick. In Wirklichkeit vollzog sich eine echte theologische Revolution unter der Decke des traditionellen Sprachschatzes.

Die Fundamentalisten haben die Tragweite dieser Revolution nicht verkannt. Sie waren mit der früheren Haltung der Kirche bestens zurecht gekommen. Das Bild eines bürokratischen, kleinlichen Gottes störte sie keineswegs, solange sie selbst auf der „richtigen Seite" standen. Mich schreckt es zwar zu denken, man könne sich innerhalb solch einer theologischen Sichtweise wohlfühlen. Aber die Fundamentalisten erkannten sehr wohl, daß die neue Theologie zwar die alte Sprache beibehielt, aber die ganze Perspektive veränderte. Das muß ich mit ihnen anerkennen. Die Veränderung ist riesig, kolossal. Für Fundamentalisten ein unannehmbarer Verrat, für mich eine riesige Erleichterung. Ich bedaure nur, daß sie so spät kommt, oder, genauer gesagt, daß sie überhaupt notwendig gewesen ist. Nie hätte die Kirche so etwas lehren dürfen. Diese Revolution hat sich nicht ohne langen Widerstand vollzogen. Ich weiß noch, wie ich 1970 letztte Gefechte zu führen hatte. Mein Kontrahent war ein Professor am Priesterseminar. Er war bereit zuzugeben, daß unschuldige und aufrichtige Nichtgetaufte gerettet werden, versuchte aber ein gewisses Plus darzustellen, das durch den Vollzug der Taufe erworben werde und für die Ewigkeit als Vorteil gelte. Vor kurzem noch reagierte ein orthodoxer Theologe in aller Freundlichkeit auf ähnliche Weise, als 1992 mein erstes Buch[14] neu aufgelegt wurde. Für ihn müssen unbedingt mehrere Abläufe im Heilsprozeß unterschieden werden: als Christus Mensch wurde, hat er unsere menschliche Natur umgewandelt; aber man genießt diese Umwandlung nur, wenn man Christus einverleibt wird, was wiederum für ihn nur „in der Kirche und durch die Sakramente" möglich ist. Er warf mir also vor, in meiner Theologie „die Rolle der Kirche und der Sakramente herabzusetzen."[15]

Der neue Katechismus der katholischen Kirche

Wie dem auch sei, im neuen Weltkatechismus wird die Gültigkeit dieser „unausgesprochenen Begierdetaufe" ohne Rekurs auf die Winkelzüge der Begriffsdefinitionen bestätigt. Lediglich eine Anspielung darauf bleibt bestehen. Hier liegt ein beträchtlicher Fortschritt: „Jeder Mensch, der, ohne das Evangelium Christi und seine Kirche zu kennen, nach der Wahrheit sucht und den Willen Gottes tut, soweit er ihn kennt, kann gerettet werden.

Man darf annehmen, daß solche Menschen ausdrücklich die Taufe gewünscht hätten, falls ihnen deren Notwendigkeit bewußt gewesen wäre."[7,16]

Man kann lediglich bedauern, daß im Ausdruck „Notwendigkeit" eine Spur des alten Formalismus bestehen bleibt.

Unglücklicherweise kann aber dieses Erlösungsschema nur für die Erwachsenen gültig sein. Das Los der ohne Taufe verstorbenen Kinder bleibt unklar. Hier hätte man Besseres von einer Kirche erwarten können, die sich für beauftragt hält, der Welt den Gott der Liebe zu offenbaren: Wir vernehmen hier, die Kirche vertraue auf die göttliche Barmherzigkeit – und genau diese „große Barmherzigkeit" und „die zärtliche Liebe Jesu zu den

---

[14] Pour que l'homme devienne Dieu. (Dangles, coll. „Horizons spirituels").

[15] Jean-Claude Larchet in seiner Besprechung meines Buches in der *Revue d'histoire et de philosophie religieuses* Faculté de théologie protestante, Strasbourg, n° 4, 1992.

[7] Wk § 1260.

[16] S.O.P Nr. 178, Mai 1993.

Kindern... berechtigen uns zu der Hoffnung, daß es für die ohne Taufe gestorbenen Kinder einen Heilsweg gibt"[17.]

Was kann denn bloß noch unsere Theologen daran hindern, dessen ganz sicher zu sein?

Ich kann zwar gut verstehen, daß diese Kinder nicht alle automatisch in den Himmel „geschickt" werden, ohne die Liebe gelernt zu haben, ohne jegliche Wahl ihrerseits. Daß man sich aber hier nicht absolut sicher ist, daß Gott für die ungetauft verstorbenen Kinder einen anderen Heilsweg vorgesehen hat, scheint mir einen sehr ernsten, einen tödlichen Zweifel an der Liebe Gottes zu uns allen zuzulassen. Aber es bleibt ein Fortschritt, wie der ökumenische orthodoxe Patriarch Bartholomäus I. (m. E. mit etwas Nachsicht) betont. Ich zitiere, wobei ich betone, daß auch das in Klammern Gesetzte im Text steht: Im neuen Katechismus „wurden die Reste eines entarteten Augustinismus (was z. B. das Los der ohne Taufe verstorbenen Kinder angeht) sowie die Übertreibungen des anselmischen Erlösungsbegriffs beseitigt." Diese Zustimmung zu der Entwicklung in der römisch-katholischen Kirche aus dem Munde des Patriarchen von Konstantinopel freut mich sehr, um so mehr, als ich noch vor kurzem bei diesem Thema Differenzen mit bestimmten orthodoxen Mönchen aus einer anderen Strömung hatte. Man wird mir entgegenhalten, der Fall der Taufe sei ein Extremfall. In der Tat wurde früher die Taufe in Abwandlung ihrer wirklichen Bedeutung vor allem als negativ wirksam dargestellt, indem man alle Nichtgetauften vom Heil ausschloß. Aber sie genügte keinesfalls, das Heil denen zuzusichern, deren Leben normal weiterging. Allein wirksam war sie nur in dem Fall der kleinen Kinder, die danach sofort starben.

Man darf nicht vergessen, daß es leider jahrhundertelang sehr viele solche Kinder gab. Und nach der gängigen Theologie genügte der Vollzug des Taufrituals zur Sicherung ihres ewigen Heils, ohne daß sie auf irgendeine Weise daran mitzuarbeiten brauchten.

Die große Bußrute

Um zu zeigen, zu welch einem Gipfel der Verirrung eine falsche Grundvorstellung führen kann, sei noch der „ehrwürdige" Brauch der „großen Bußrute" erwähnt, wohl wissend, daß diese Praxis nicht für die Gesamtkirche galt. In der Peterskirche in Rom befand sich eine ganze Reihe

---

[17] Wk , § 1261.

Beichtstühle mit seltsamem Zubehör. Die Beichtvaterseite des Stuhls besteht in Italien oft nur aus Halbtüren, die ein wenig tiefer ausfallen als Saloontüren. Dadurch kann der Priester beim Beichtehören auch alles sehen, was in der Kirche vor sich geht. Im Petersdom nun stand in einigen Beichtstühlen eine lange Rute bereit, die von der Beichtvaterseite aus die Halbtüren überragt und wie eine Angelrute aussieht. Man braucht nur vor einer der Halbtüren niederzuknien, etwas abseits, damit die Diskretion gewahrt bleibt und nichts von der Beichte eines anderen mitgehört werden kann, und schon schlägt der Priester einem wortlos mit der Rute auf die Schulter. Dadurch werden die Sünden zwar nicht vergeben, aber die Sündenstrafe erlassen. Dieses ja nur, wenn im übrigen der Pönitent eine gültige Absolution entweder vor oder nach dem Schlag erhält; aber für viele ist die Unterscheidung zu spitzfindig, und ich kenne viele aufrechte Leute, die überzeugt waren, auf diese Weise eine Generalabsolution erlangt zu haben. Dieses System schien ihnen übrigens ganz praktisch. Andere waren weniger aufrichtig und wollten als erstes vermeiden, für das Böse, das sie getan hatten, zur Verantwortung gezogen zu werden. Das war alles, woran ihnen lag.

Ich weiß nicht, ob noch heute der Besuch der ehrwürdigen Peterskirche durch die besondere Attraktivität der Bußrutenpraxis erhöht wird. Das letzte Mal, als ich in Rom war, habe ich keine Bußruten mehr gesehen.

Vom heutigen Mißbrauch der Sakramente

Die heutige Sakramentenpraxis, die häufig ohne ständigen Kontakt mit einem Priester gehandhabt wird, ist auch von allmählichem Sinnverlust bedroht. Bei allem guten Willen können die Laien doch meistens nicht die ständige Gegenwart eines Priesters ersetzen. Der Priester geht von einer Trauung zu einer Beerdigung, von einem Sterbenden zu einer Taufe. Nach und nach kommt es dazu, daß er sich auf Sakramentenspendung beschränken muß, ohne darauf achten zu können, daß diese Sakramente sich in eine persönliche Gottsuche einfügen. Die solchermaßen isolierten Sakramente bekommen so einen beinah magischen Sinn, den ich hier als Verirrung und als theologische Sackgasse anprangern möchte. Ich muß im übrigen hinzufügen, daß ich nicht der einzige bin, der diese Gefahr erkannt hat. Die kirchliche Hierarchie ist sich dessen auch bewußt und versucht gerade dagegen anzugehen. Sie wird hier aber durch den Priestermangel und auch durch die jahrhundertelange entsprechende Beeinflussung der Laien behindert. Was die Laien vom Priester vor allem erwarten, ist die Spendung der

Sakramente, da er allein sie in fast jedem Fall spenden darf und ihre Bedeutung jahrhundertelang so sehr betont worden ist.

Der Philosoph Paul Ricoeur mahnte es unnachgiebig an: „Die Gläubigen, auch wenn sie intellektuell hochbegabt sind, verfügen nur über eine bruchstückhafte religiöse Bildung und bleiben hier beinahe kindisch, stecken als Erwachsene noch in der Vorstellungswelt der Grundschulkatechetik. In religiös gebundenen Kreisen denkt man wenig nach. Ich kann zwar nicht analysieren, woher es kommt, aber es ist eine Tatsache, daß die Verantwortungsträger in den Kirchen sich mit der Sakramentenpraxis eines verwässerten Glaubensbekenntnisses begnügen."[18]

Der blinde Kirchengehorsam

Es geht mit der Lehre der römisch-katholischen Kirche auch nicht anders. Gern wird ihr ein quasi magischer Wert zugesprochen. Gemeinhin galt es als heilsnotwendig, das zu glauben, was die Kirche glaubt. Da jedoch viele Dogmen für eine durchschnittliche Auffassungsgabe zu schwierig zu verstehen sind, hieß es, man brauche nicht alles wirklich zu verstehen, sondern es genüge, sich innerlich der Kirche zu fügen.

Es konnte sogar noch weiter gehen. Ich erinnere mich an einen alten Professor für Kirchengeschichte am Institut Catholique in Paris, einen altgedienten Mann, der uns als Schlüssel für unser priesterliches Leben die Empfehlung gab: „Besser mit dem Papst irren, als gegen ihn recht zu haben." Es kam einem vollständigen Verzicht auf Persönlichkeit gleich. Sucht Gott nicht persönlich. Die Kirche (sc. als Institution) tut es für euch. Ihr braucht nur zu folgen. Eure Rolle besteht darin, das zu tun, was sie vorschreibt, selbst wenn es mit der Frohbotschaft herzlich wenig zu tun hat.

Indessen kann echte Gottsuche nur persönlich sein. Sie kann sich nie darin erschöpfen, einige Vorschriften und moralische Regeln zu beachten. Sie verlangt zugleich eine Umkehrbemühung, eine Begegnung mit Gott im Gebet und eine andauernde Meditation mit dem Ziel, besser zu verstehen, was Gott im Großen wie im Kleinen von uns erwartet. Geistiges Leben auf Gehorsam des Verstandes und des Herzens einer Institution gegenüber reduzieren zu wollen heißt die Begegnung mit Gott verhindern. Dann ist die Institution kein Katalysator mehr, sondern ein Hemmnis für die Gottesbegegnung.

---

[18] Paul Ricoeur in Le Figaro vom 13. Juli 1994.

Dazu kommt, daß der bedingungslose Sklave der Institution auch niemanden mehr fasziniert. Es ist zu offensichtlich, daß er wie ein Papagei Sätze wiederholt, die nie sein Leben geleitet haben.

Heute wäre unser alter Professor betrübt, denn die Tatsachen sprechen eine klare Sprache. Heute wollen sich nur wenige mit dem Papst irren. Vielleicht auch deshalb, weil die Päpste sich zu oft geirrt haben. Denn als sie z. B. Häretiker foltern und verbrennen ließen, waren sie überzeugt, damit nur den Willen Gottes zu erfüllen. Und heute noch reden sie mit der gleichen Selbstsicherheit und bauen darauf, daß sie „im Lichte der Offenbarung" (und manchmal des Aristoteles) unfehlbar sind.

Am meisten irritiert mich das Gottesbild all dieser Theologen, es läßt mich in einen Abgrund der Ratlosigkeit stürzen. Es geht mir hier nicht einmal um die Liebe Gottes, obwohl sie so zentral, so wesentlich ist, dabei aber vielen Theologen eigentlich fremd zu sein scheint. Diese Herren scheinen sich nur für rationale Begründungen zu interessieren.

Aber selbst dann: Wie ist es möglich, daß sie Gott für so unbarmherzig haben halten können, daß er für immer Menschen aus seiner Liebe ausschließen konnte, deren einziges Verbrechen darin bestand, zu weit weg von der nächsten Kirche oder vom nächsten Missionar geboren zu sein?

Ich erinnere mich, schon zur Zeit meines Studiums am Institut Catholique in Paris immer wieder gedacht zu haben: Nein, das kann nicht sein! Gott kann nicht so unbarmherzig sein. Sie übertreiben bestimmt! Denn wenn man das für bare Münze nimmt, was so viele Theologen jahrhundertelang gelehrt haben, dann entsteht ein enges, begrenztes, erbärmliches und damit falsches Gottesbild.

Mögen all diese Ausführungen übertrieben erscheinen. Viele falsche Glaubenshaltungen und Vorstellungen sind überwunden. Aber bei vielen katholischen Christen wirken diese Überzeugungen in unterbewußten Bereichen, bestimmen das Verhältnis zu Gott oder verhindern eine Beziehung zum Höchsten.

Kapitel 2

Heilsgewährung von außen in anderen Religionen

In allen großen Weltreligionen bestand die Versuchung, das Heil als durch den Vollzug bestimmter Riten erwirkt zu betrachten. Seltener kommt dazu die Fürsprache von dritten in Frage, niemals aber fehlt diese Vorstellung ganz. In beiden Fällen geschieht das Erreichen des Heils „automatisch", ohne jegliche persönliche Bekehrung. Ich verweile nicht lange bei den außerchristlichen Religionen, denn es geht um Traditionen, die den meisten von uns fremd sind. Im übrigen reicht es hier, aufzuzeigen, daß überall der gleiche Hang besteht.

Im Islam

Die Heilkraft bestimmter Koranverse

Auch Muslime messen bestimmten Riten beinahe magische Wirkung bei. So heißt es z.B., daß wer nach jedem vorgeschriebenen Gebet noch das Throngebet verrichtet, unerhörte Vorrechte genießen wird. Gott der Allerhöchste wird unsere Seele selbst in die Hände nehmen. „Was kann es Höheres geben, als daß Gott deine Seele in seine Hände nimmt, um auf dich die Barmherzigkeit auszugießen?" Es wird behauptet, „die Vorzüge des Throngebetes sind größer als der Thron Gottes"[1]. Nicht nur das Hersagen des Gebets verleiht eine gewisse Macht, sondern sogar die Verse selbst.

Die Riten der Pilgerreise nach Mekka

Bei der Beschreibung der Riten für die Pilgerreise nach Mekka wird auch betont, wie exakt alle Vorschriften zu erfüllen seien. Ich muß von vornherein zugeben, daß ich eine bestimmte Seite dieser Riten gut mitvollziehen kann. Für den Pilger geht es darum, durch die Bewegung seines Körpers

---

[1] Aflaki: *les Saints des derviches tourneurs*, Sindbad 1978.

auch die Bewegung seiner Seele einzuleiten, indem er bestimmte Gesten des Propheten an derselben Stelle, wo sie damals geschahen, wiederholt. Der äußerliche Ritus soll ihm nur zur inneren Bekehrung verhelfen. Darin liegt meines Erachtens auch die ganze Bedeutung von Sakramenten, und ich teile mit vielen anderen Theologen die Vorstellung, gewisse außerchristliche Riten haben für die Gläubigen dieser Religionen den Wert eines Sakraments. Was für mich fragwürdig ist, ist die Überbetonung des formellen, materiellen Ritenvollzugs, der wichtiger zu sein scheint als der Fortschritt auf dem inneren Weg. Und leider weist uns vieles in diese Richtung, hören wir z. B. einmal, wie ein einfacher algerischer Bauer sehr ausführlich von seiner Pilgerreise erzählt:

Er befindet sich in Medina. Es heißt, der Prophet Mohammed habe in der mündlichen Überlieferung (in einem der berühmten „Hâdith") hinterlassen, er würde ganz besonders darauf achten, daß diejenigen das Heil erlangen, die hier, in dieser Moschee, die rituellen Gebete verrichten: „Wer in dieser meiner Moschee vierzig rituelle Gebete – ohne Unterbrechung – verrichtet hat, erwirbt ein Recht auf meinen Schutz."

Der Übersetzer erläutert, hier ginge es um den Schutz des Propheten beim Jüngsten Gericht. Der Pilger betont: „Hauptsächlich deswegen kommen wir nach Medina; daher dürfen wir dies auf keinen Fall versäumen."

Bestimmten Gebeten an bestimmten Orten kommt also ein besonderer Wert zu, was schon ein magisches Verständnis der Gebetspraxis begünstigt. Im übrigen muß man anmerken, dieses Gebet erlangt nicht nur Gottes Wohlwollen, sondern erzielt auch einen gewissen Sonderschutz im kritischsten Augenblick.[2] Hier findet Fürsprache in einer nicht näher bestimmten Form statt. Es geht sogar noch weiter:

„Ich muß sofort klarstellen, daß, wenn jemand sich bei einem der Gebete verhaspelt, die anderen, vorher verrichteten, nicht mehr gelten. Er muß dann wieder bei Null anfangen, und die Zeit drängt, denn spätestens am achten muh'arram muß Mekka erreicht werden."[3]

Im übrigen ist schon das Zählen hinderlich beim Gebet, denn es lenkt vom Wesentlichen, von der inneren Sammlung, ab, um rein äußerliche nebensächliche Bedingungen zu erfüllen. Als ich z. B. den Rosenkranz vorbetete, kam es oft vor, daß wir zwölf oder dreizehn „Gegrüßt seiest Du Maria" gebetet haben… Ich konnte unmöglich gleichzeitig zählen und

---

[2] Abdel Magid Turki, Hadj Rabah Souami: *Récits de pélerinage à La Mecque* (Maisonneuve et Larose, Paris 1979).

[3] Abdel Magid Turki und Hadj Rabah Souami, *Récits de pélerinage à la Mecque* (Maisonneuve et Larose, Paris 1979).

zugleich wirklich beten. Mir half auch keine Gebetschnur. Ich vergaß einfach, die Kügelchen weiterzuschieben. Aber lassen Sie uns auf Mekka zurückkommen.

Etwas weiter in den Aufzeichnungen steht die Bemerkung, ein einziges Gebet an einem bestimmten heiligen Ort sei so viel wert wie tausend Gebete woanders, und ein rituell vorgeschriebenes oder ein freiwilliges Gebet in Jerusalem sei so viel wert wie woanders siebenhundert.[4] Dies erinnert an die Ablaßmechanik der katholischen Kirche, bei der dasselbe Gebet viel wirksamer ist, wenn es in einer bestimmten großen Basilika verrichtet wird…

Alles nimmt für den algerischen Bauer ein sehr glückliches Ende, wie er selbst sagt: „Ich bin sehr zufrieden, die vier Pfeiler[5] der Pilgerreise ohne Fehler und Irrtümer absolviert zu haben." (Es geht um die Hauptriten und Gebete).

Der Formalismus dieser Praxis erscheint deutlich in dem Ausdruck „Irrtum", selbst wenn die Pilgerreise im allgemeinen den Gläubigen für die Dauer seines Lebens zutiefst prägt. Selbstverständlich zielt die Praxis darauf, den Körper an der Bekehrung der Seele mitarbeiten zu lassen. Ein ausgezeichneter Gedanke. Aber die Vorstellung, daß ein Irrtum, also ein unwillentlicher Fehler, die Bekehrung und Vergebung verwirken kann, ist schon auf typische Weise abergläubisch. Implizit wird dem korrekt ausgeführten Ritus automatische Wirksamkeit zugesprochen, allein weil er korrekt ausgeführt wurde. Immer, wenn die Wirksamkeit eines Ritus von seiner formal vollkommenen Ausführung und nicht einzig von der inneren Haltung des Ausführenden abhängig gemacht wird, wird zumindest teilweise unser Heil einem bewußtseinsfremden Phänomen zugeschrieben.

Indessen liegt die Pilgerreise nach Mekka im Herzen der islamischen Praxis; es handelt sich nicht um theologische Reden oder um die Erfahrung der großen Mystiker.

Selbstverständlich würde sich kein großer islamischer Mystiker in solchen Praktiken wiedererkennen, genauso wenig wie christliche Mystiker in Abwegen der christlichen Theologie oder der Volksfrömmigkeit. Aber mir geht es hier gerade nicht darum, den Wert einer Religion gegenüber einer anderen abzuwägen, sondern darum, auf eine Gefahr hinzuweisen, die allgegenwärtig ist.

---

[4] Ibid., S. 87.
[5] Ibid., S. 115.

„Es stand geschrieben!"

Im Islam wie im Christentum existiert eine noch gefährlichere Haltung. Schon wenn unser Heil mehr vom äußerlichen Ritenvollzug als von unserer inneren Haltung abhängig gemacht wird, wird die Beziehung zu Gott verfälscht. Aber unser Wille spielt da immerhin noch eine gewisse Rolle. Zumindest müssen wir uns zum Ritenvollzug entschlossen haben. Im Islam aber neigt man dazu, alles für von Gott im voraus bestimmt zu erklären, ohne daß der Mensch eine Rolle spielt. „Alles steht geschrieben!"

Dafür gibt es eine berühmte und literarisch sehr schöne Formulierung, die Mohammed selbst zugeschrieben wird: „Die Feder ist abgelegt, und die Tinte ist trocken!" Nichts kann also mehr hinzugefügt und nichts verbessert werden.[6]

Darum verzweifelte der große Dichter und Astronom Omar Khayyam in seinen berühmten Vierzeilern, den Rubaiyat:[7]

„Vom Anbeginn steht geschrieben, was sein wird.
Unermüdlich schreibt die Feder, ob Gutes oder Böses.
Am ersten Tag schon schrieb sie alles hernieder, was sein wird...
Unser Schmerz und unsere Mühe bleiben umsonst."

Oder:

„Um klar und ohne Umschweife zu reden,
Wir sind nur die Bauern auf dem Schachbrett des Himmels;
Mit uns wird Spaß getrieben auf dem Schachbrett des Seins,
Und dann geht es zurück in den Kasten des Nichts."

Die Bitterkeit scheint um so größer, als die Prädestination hier nur in ihrem negativen Aspekt gesehen wird. Aber in Wirklichkeit ist es genauso bitter zu denken, sie könne es mit uns gut gemeint haben:

„Freue dich, denn gestern schon stand deine Belohnung fest, und das Gestern ist weit, für gestern kannst du nichts mehr. Freue dich, deine Bemühung ist fruchtlos, denn schon gestern stand geschrieben, was du morgen tun wirst."[8]

---

[6] Hier haben wir es mit einem „hadith" zu tun, d.h. mit einem Wort, das dem Propheten selbst zugeschrieben wird, sich aber nicht im Koran befindet, sondern mündlich überliefert wurde. S. An - Nawawi: Les Quarante hadiths, les traditions du Prophète (les Deux Océans, 1980).

[7] Omar Khayyam (1040–1123) lebte vor allem in Nishapur. Er schrieb algebraische und geometrische sowie Astronomie- und Metaphysiktraktate.

[8] Les quatrains d'Omar Khayyam, traduits du persan et présentés par Charles Grolleau, éditions Champ libre, 1978.

Abd-El Kader[9], der große spirituelle Schriftsteller, Visionär und Mystiker, war auch dieser allgemeinen Lehre der Sunna verhaftet, die im Islam auch über die offiziell „sunnitischen" Gemeinden hinaus mehrheitlich herrscht. Trotzdem kannte er noch eine andere Tradition, die Tradition der Mu´taziliten, nach der Gott uns nur Gutes will und das Böse allein aus unserem Willen entspringt. In der Sicht Abd-el Kaders will Gott „für seine Diener gleichermaßen Gutes und Böses". Dies muß absolut verstanden werden, entweder das Heil oder die Verdammung. „Die Geschöpfe sind nichts als das Gefäß der Taten, Reden und Absichten, die Gott in ihnen wirkt und über die sie machtlos sind." Erlauben Sie mir zu betonen, Sie haben richtig gelesen: Gott schafft in uns unsere Taten, Reden und sogar Absichten, und wir können nichts dafür. Ähnliches findet sich beim heiligen Augustinus oder beim heiligen Thomas von Aquin: wir leben nur, um verschiedene Seiten Gottes zu offenbaren, die einen seine Barmherzigkeit, die anderen seine Gerechtigkeit. Daher sind die einen „der Strafe anheimgestellt, die anderen der Glückseligkeit... denn die Geschöpfe sind der Ort, an dem sich seine Namen offenbaren, und unter diesen Namen implizieren die einen Schönheit und Barmherzigkeit, die das Los der Erwählten ausmachen (…), während andere Majestät und Kraft implizieren, die das Los der Verdammten bedingen."[10]

Abd-el Kader hält also an der absoluten Prädestination fest, einer Lehre, die bis in die Mitte des zwanzigsten Jahrhunderts auch in der offiziellen katholischen Theologie vertreten war und, wie wir sahen, sich ganz besonders in der Lehre über die Taufe zeigte.[11]

Mohammed kann alles retten

Wie fast alle Religionen enthält der Islam auch viele Widersprüche. Es ist im übrigen manchmal besser so. Da wird auf instinktive Weise das Gleichgewicht über unbarmherzige logische Schlüsse hinaus wiederhergestellt. So kennt der Islam wie das Christentum eine gewisse Fürsprache von Menschen füreinander.

---

[9] Gemeint ist der berühmte Emir, von dem General Bugeaud meinte, er sei „eine Art Prophet".

[10] Emir Abd-el Kader, Ecrits spirituels, Le Seuil, 1982.

[11] S. z.B die Synthese des P. Garrigou-Lagrange, in dem Artikel über Prädestination im Dictionnaire de théologic catholique, Bd 12. S. auch von François Brune: Pour que l'homme devienne Dieu, Dangles, 1992.

Wir vernehmen, daß „am Auferstehungstag die Gläubigen sich versammeln und sagen werden: „Wir könnten jemanden bitten, für uns einzutreten." Sie werden sich zunächst an Adam, dann an Noah, an Moses und schließlich an Jesus wenden. Dieser aber wird sie an Mohammed verweisen.

„Dann werden sie zu mir kommen, sagt Mohammed. Ich werde den Herrn um Anhörung bitten. Er wird sie mir gewähren, und wenn ich ihn sehen werde, werde ich auf die Knie fallen und so lange bleiben, wie es ihm beliebt. Dann wird er sagen: „Erhebe das Haupt; sprich, und du wirst gehört; erbitte, und dein Gebet wird erhört werden". Dann werde ich das Haupt erheben; ich werde den Herrn loben, wie er es mich lehrt; und ich werde Fürsprache einlegen. Der Ewige wird mir eine Gruppe von Menschen zeigen, die ich in das Paradies einführen werde."

Im weiteren Bericht erfahren wir, daß dieser Vorgang sich dreimal erfolgreich wiederholen wird.[12]

Selbstverständlich darf man meinen, diese Fürsprache und die Bitte um Fürsprache seien von aller Ewigkeit her von Allah selbst vorherbestimmt gewesen. Diese Interpretation leuchtet deshalb ein, weil ja der Ewige selbst die Gruppe bezeichnet, die Mohammed ins Paradies einführen soll. Dann wäre die Fürsprache eigentlich nur eine besondere Form der Prädestination. Aber im Bericht selbst fehlt dafür jeder Beweis.

Im Hinduismus

Die magische Kraft der letzten Gedanken

In beiden religiösen Hauptströmungen Indiens findet sich wieder das gleiche Phänomen. Lassen Sie mich zunächst den Hinduismus betrachten. In Indien genießt die Bhagavad-Gîta, wie man weiß, ganz besondere Verehrung. Sie stammt aus einer späteren Zeit als die Vedas und Upanishaden, gibt aber das Wesentliche dieser Texte in der Form eines relativ kurzen und jedermann zugänglichen Berichtes wieder.

Wie wichtig die Bhagavad-Gîta inmitten dieser Tradition ist, kann man schon aus der Vielzahl großer traditioneller Lehrer Indiens ersehen, die sie kommentierten. In diesem Gedicht, das im Jahre 300 vor Christus entstand, wird die Lehre Krishnas, des fleischgewordenen Gottes Vishnu, an die Adresse seines Jüngers Arjuna wiedergegeben.

---

[12] Emile Dermenghen , *Mahomet et la tradition islamique,* le Seuil 1963.

In diesem wunderbaren Text mit theologischem Tiefgang wird gleichwohl die Wichtigkeit der allerletzten Gedanken vor dem Tode auf befremdende Weise betont.[13] Die geistige und praktische Anweisung der Bhagavad-Gîta stammt aus der traditionellen Lehre, nach der die letzten Gedanken vor dem Tod die nächste Inkarnation bestimmen. Das Mahâbharata-Epos erzählt z. B., wie König Bharata die Vorteile aus einem langen Leben der Askese verlor, weil er sich in seiner letzten Stunde von dem anmutigen Treiben eines jungen Rehs, das er aufgezogen hatte, zerstreuen ließ. Er wurde daraufhin als Reh wiedergeboren.

Auf der anderen Seite aber, äußert Krishna Arjuna gegenüber, genügt es, im letzten Augenblick des Lebens an ihn zu denken, um ihn nach dem Tod zu erreichen und so dem höllischen Zyklus der Reinkarnation zu entgehen. Diese traditionelle Lehre scheint sehr alt zu sein. Sie scheint schon in einer der großen Upanishaden (Chandogya Upanishad) bezeugt zu sein und besteht weiter. Ich erinnere mich, in Madrid in einer Fernsehsendung mit einem großen Hinduisten zusammengekommen zu sein, mit jemandem, der Indien nicht nur über Bücher kannte, sondern oft dort gewesen war. Auch er betonte in vollem Ernst die Wichtigkeit unserer letzten Gedanken und hielt diese für entscheidend bei einer neuen Inkarnation.

Ramanuja, der große mystische Meister des zwölften Jahrhunderts, empfand sehr wohl, was diese zu ausschließliche Betonung der letzten Augenblicke an magischem Aberglauben nach sich zieht. Deshalb machte er geltend, daß unsere letzten Gedanken normalerweise im Zusammenhang mit den Sorgen eines ganzen Lebens stehen. Aber damit hatte er die Tradition nicht einfach „korrigiert". Er hatte, weit über seine bewußte Absicht hinaus, den magisch geprägten Heilsbegriff durch einen anderen, höheren und wahrhaft geistigen Begriff ersetzt.

Einen Extremfall solch magischer Vorstellungen bietet folgende Stelle aus den Upanishaden:

„Drücken Sie die Zungenspitze gegen den Gaumen, halten Sie die Stimme, den Geist und den Atem an, und Sie werden durch Reflex den Brahman sehen." Und dann sind die Gläubigen gerettet. Diese Vision hebt ihr Selbst auf, sie erreichen die höchste Vereinigung mit der allgemeinen Seele. „Die guten oder schlechten Taten werden aufgehoben (…) Hier liegt das höchste Geheimnis der Erlösung." Es wird keine Reinkarnation mehr geben, sie haben es geschafft.[14]

---

[13] Achter Dialog,, § 5, 6, 13 und 14.
[14] *Maitry Upanishad,* VI, 20 (Adrien-Maisonneuve, 1952).

Die magische Kraft des Kultes

Es offenbart sich nach und nach durch Lektüre oder Begegnungen, daß in Indien solche Glaubensvorstellungen, die uns wie Aberglauben vorkommen, durchaus häufig sind.

Ein Brahmane, der sich beim Rezitieren einer Opferungsformel versprochen hat, wird als Dämon wiedergeboren, aber ein Salamander, der zufällig Wasser aus den Fußspuren von Heiligen getrunken hat, wird als Brahmane wiedergeboren. Die große Bedeutung der Riten kann schon beim Lesen der Texte oder besser beim Betrachten eines guten Dokumentarfilmes ermessen werden, es offenbart sich, wie sehr dieses magische Verständnis des Kultes den Hinduismus prägt.

Hier sei nur auf einige wenige Stellen hingewiesen. Sichtbar wird dieser automatische Ablauf z.B. an der Anbetung des Phallus als Shiva- Symbol. Bewunderer Indiens unter Ihnen mögen nicht mutmaßen, dieser Kult errege bei mir Anstoß. Ich weiß genau, es geht um ein Symbol des Gottes als Schöpfer und Erzeuger. Aber in einem Text werden wir dahingehend belehrt, daß „wer sein Leben ablaufen läßt, ohne den Phallus geehrt zu haben, in Wirklichkeit bedauernswert, schuldig und verdammt ist. Wenn auf der einen Seite die Anbetung des Phallus steht und auf der anderen die Barmherzigkeit, das Fasten, die Pilgerreisen, die Opfer und die Tugend stehen, so entscheidet die Anbetung des Phallus als Quelle der Lust und der Befreiung, die vor Mißgeschick schützt."[15]

Die Nächstenliebe und die „Tugend" sind nicht so ausschlaggebend wie die Anbetung. Aber es geht hier nicht um innerliche Anbetung, sondern in der Tat um den rituellen Vollzug des Kultes.

Solche Texte gibt es oft. Am Ende der Advaya-Taraka Upanishad wird behauptet, sogar das einmalige Rezitieren eben dieser Upanishad reiche aus, um die Erlösung zu sichern und den Jünger" von allen Sünden, sogar von denen aus vorherigen Leben, zu reinigen."[16]

Was für das alte Indien galt, bleibt auch im modernen Indien weitgehend gültig. So wird noch heute berichtet, es werde im Norden Indiens, in den Tempeln der Kampfgöttin Durga, täglich ein Hymnus rezitiert, in der sie folgendermaßen zur Huldigung auffordert:

---

[15] Aus *Shiva Purâna*, Zitat von Alain Daniélou in *Le Polythéisme hindou* (Buchet-Chastel, 1975).
[16] *Sept Upanishads*, eine Übersetzung mit Kommentar von Jean Varenne, Le Seuil, 1981.

„Wenn du meine Taten besingst, wirst du vor Reinkarnation geschützt werden. Von meinen Kämpfen zu berichten (errettet) vor dem Zugriff perverser Dämonen; dadurch werden Sünden getilgt und der Segen der Gesundheit herbeigerufen."[17]

Auch hier scheint das Heil wohl durch den bloßen rituellen Vollzug gesichert zu sein. Die Überbetonung der Riten entspricht einer uralten Tradition und führt zu einer deutlich magischen Auffassung ihrer Bedeutung. Hier kann man sich auf einen großen zeitgenössischen Kenner des Hinduismus beziehen:

„Die meisten überlieferten vedischen Texte beziehen sich auf das Opferritual." Sie beschreiben „ausführliche Riten, bei denen bestimmte Gesten, Anrufungen, Hymnen und Gesänge auf die Weltordnung selbst einwirken sollen und die Menschen befähigen, Macht über die Götter zu erringen... ein unvollständig oder ungenau vollzogener Ritus könne Katastrophen hervorrufen…"[18]

Die Riten sind so kompliziert, daß sie nur durch „Vollzeitpriester" vollzogen werden können, die dann auch bezahlt werden müssen. Der Auftraggeber steht lediglich stumm dabei und kann persönlich in keiner Weise mitmachen. Trotzdem wird er als Geldgeber die Erfüllung seiner Wünsche erreichen. Unterläuft aber den zelebrierenden Priestern irgendein Fehler, so werden sie nicht selbst vom Unheil getroffen, sondern der Auftraggeber: „Das fehlerhafte Opfer trifft den Auftraggeber. Sein Opfer fügt ihm Schaden zu."[19]

Äußerliche Riten also, die sich weitgehend der Verfügung des Betroffenen entziehen, können schließlich über sein Los entscheiden. Dies kann weit führen und sich ganz ähnlich negativ auswirken wie die vorhin von mir kritisierte magische Auffassung gewisser christlicher Riten.

List statt Heiligkeit

Ein Dichter aus dem Ende des sechzehnten Jahrhunderts, Tulsi-Das, schrieb auf Hindi eine neue Version des berühmten Ramajana Epos. Es wurde ein riesiges Werk von mehr als 10 000 Versen. Dann entstand der

---

[17] *Pour un dialogue avec l'hindouisme* (Editrice Ancora, Milano, Roma).

[18] Alain Daniélou, *Le polythéisme hindou*, s. o.

[19] *Chandogya Upanishad*, IV Kap. XVI, 3. Ich zitiere nach der Übersetzung von A. Daniélou in *Le polythéisme hindou*. Die Übersetzung von Emile Sénart ist schwieriger, ergibt aber die gleiche Bedeutung.

fromme Brauch, es über die Dauer eines Monats verteilt laut vorzutragen oder zu psalmodieren. Das Werk bildet auch die Grundlage für viele volkstümliche Predigten. Und da die Ausdrucksweise des Werkes etwas veraltet ist, wird in den heutigen Ausgaben auch oft Strophe für Strophe ein Kommentar in moderner Sprache hinzugefügt. Für ein paar Groschen sind die Ausgaben „auf den Warentischen der Märkte zu haben, so wie auf dem Tempelvorhof und in den Bazargassen. In vielen bescheidenen Behausungen hat es nie ein anderes Buch gegeben, und viele Analphabeten können lange Textstellen ihres „Ramajans" auswendig; es verdient wirklich die Bezeichnung „die Bibel Nordindiens"[20].

Im allgemeinen ist Rama eine Inkarnation des Gottes Vishnu, aber hier wird er mehr als die Offenbarung des Höchsten dargestellt. Indessen grenzt diese literarische Gattung mehr an Volksfrömmigkeit als an die äußerst abstrakte Darstellung der großen Upanishaden.

Hier trifft man auf rührende Geschichten wie diese:

Eines Tages kam Ram[21] ans Ufer des Ganges und erblickte einen unreinen Mann. Sofort wünschte er dessen Rettung und erfand eine List dazu. Er tat, als brauche er einen Flußschiffer. Der Mann bot seine Dienste an, aber bevor er die edle Aufgabe erfüllte, ersann er seinerseits eine List, um sein Heil und sogar das seiner ganzen Familie zu erlangen. Ram freute sich und ließ ihn gewähren. Der Schiffer schöpfte Wasser aus einem Holzkessel und fing an, Ram die Füße zu waschen. Das Wasser, das die heiligen Füße wäscht, soll Wunderkräfte erlangen. So heißt es: „Nachdem er Ram die Füße gewaschen hatte, trank der Schiffer mit all den Seinigen das Wasser aus, und nachdem er so das Heil und das all seiner Ahnen gesichert hatte, setzte er Ram über den Fluß." In der von mir benutzten Übersetzung steht eine Fußnote, in der betont wird, „die Heilkraft des Wassers ist so stark, daß nicht nur der Schiffer, sondern alle seine verstorbenen Ahnen mit ihm Erlösung fanden."[22]

Die Geschichte ist schön und sicher liebevoll gemeint und scheint mir in einem gewissen Sinne nicht nur schöner, sondern auch wahrscheinlich wahrer als das Abstrakte aus den Upanishaden. Aber die Form, in der sie überliefert wird, ist nicht stimmig. Offensichtlich wurde etwas verfälscht.

---

[20] *Le Ramayan de Tulsi-Das* (Les Belles-Lettres, 1977).
[21] Moderne Form für: Rama.
[22] *Le Ramayan de Tulsi-Das*, s. o.

42

Die magische Kraft des heiligen Namens

Dieser Hang zur Magie kann noch weiter gehen. Wir erfahren z. B. im selben Bericht, es reiche aus, Rams Namen zu rufen, selbst aus Haß, um gerettet zu werden. Dies führt dazu, daß, wie in der „Hare Krishna"-Sekte, Menschen mit glattrasiertem Schädel sich als Brahmanen verkleiden und zum Zimbelklang auf den Bürgersteigen aller großen westlichen Städte tanzen. Auf diese Weise „retten" sie so viele Menschen wie möglich, denn allen, die den heiligen Namen vernommen haben, selbst unter Mißachtung oder Zorn, bleibt automatisch die Rückkehr auf Erden zur Abbüßung ihrer Sünden erspart. Das behauptet sogar eine der Upanishaden. Es geht hier in der Tat um ein Mantra, das aus dem Namen Hare Krishnas entwickelt wurde.

„Wiederholt man dieses Mantra
Fünfunddreißig Millionenmal,
So befreit man sich von den Sünden,
Auch von den größten
Wie vom Mord an einem Brahmanen,
Vom Diebstahl am fremdem Eigentum,
Vom Goldwucher
Oder vom Beischlaf mit einer Unberührbaren."[23]

Im Buddhismus

Im tibetischen Buddhismus

Es sei in diesem Abschnitt nur kurz darauf hingewiesen, daß auch im Buddhismus dieselbe Neigung wie bei allen Religionen besteht, das Heil von außen durch die Erfüllung bestimmter vorgeschriebener Bedingungen zu erreichen.

So ist es z. B. möglich, jemandem in dessen letzter Stunde beizustehen, indem man ihm ein endgültiges Ausscheiden aus dem abscheulichen Wiedergeburtszyklus ermöglicht.

Dazu reicht es aus, im richtigen Augenblick bei ihm zu stehen und dreimal hintereinander „hick" und dann „péth" zu rufen. Die Wirkung soll unfehlbar eintreten. Die Seele des Sterbenden wird sofort in das „Paradies

---

[23] *Kali-Samtarana Upanishad,* Kap. 6. Aus: Sept Upanishads, trad. commentée par Jean Varenne (Le Seuil, 1981).

der großen Seligkeit" befördert, behauptet Alexandra David- Néel.[24] Kein Karma mehr! Es ist geschafft, ohne daß der Sterbende irgendeine Reue hat zeigen oder sich hat bessern müssen. Selbstverständlich muß der Schrei, um Wirkung zu zeigen, auf eine ganz besondere Weise intoniert werden. Dafür muß jahrelang bei fähigen Lehrern trainiert werden. Es geht hier ähnlich zu wie beim unglücklichen König Bharata, der als Hirsch wiedergeboren wurde. „Der Geisteszustand im Augenblick des Todes ist entscheidend behauptet der Dalai-Lama. „Die letzten Augenblicke sind so wichtig, daß sie durch die Verdienste des Lebens nicht aufgewogen werden."[25] Anders gesagt, können schließlich nebensächliche Umstände, die sich schwer beherrschen lassen, die Entwicklung eines ganzen Lebens zunichte machen. Genau gegen diese Auffassung wollte Ramanuja ankämpfen. Hier scheint also der Dalai-Lama wieder zur magischen Auffassung zurückzukehren.

Die Verfahrensweisen zur Erhaltung eines reinen Gewissens muten oft wie regelrechte Tricks an. So ist z. B. den Tibetern als Buddhisten gemeinhin verboten, Tiere zu töten, um sie zu verzehren. Wenn aber ein Tibeter ein totes und noch frisches Tier findet, so ist ihm der Verzehr dieses Tieres nicht verboten. Nun dürfen, wie allgemein bekannt, Muslime ihrerseits sehr wohl Tiere schlachten, um sie zu essen. Sie dürfen nur kein Schweinefleisch verzehren. Treffen sie aber ein Schwein an, so ist ihnen nicht verboten, dieses unreine Tier zu schlachten, wenn sie es nur nicht verzehren. Es heißt, die moslemische Gemeinde von Lhassa sei immer sehr wohlhabend gewesen. Die Tibeter sind im übrigen von Natur aus so tolerant! Haben Sie verstanden? Die Schlachthäuser von Lhassa werden von Muslimen geführt. Das war es, mein lieber Lama! Es sei noch angemerkt, daß kein Tibeter Fleisch beim Metzger bestellen darf. Das wäre Aufforderung zum Schlachten. Wenn er aber zufällig vor dem Metzgerladen vorbeiflaniert und wenn ohnehin die böse Tat schon vollzogen ist...[26]. Wir sind noch bei unserem Thema. Für den Buddhisten geht es darum, schneller auf dem Weg der Erlösung voranzukommen, indem er das Leben, jedes Leben, achtet. Die hier beschriebene Verfahrensweise indessen achtet das Leben der Tiere nicht, erlaubt aber dem Buddhisten, sich schuldlos zu fühlen, weil er äußerlich die Regeln beachtet hat.

---

[24] In *Immortalité et Réincarnation* (Le Rocher, 1978).
[25] Dalai-Lama, *Cent Elephants sur un brin d'herbe* (Le Seuil, 1990).
[26] Das erzählt der Dalai-Lama selbst in *Au loin la liberté* (Fayard, 1990).

Noch einmal: Es geht mir nicht darum, eine Religion gegen eine andere auszuspielen. Die katholischen Fastenregeln strotzten auch manchmal vor seltsamer Kasuistik. Es geht nur darum, vor einer unguten Neigung zu warnen, die überall vorzufinden ist, und das Falsche an ihr aufzuzeigen. Denn wenn die falschen Vorstellungen erkannt sind, kann sich die Wahrheit einer Religion durchsetzen.

Große Mystiker und volkstümliche Religion

Jetzt sei noch Allgemeines über indische Religionen und über die Religion Tibets im besonderen angemerkt. Vielleicht verärgere ich viele Leser dabei. Aber jedesmal, wenn ich mich vom neuen in diese Literatur einlese oder wenn ich im Fernsehen eine Dokumentation über Tibet anschaue, muß ich darüber staunen, wie wichtig hier alle Erscheinungen sind, die aus dem Gebiet dessen stammen, was heute „Parapsychologie" heißt. Zwar sind das faszinierende Erscheinungen, und ich interessiere mich weiterhin selbst dafür, aber schließlich stehen sie in keinerlei Verbindung zur geistigen Entwicklung der Menschen. Auch scheinen diese Traditionen nicht einmal zwischen echten paranormalen Erscheinungen und einem riesigen Haufen von seltsamen und oft groben Aberglaubensformen unterscheiden zu können. Nun witzeln im Westen viele Freidenker unbarmherzig über gewisse Formen der christlichen Volksfrömmigkeit, während ihnen anscheinend völlig entgangen ist, wie sehr die indischen Traditionen im gleichen Aberglauben stecken, den sie im Christentum beklagen. Viele „Intellektuelle" haben sich wegen der in jeder Religion unvermeidbaren volkstümlichen Abweichungen vom Christentum losgesagt und haben sich geistige Nahrung direkt bei den großen Mystikern Indiens oder des Islams gesucht, ohne die christlichen Mystiker zu kennen. Allerdings muß leider zugegeben werden, die westlichen Kirchen geben ihren eigenen Mystikern viel zu wenig Raum!

Die gleichen Abweichungen sind tatsächlich vom Anfang an im traditionellsten Buddhismus anzutreffen. Lesen Sie z.B. nur den Bericht über die letzten Worte des Buddha an seinen Jünger Ananda: „Es sind vier Orte, o Ananda, die ein Gläubiger mit tiefer Rührung aufzusuchen hat." Dann werden die Orte aufgezählt: der Geburtsort des Buddha, der Ort seiner Erleuchtung, der Ort der Offenbarung an die Welt und schließlich der Ort, wo er ins Nirwana einging. „Und alle, o Ananda, die sterben, während sie fromm zu diesen Heiligtümern pilgern, all diese werden nach ihrem Tod glücklich in himmlische Paradiese wiedergeboren."

Hier nahm im übrigen der Buddhismus nur die hinduistische Tradition wieder auf. Seit Jahrhunderten pilgern unzählige Fromme kurz vor ihrem Tod nach Benares, damit ihre Asche in den heiligen Fluß gestreut wird und ihnen so eine bessere Wiedergeburt zufallen kann.

Sicher ließe sich auch in anderen Religionen eine gewisse, manchmal wenig rücksichtsvolle Ausnutzung von Pilgerorten oder Reliquien feststellen...

Kapitel 3

Wenn jeder einzelne „seines Heils Schmied" ist

Eine im Christentum unbekannte Theorie

Im Christentum dürfte sich nichts feststellen lassen, was in diese Richtung weist. Vom Anfang des Christentums an und schon in den Evangelien fordern unzählige Textstellen dazu auf, der Mensch solle persönlich umkehren, aber ganz offensichtlich kann es für den Christen nie in Frage kommen, sich selbst ganz aus eigener Kraft zu erlösen. Die Rolle Jesu Christi als Erlöser ist absolut entscheidend. Alle, die schließlich erlöst werden, ob getauft oder nicht, ob Christen oder Nichtchristen, werden nur durch das Eingreifen Christi in unsere Geschichte gerettet. Wir erwähnten sogar bereits, daß neben den „unendlichen Verdiensten Christi" die „Verdienste" der Heiligen oder sogar die Gebete und kleinen Opfer eines jeden eine große Rolle spielen werden.

Hier liegt sogar wahrscheinlich ein entscheidendes Merkmal des Christentums, das es vor allen anderen Religionen auszeichnet. Ich skizzierte bereits anstoßerregende Seiten dieser Eigenart, die dazu führen, daß der Betroffene oft nicht mehr Herr seines Schicksals scheint, sondern zu seinem Besten oder zu seinem Verderben einfach wie ein Postpaket verschickt wird. In dieser Form ist sie sicher unannehmbar und erklärt viele ablehnende oder desinteressierte Reaktionen. Jedoch, man darf deswegen nicht in die Gegenrichtung geraten, die nicht besser wäre.

Eine seltsame Wende

Heutzutage gewinnt eine ganz andere Haltung Boden im Westen, eine Haltung, die aus dem Islam und noch mehr aus Indien kommt und bei der jede Form von direkter Einflußnahme anderer Personen in der Erlösung des einzelnen ausgeschlossen wird.

Hier sei die Anmerkung gestattet, wie sehr doch diese einander widerstrebenden Geistesströmungen innerhalb weniger Jahre aufeinander folgen. Nach dem Zweiten Weltkrieg kam die Mode auf, der traditionellen katholischen Theologie Individualismus vorzuwerfen. „Sein" Heil zu suchen, „seine" Heiligkeit zum Ziel zu haben, galt als Zeichen eines abzulehnenden Egoismus. Wer im Priesterseminar die „Nachfolge Jesu Christi" las, war verdächtig. Diese Vorliebe für die Zwiesprache mit Gott gab zu den schlimmsten Vermutungen Anlaß. Das Heil der Welt sollte eben nicht in der persönlichen Heiligkeit, sondern in der Veränderung der Welt gesucht werden, die nur kollektiv in Teams mit der Bezeichnung „révision de vie" (in einer Gruppe durchgeführte Gewissenserforschung) vorbereitet werden durfte.

Der marxistische Einfluß

Ich erfinde hier nichts. Als ich Militärdienst leistete, war unser Militärgeistlicher gebeten worden, an mich heranzutreten, um mich zu etwas weniger Gebet in der Kapelle und etwas mehr Präsenz in der Stube zu bewegen. Die gleiche Haltung führte auch dazu, daß Priesteramtskandidaten fürchteten, bei Kameraden und Lehrern schlecht angesehen zu werden, wenn sie in der Kapelle beteten, statt an den unzähligen Versammlungen in der Stadt teilzunehmen.

Dies war letztlich die Folge einer neumodischen Theologie. Diese Strömung wurde von der marxistischen Unterwanderung begünstigt, die mir wohlbekannt war und die die Bischöfe soeben endlich zur Kenntnis nehmen. Der einzelne, und sei er auch heilig, mußte vor der Gemeinschaft zurücktreten. Das Zeugnis der Evangelisten konnte nur als Werk einer Gemeinschaft von Gläubigen, nicht als persönliches Bekenntnis Anerkennung finden. Was die Apostel wirklich gesehen oder gehört haben mochten, war unerheblich, es zählte nur, was die erste christliche Gemeinschaft glaubte. Nicht nur, daß das Heil der Welt nur kollektiv sein konnte, sondern auch der einzelne konnte in jedem Belang nur kollektiv erlöst werden.

Der Einfluß der Psychoanalyse

Diese Strömung wurde auch durch den Einfluß der Freudschen Psychoanalyse verstärkt. Es schien, als sei niemand wirklich verantwortlich für das, was er getan hatte. Jeder war nur noch das Ergebnis der Traumata aus der frühen Kindheit, der verhängnisvollen Komplexe seiner Umgebung, und niemand war verantwortlich, weder Dritte, noch der Betroffene selbst. Alle waren sie Opfer, niemand war schuldig.

Zurück zum Individualismus

Die Person schien sich in solchen Perspektiven ganz aufzulösen. Insofern stellen die neueren Strömungen so etwas wie eine gesunde und notwendige Reaktion dar. Heute heißt es häufig: Sucht keine Ausflüchte, macht keinen anderen für euer Unglück verantwortlich und sucht auch keine Hilfe außerhalb eurer eigenen Person. Jeder einzelne ist für sich allein verantwortlich und kann nur auf sich selbst zählen. Er muß sein Schicksal selbst in die Hand nehmen.

Zwar wird das nicht immer so deutlich ausgesprochen, denn, wie stets, sind sich viele, die diese neue Richtung einschlagen, nicht wirklich bewußt, was sie voraussetzt. Sie merken nicht, daß sie gerade anbeten, was sie noch vor kurzer Zeit heftig zurückwiesen. Andere hingegen ermessen bereits, wie unzulänglich diese Auffassung ihrerseits auch bleibt, so daß sie schon versuchen, Verbesserungen und Korrekturen anzubringen. Diese scheinen ihnen nur Beiwerk und Verdeutlichung zu sein. Sie merken nicht, daß sie tatsächlich aber damit Faktoren aus einer ganz anderen Ebene der Betrachtung einführen, einer Ebene, die ich selbst später darstellen möchte. Zunächst aber komme ich auf die Erörterung der Haltung zurück, die unser Heil als ein nur von uns selbst in völliger Einsamkeit Gewirktes betrachtet.

Auf dem Weg zu einem neuen Christentum ohne Erlöser

Die Entwicklung in der Theologie geht nicht immer leicht vonstatten. Stürzt einmal eine seit Jahrhunderten etablierte Doktrin zusammen, dann hinterläßt sie eine gefährliche Lücke.

Fast alle Theologen haben jetzt endlich die schreckliche Doktrin verworfen, der zufolge Christus uns durch sein Leiden, durch das Vergießen seines Blutes rettet, indem er den Zorn des Vaters gegen die sündige Menschheit besänftigt. Vor kurzem noch vertrat Pater Bruckberger diese entsetzliche Theologie, die unseren christlichen Brüdern des Orients unbekannt ist, und auch im neuen „Katechismus der katholischen Kirche" befindet sich noch ein Nachgeschmack davon. Aber es kann davon ausgegangen werden, daß ab jetzt etwas so Blasphemisches nicht mehr vertreten wird.

Aber die Frage unseres Heils war damit noch keineswegs geklärt. Wenn Christus uns nicht dadurch rettet, daß er unsere unerlaubten Gelüste durch sein Leid ausgleicht, wie dann?

Da versuchten die meisten Theologen eine andere Erklärung, ohne zu merken, daß sie dabei praktisch alles aufgaben. Sie entwickelten das, was einige eine „Soteriologie Jesu als Beispiel" nennen. Durch sein Leben, seinen Tod, seinen Kampf für die Gerechtigkeit bis in den Tod hat uns Christus den Weg gezeigt. Indem er Christus wiederauferstehen ließ, zeigte uns der Vater, daß er den Wert dieses guten Kampfes anerkennt. Es gibt Theologen und Professoren an theologischen Fakultäten, Priesterseminaren, Noviziaten usw., die sich nicht scheuen, Christus mit Mohammed, Buddha oder sogar Karl Marx zu vergleichen! Dieser neuen Theorie zufolge „rettet" uns Christus gar nicht mehr. Er zeigt uns den Weg zum Heil, was etwas ganz anderes ist. Dann steht er auf der gleichen Ebene wie Mohammed oder Buddha. Mohammed hat sich nämlich nie als „Retter" ausgegeben, und Buddha auch nicht. In dieser Perspektive wird das Wesentliche des Christentums aufgegeben. Selbst wenn Christus durch die Vollkommenheit seiner Botschaft ein wenig höher steht als Mohammed oder Buddha, wie uns zur Beruhigung versichert wird, so brauchte er doch nicht Gott zu sein, um dieses wenige zu erreichen. So wird eine Etappe vorbereitet, auf der die Göttlichkeit Christi schlicht und einfach zur Freude aller Esoteriker aufgegeben werden wird, der Esoteriker, die erahnen, daß die Theologen sie bald einholen werden: Christus war nur ein großer „Eingeweihter".

Die Bedingungen unseres Heils werden hierdurch radikal verändert. Ab jetzt können wir nur noch auf uns selbst vertrauen, jeder für sich. Eine vollständige Katastrophe, und niemand scheint es zu merken, oder es wird zumindest nicht genügend Widerstand sichtbar. Aber Theologen und Exegeten vergehen…Das Evangelium bleibt. Das Evangelium und glücklicherweise unsere christlichen Brüder des Orients, die unsere alte Theologie des unschuldigen Sohnes, der die Wut seines Vaters durch sein Leid besänftigt, niemals zugelassen haben. Von unserer neuen Mode, die darin besteht, die Hilfe Christi auf eine Lehre oder ein Beispiel zu reduzieren, fühlen sie sich auch nicht im geringsten angesprochen.

Auch in den westlichen Kirchen regt sich Widerstand, es entsteht der Wunsch, Christus als Retter zu belassen. Aber wie ist die Rettung zu erklären? Nach dem Zusammenbruch der alten Theorie bleibt eine theologische Lücke bestehen.

Im Islam

Im Islam befindet sich der Mensch praktisch in dieser einsamen Situation vor Gott. Selbstverständlich darf der Gläubige, um das Heil zu erlangen, die beträchtliche Hilfe in Anspruch nehmen, die ihm in der

Gestalt des von Mohammed empfangenen Korans zur Verfügung steht. Aber er muß sie selbst in Anspruch nehmen, und nur er allein kann es.

Ich erwähnte bereits gewisse Riten, die auf ziemlich magisch verstandene Weise zum Heil verhelfen sollen, aber trotzdem muß der Gläubige solche Riten selbst und nur für sich selbst vollziehen. Die einzig mögliche Weise, einander zum Heil zu verhelfen, ist die Lehre und das Beispiel. Der große muslimische Denker Mohammed Iqbal war sich dessen voll bewußt: „Der Koran", schreibt er auf seine einfache und kraftvolle Art, „betont die Individualität und Einzigartigkeit jedes Menschen… Diese Auffassung des Menschen als einzigartiges Individuum... macht es unmöglich, daß ein Mensch die Last eines anderen trägt… Der Koran muß den Gedanken einer stellvertretenden Erlösung verwerfen."[1]

Ich weiß genau, daß Mohammed Iqbal im Islam nicht nur Freunde hat. Trotzdem zitiere ich ihn, weil er das Problem auf anerkennenswerte Weise zumindest anschneidet und bewußt einen in meinen Augen entscheidenden Unterschied wahrgenommen hat. Die meisten muslimischen Autoren erwähnen das Problem nicht einmal, denn der Gedanke einer gegenseitigen geistigen Hilfe oder eines „Eingreifens" in die innere Entwicklung anderer scheint dem Islam wesensfremd zu sein.

Da kann ich noch einige kategorische Behauptungen eines Ägypters vorbringen, der an der Universität Kairo Professor der Philosophie und der vergleichenden Religionswissenschaft ist. Wahrscheinlich ist er sich aufgrund seines letztgenannten Spezialgebietes bewußter als andere Muslime, wie schwerwiegend sich hier Islam und Christentum unterscheiden. Es sei noch darauf hingewiesen, daß er durch die Vermittlung Jean Guittons am zweiten vatikanischen Konzil teilnahm. So drückt sich also Hassan Hanafi aus:

„Jeder Mensch ist seines Heils Schmied. Keine persönliche Instanz, ob Gott, Prophet, Heiliger oder Durchschnittsmensch, kann für alle Heil erwirken. Jeder ist für sein Tun verantwortlich. Man kann einander nicht erlösen… das Heil erlangt das Individuum durch seine Taten."[2]

Aber im Islam steht auch fest, was man auch verbrochen haben mag, so ist nichts endgültig verloren, solange man Gott nicht abschwört, den Glauben verliert oder dem Polytheismus verfällt, indem man andere Götter neben Allah zuläßt. Dann mag man zwar für eine Weile in die Hölle kom-

---

[1] Mohammed Iqbal, *Reconstruire la pensée religieuse de l'Islam* (Adrien Maisonneuve, 1955).
[2] Hassan Hanafi, im gemeinschaftlichen Werk *les Musulmans* (Beauchesne, 1971).

men, aber nach einer gewissen Zeit wird man daraus befreit: „Allah hat gesagt: „O du Sohn Adams, solange du Mich anrufst und in Mich deine Hoffnung setzt, werde Ich dir all das Böse verzeihen, das von dir kommt, und werde Mich nicht darum kümmern. O Sohn Adams, wenn deine Sünden bis oben in den Himmel reichen und du um Vergebung bittest, so werde Ich dir vergeben. O Sohn Adams, wenn du zu Mir kommst, nachdem du die Erde mit deinen Sünden überschüttet hast, da du Mir begegnest, ohne Mir irgend etwas gleichzustellen, so komme Ich zu dir mit soviel Verzeihung, daß es die ganze Erde überschüttet."[3] Es kann also alles wiedergutgemacht werden. Das einzig Störende besteht für mich darin, daß man hier Verzeihung, ja sogar Erlösung erlangen kann, ohne deswegen besser geworden zu sein. Das Terrain des „jeder für sich", des Individualismus und der absoluten Einsamkeit wird nur verlassen, um wieder auf magische Eingriffe Gottes zu hoffen, die die Menschen ohne ihre innere Bekehrung retten.

Im Hinduismus

Karma und Wiedergeburt

Im Hinduismus ist auch jeder allein seines Heiles Schmied. Das ergibt sich auf konsequente Weise aus dem Zusammenhang zwischen Karma und Wiedergeburt.

Das Wort „Karma" bedeutet ja „Tun", und also ist das Karmagesetz ganz einfach das Gesetz, nach dem wir die Folgen unseres Tuns zu tragen haben.

Selbstverständlich gibt es auch im Evangelium eine „Karmalehre", deren höchster Ausdruck wahrscheinlich in den Seligpreisungen zu finden ist: „Selig sind die, die reinen Herzens sind, denn sie werden Gott schauen…"

Jedoch wird das Karmagesetz in der christlichen Tradition anders verstanden als in den Traditionen Indiens. Entgegen dem, was gemeinhin angenommen wird, liegt die Schwierigkeit eher in diesem besonderen Karmabegriff und nicht in der Lehre der Wiedergeburt, so will mir scheinen.

---

[3] Hier geht es um eines jener Worte Mohammeds, die sich nicht im Koran befinden, sondern mündlich überliefert wurden. An-Nawawi: *Les quarante Hadiths* (Les Deux Océans, 1980).

Alain Daniélou ist sicher recht zu geben, wenn er betont, daß die Lehre der Wiedergeburten in den Vedas fehlt und dem Shivaismus fremd bleibt. „Sie kommt", schreibt er, „aus dem Jainismus, der sie dem Buddhismus und dann dem modernen Hinduismus übermittelt hat."[4]

Indes fängt dieser moderne Hinduismus doch sehr früh an, da wir diese Lehre schon in einigen Upanishaden finden, also ungefähr zwischen 1000 und 800 vor unserer Zeitrechnung, und in der berühmten Bhagavad-Gita (zweiter Dialog, Vers 22) :

„So wie man gebrauchte Kleider wegwirft, um neue anzuziehen, so wirft die Seele die abgenutzten Körper weg, um neue anzuziehen."

Die Problematik richtig umreißen

Gewiß könnte man in diesem wunderschönen Text eine Anspielung auf verschiedene Stufen des Jenseits erblicken. Es wäre etwa das, wovon der heilige Paulus in seinen Worten über den Fortschritt im jenseitigen Leben sprach, indem wir „von Glanz zu Glanz" gelangen. Es ginge sodann um verschiedene Stufen der Existenz, auf denen man immer höher, immer lichtvoller würde, und jeder Stufe entspräche jeweils ein neuer Leib, der mit der neuen uns umgebenden Welt harmonieren würde. Anscheinend meinte auch Origenes ungefähr das gleiche. Nun könnte diese Auffassung auch mit vielen Botschaften übereinstimmen, die unabhängig von den offiziell anerkannten Religionen von einer Geistesströmung hervorgebracht werden, die gemeinhin etwas vorschnell mit der Vokabel „Esoterik" belegt und übergangen wird. Mir scheint, es wäre höchste Zeit, ihr mehr Aufmerksamkeit zu widmen. Ob man will oder nicht, diese Strömung spielt gesellschaftlich eine immer größere Rolle, was wahrscheinlich nicht grundlos geschieht. Schließlich kann man viele große religiöse Traditionen oder besondere „Offenbarungen" auch dort einordnen.[5]

Für uns Christen wäre eine solche Interpretation deshalb von Vorteil, weil wir sie leicht nachvollziehen können. Schließlich aber ist es nicht entscheidend zu wissen, ob unsere Entwicklung in verschiedenen Stufen geschehen muß, bei denen die Seele unbedingt jedesmal in eine andere Welt überwechseln muß, oder ob es manchmal statthaft ist, „sitzenzublei-

---

[4] Alain Daniélou, *La Fantaisie des Dieux et l'aventure humaine d'après la tradition shivaite* (Le Rocher,1985).
[5] Siehe *Les morts nous parlent,* F. Brune (le Félin,1993).

ben", indem man auf Erden wiedergeboren wird. Auch scheint es mir sehr vernünftig, davon auszugehen, daß es Ausnahmen geben kann. Gefährlich wäre wohl nur das Dogma einer ewigen Wiederkehr von allen auf die gleiche Ebene auf dieser Erde. Das hieße, wenn auch vielleicht unbewußt, die Entwicklung zu geistigeren Welten abstreiten.[6]

Noch problematischer ist für mich der Karmabegriff, der im traditionellen Indien entwickelt wurde und der letzten Endes sowohl eine unentbehrliche Voraussetzung als auch eine logische Folge in der Lehre der Wiedergeburt hat. Dies betonte Sri Aurobindo (1872–1950):

„Der alte Karmabegriff war immer mit dem Glauben an eine unaufhörliche Folge von Wiedergeburten der Seele in neuen Körpern untrennbar verbunden... Ohne Karma hat die Wiedergeburt keinen Sinn, und das Karma kann nicht auf zwingende Weise gefolgert werden, besitzt keine rationale und moralische Berechtigung, wenn es nicht als Werkzeug einer ununterbrochenen Folge von Erfahrungen der Seele erscheint. Glauben wir, daß die Seele mehrmals in einen Körper wiedergeboren wird, müssen wir auch glauben, daß zwischen vergangenen und folgenden Existenzen ein gewisser Zusammenhang besteht und daß die Vergangenheit der Seele sich auf ihre Zukunft auswirkt: das ist der geistige Kern des Karmagesetzes."[7]

Ordnung in das Chaos bringen

Dies alles entspringt selbstredend dem Bedürfnis, einen Sinn unserer Existenz auf dieser Welt zu finden, dem Bedürfnis nach der Erklärung für die Ungleichheit der Menschenschicksale:

„Wie soll erklärt werden, wie die verschiedenen Seelen, als sie auf geradem Wege vom Himmel kamen, sofort auf so kraß unterschiedliche Weise fielen, und zwar so, daß jede für verantwortlich erklärt werden soll für die im übrigen grausamen und ungleichen Bedingungen, unter denen sie ihre ewige Zukunft so gedrängt bestimmen soll. Jede von ihnen muß bestimmt durch ihr Wirken in der Vergangenheit sich für die gegenwärtige Lage zu verantworten haben, wo doch von ihr ein so strenger Rechenschaftsbericht über erzielte Ergebnisse und über den Gebrauch dieses Lebens erwartet wird. Wird ihr doch das Leben oft nur als knappe Chance geboten, die ungern und manchmal ohne jede Hoffnung zugestanden wird. Die wahre

---

[6] Jean Prieur zeigte es in einer ausgezeichneten Arbeit mit dem Titel: *Le mystère des retours éternels* (R. Laffont, 1994).
[7] Sri Aurobindo, *Die Frage der Wiedergeburt;* Gauting, Mirapuri Verlag 1997.

Natur des Menschen setzt für die Seele eine Vergangenheit aus unterschiedlichen Elementen voraus, genauso wie eine Zukunft, die daraus entspringt."[8] Erkennt man dieses Karmagesetz mitsamt der Wiedergeburt als Folge an, scheint das Chaos zu verschwinden, alles bekommt Sinn, einen eigenen Sinn. Dies macht die große Anziehungskraft dieser Lehre aus:

„Dort, in der Theorie des Karmas, liegen gewisse wesentliche und notwendige Schlüssel. Zunächst einmal Sicherheit, fester Grund, worauf man sicheren Fußes steht und wonach es weder in der geistigen noch in der physischen Welt Chaos gibt, Zufallsregeln oder bloße Wahrscheinlichkeitsrechnungen, sondern daß eine Ordnungsenergie wirkt, die ihren Willen durch das Gesetz, durch eine stabile Relation, eine regelmäßige Abfolge von Ereignissen, durch feststellbare Ursachen und Wirkungen bekundet... Es stellt das Leben nicht nur auf die marmorne Basis eines Gesetzes, sondern es öffnet einer größeren Freiheit den Weg, indem es die Anarchie aufhebt."[9]

Der große geistige Gründer von Auroville bleibt ein treuer Erbe der antiken Tradition: Ramakrishna (1836–1886) sprach nicht anders:

„Solange ein Mensch in der Unwissenheit verbleibt, d.h., solange er Gott nicht erfährt, muß er auf Erden wiedergeboren werden. Derjenige aber, der erleuchtet wurde, braucht nicht mehr wiederzukommen, weder in diese Welt, noch in irgendeine andere Sphäre (...) In Wahrheit, ich sage euch, solange man Gott nicht erfährt, muß man in die Hand des Schöpfers zurück, d.h. man muß noch oft wiedergeboren werden."[10]

Alleiniger Herr an Bord, aber einsam

Schließlich befindet sich der Mensch dann in ziemlicher Einsamkeit. Er ist allein für sich selbst verantwortlich. Die Betonung liegt zwar auf der Verantwortlichkeit und nicht auf der Einsamkeit, aber diese scheint als unvermeidbare Folge jener aufzukommen: „In mir selbst steckt der Keim meiner ganzen Schöpfung. Was ich geworden bin, habe ich selbst geschaffen durch den Gedanken und die vergangene Tat der Seele, durch ihr äußeres und inneres Karma; was ich sein will, kann ich selbst durch den Gedanken und die gegenwärtige und zukünftige Tat entscheiden."[11] Dieses wird deutlich, sobald diese Welt- und Schicksalsauffassung aufkommt, d.h. schon in

---

[8] Ibid.
[9] Ibid.
[10] L'enseignement de Ramakrishna, (Albin Michel, 1949).
[11] Sri Aurobindo, Renaissance et karma (s.o.).

den Upanishaden.[12] Der einzige Weg zur wirklichen Befreiung, zur Vermeidung des höllischen Wiedergeburtszyklus, öffnet sich erst durch Entsagung. Alles andere, Gebet, Opfer, gute Taten, ist unzulänglich. Es kann höchstens ein gewisses (vorübergehendes) Glück zwischen zwei Wiedergeburten verschaffen. Die echte, endgültige Befreiung kann nur durch Entsagung, also durch eine notwendigerweise einsame Entscheidung errungen werden. Dom Henri Le Saux, der sich dann Swami Abhisiktananda nannte, macht es sehr schön deutlich:

„Selbst die Belohnungen und Freuden der jenseitigen Welt sind relativ reizlos. Sie werden nur so lange anhalten, wie die Verdienste, durch welche sie erworben wurden, gelten können. Die Belohnung ergibt sich aus der Tat und wird grundlegend von ihr bestimmt, weswegen Gebet und rituelle Opfer an die Götter nur begrenzte Bedeutung haben. Sie können höchstens zu einem bequemen Erdenleben und vielleicht einem angenehmen Zwischenspiel in jenem örtlich bestimmten Himmel verhelfen, der „svarga" genannt wird. Deswegen folgert die Mundaka Upanishad: Verlasse alles und geh in den Wald, übe Entsagung und halte deine Seele in Frieden…"[13]

Anscheinend wird das Gebet hier nur als rituelle Verrichtung verstanden. Daß es eine echte und tiefe Beziehung zu Gott schaffen oder entwickeln könnte, wird nicht einmal ins Auge gefaßt. Ja, diese Beziehung zu Gott selbst erscheint hier als relativ unwichtig. Zwar soll die Entsagung normalerweise zu einer gänzlichen Identifikation mit dem Brahman führen, d.h. mit dem Absoluten, das allem jenseitig ist. Aber dieses Absolute ist eben so sehr jenseitig, daß der Mensch zu ihm keinerlei persönliche Beziehung haben kann. Um die höchste Befreiung zu erreichen, nützt anscheinend ein solcher Gott im Endeffekt wenig.

Aber die Beziehung zu anderen Menschen scheint auch nicht wirklich wichtig. Bezeichnenderweise werden unter den guten Werken, die uns „möglicherweise" ein bevorzugtes Los im vorläufigen „Himmel" zwischen zwei Erdexistenzen verschaffen können, die Taten der Nächstenliebe nicht einmal erwähnt. Sie stehen ganz außerhalb dieser Perspektive. Etwas weiter im Text betont es Henri Le Saux, ohne sich dessen bewußt zu sein:

---

[12] Sie wurden etwa zwischen 1000 und 500 vor unserer Zeitrechnung geschrieben, die wichtigsten vor 800 v. C.

[13] Henri Le Saux, *Initiation à la spiritualité des Upanishads* (Présence, 1979) Das scheint keine wortwörtliche Übersetzung dieser Stelle der Mundaka Upanishad zu sein, aber eine sinngemäße Zusammenfassung. S. die Übersetzung von J. Maury bei A. Maisonneuve, 1943.

„Wunderbar ist, wie sehr die ganze Tradition Indiens dem Menschen nahelegt, den letzten Teil seines Lebens einzig der Suche nach dem Selbst zu widmen und eine gänzliche Entäußerung zu suchen, die dem Tod vorgreift."[14]

Ein Heil ohne Liebe

Wer häufig Berichte von Nahtod-Erfahrungen gelesen hat, weiß, daß wir im Jenseits nicht nach dem Grad unserer Entäußerung beurteilt werden, sondern nach unserer tätigen Nächstenliebe. Die Frage, die auf uns alle, ob Christen, Juden, Muslime, Hindus, Buddhisten oder Atheisten, wartet, die uns das Lichtwesen, vielleicht Christus selbst, stellen wird, heißt: „Was hast du aus deinem Leben gemacht? Hast du die anderen Menschen so geliebt, wie ich dich liebe? Ganz? Unbedingt?"[15]

Die Mundaka Upanishad, auf die sich Henri Le Saux bezieht, verlangt im Gegenteil eine so absolute Entäußerung, daß sogar „alles Sehnen, was zu guten Taten führt", „schwinden" soll... so lautet zumindest Shankaras Kommentar, des großen geistigen Meisters aus dem achten Jahrhundert, der hier maßgeblich ist.[16] Anders gesagt: Laßt euch nicht dazu verführen, Gutes zu tun. Verstehen Sie mich richtig. Es geht hier nicht darum, die subtile „Versuchung zu guten Taten" anzuprangern, die nur eine der unzähligen Spielarten der Überhöhung des Ego ist. Nein, es geht wirklich um völliges Loslassen, um gänzlichen Verzicht auf jedes Eingreifen in den Lauf der Welt. Hier hat Shankara gewiß viel mehr Jünger, als er selbst vielleicht erhoffte! Aber es ist zu befürchten, daß sich unter der geistigen Suche nach dem Absoluten schließlich ein subtiler Triumph des Ego unter anderer Form verbirgt.

Und doch hat Sri Aurobindo selbst die Grenzen dieser alten Auffassung sehr wohl gesehen, nicht nur die gefühlsmäßig harte Vereinsamung, denn schließlich sollen wir uns der Wahrheit anpassen und nicht umgekehrt. Aber vor allem zeigt sich diese Lösung des Mysteriums unserer Existenz in der Welt als eine unzulässige Vereinfachung. Denn sie läßt die Tatsache außer acht, daß wir auf Erden nicht allein sind. Der Ablauf unserer Lebensentwicklung muß doch bestimmt aus zwei Perspektiven gesehen werden, einmal individuell und einmal kollektiv. Dies erkannte Sri Aurobindo:

---

[14] Henri Le Saux, ibid.
[15] George Ritchie: *Retour de l'au-delà* (Robert Laffont, 1986).
[16] Shankara: *Mundakopanisadbhasya* (Michel Allard, Editions orientales, 1978).

„Die alte Sicht der Wiedergeburt verirrt sich... durch übertriebenen Individualismus. Sie ist zu selbstzentriert, sie legt zuviel Gewicht auf die Wiedergeburt eines jeden und auf das individuelle Karma eines jeden, als sei es seine eigene Angelegenheit, eine eigene, von allem abgetrennte Bewegung; sie maß der Sorge um sich selbst zuviel Bedeutung bei, und obwohl sie allgemeine Beziehungen und eine Einheit mit dem All annahm, lehrte sie den Menschen jedoch, im Leben vor allem eine Bedingung und ein Mittel zu seinem eigenen geistigen Wohl zu sehen."[17]

Ich habe eben nur einen Aspekt der indischen Heilslehre dargestellt. Die Bhagavad-Gita beschreibt auch den Weg des Bhakti-Yoga, den Weg der liebenden Hingabe zu Gott.

Aurobindo, der aufgrund seiner eigenen großen Gotteserfahrungen die Hingabe an Gott, das Sich-völlig-Übergeben, gern in den Vordergrund seiner Lehre stellte, hat in einer unvergleichlichen Weise diese Hingabe zum Ausdruck gebracht: „Der erste Prozeß im Yoga ist der: entschieden sich selbst hingeben wollen. Lege dich mit deinem ganzen Herzen und all deiner Kraft in Gottes Hände. Mache keine Bedingungen, bitte um nichts, nicht einmal um Vollkommenheit im Yoga, um überhaupt gar nichts außer um das eine, daß in dir und durch dich sein Wille direkt getan werden möge. Denen, die etwas von ihm wollen, gibt Gott, was sie wollen, denen aber, die sich selbst geben und nichts verlangen, gibt er alles, worum sie sonst vielleicht gebeten oder was sie gebraucht hätten, und sich selbst und die spontanen Gaben seiner Liebe gibt er noch dazu."*

Letzte Zweifel an der gesamten Lehre

Vielleicht erklärt sich daraus, daß einige der heutigen Meister nach und nach diese große Tradition der Wiedergeburtslehre vernachlässigen. Sri Aurobindo zeigte sich am Ende seines Lebens von der Perspektive einer Wiedergeburt wenig begeistert: „Ach, das alles noch einmal, die ganze Kindheit, und all dieses Unbewußte, nein" Und selbst „Mutter", die sein Werk fortsetzte, zeigte sich an diesem Punkt ziemlich skeptisch. „Muß dieser Körper verlassen werden, damit ein anderer aufgebaut wird? Ich weiß nicht... es entspricht sich nicht...mir wurde nie gesagt, daß es so sein soll."[18]

---

[17] Sri Aurobindo, s.o.
* Sri Aurobindo, Der integrale Yoga, Rowohlt-Taschenbuch 780, Hamburg 1983 S. 62.
[18] Satprem.: *Mère; la mutation de la mort* (Robert Laffont, 1976).

Klarer noch behauptete Nisargadatta (1897–1981): „Die Wiedergeburt setzt ein Selbst voraus, das wiedergeboren wird. Aber so etwas gibt es nicht. Dieses Bündel aus Erinnerung und Hoffnung, das Selbst heißt, bildet sich bloß ein, ewig zu sein, und schafft die Zeit, um sich seiner eingebildeten Ewigkeit anzupassen; um zu sein, brauche ich weder Vergangenheit noch Zukunft."[19]

Hier geht es im übrigen nicht darum, den Gedanken der Wiedergeburt völlig zu verwerfen, sondern eher darum, die Vergänglichkeit der Dinge und der Wesen zu betonen, entsprechend dem Grundgedanken der indischen geistigen Welt, wie man ihn sowohl im Hinduismus als auch im Buddhismus vorfindet. Der Autor, dem ich dieses Zitat verdanke, kommentiert es seinerseits so:

„Folgern Sie bitte nicht daraus, hier werde die Wiedergeburt systematisch verneint. Ein solcher Mann baut kein System auf. Er erklärt sie lediglich, wie Krishnamurti, für nicht notwendig zur geistigen Verwirklichung, sie ist weder ein Ideal noch ein Rettungsanker und auch nicht die nächste Stufe in einem illusorischen Fortschritt."[20]

Schließlich sei noch kurz auf Krishnamurti selbst hingewiesen (1895–1986). In vielen Vorträgen oder Büchern wird er unter den großen Autoren angeführt, die in der klassischen hinduistischen Tradition der Wiedergeburtslehre stehen. Nun, das ist ein zweifacher Irrtum. Zunächst einmal brach er völlig mit der religiösen Tradition seines Landes. Für ihn zählt nur der innere Meister eines jeden. Alle Traditionen sind für ihn Gefängnisse. Schließlich hat er sich immer geweigert, sich über das Problem der Wiedergeburt zu äußern. Er drängte vor allem darauf, daß man dem nicht zuviel Bedeutung beimißt:

„Ich weiß, daß ihr euch weiter fortsetzen wollt, daß ihr an die Wiedergeburt glaubt. Vielleicht gibt es sie, aber es ist unwichtig, es geht überhaupt nicht darum, zu wissen, ob es ein neues Leben geben wird oder nicht. Was überaus wichtig ist, ist die Gegenwart, es geht darum, zu wissen, ob wir unsere heutige Art zu leben verändern können."[21]

Es geht um die Identität des Wiedergeborenen. Diese Frage haben sich alle großen geistigen Meister Indiens gestellt. Aber die buddhistische Tradition betonte am meisten die Schwierigkeit, das „Selbst" wirklich zu erfassen. Denn eine der Paradoxien in der Tradition Indiens besteht darin,

---

[19] Nisargadatta, *Je suis* (les Deux Océans, 1982).
[20] Bernard Delafosse.: *De Krishnamurti à Mère, la même vérité?* (Guy Trédaniel, 1987).
[21] Zitat von Bernard Delafosse, s. o.

daß sie zu einer Art Ichbesessenheit gelangt, während sie doch das Ich eigentlich auslöschen wollte.

Ob Hinduismus oder Buddhismus, und trotz ihrer Unterscheidung in manchen Dingen, immer findet sich die Bemühung um Egobekämpfung, um gänzliche Egoausschaltung.

Doch schließlich wird dem Ego damit zuviel der Ehre erwiesen, es wird ins Zentrum gerückt. Dies können wir noch deutlicher im Buddhismus feststellen.

Im Buddhismus

Buddhas Lehre

In der Lehre Buddhas zeigt sich ganz klar, wie absolut einsam der Mensch ist:

„Merkt euch: begehrt nicht gegen euer gegenwärtiges Los auf, denn es ist nur eine Strafe für die Vergangenheit. Wißt: Euer zukünftiges Los hängt von der Reinheit eures Herzens ab. So lautet das Gesetz des Karma, das ich euch lehre."[22]

„In allen sichtbaren oder unsichtbaren Welten gibt es nur eine einzige Macht ohne Anfang und ohne Ende, ohne ein anderes Gesetz als das eigene, ohne Vorliebe und ohne Haß. Sie tötet und rettet ohne anderes Ziel, als nur das Schicksal zu vollenden. Tod und Schmerz sind die Schiffchen ihres Webstuhls, Liebe und Leben ihre Fäden…"

„Erwartet nichts von den unbarmherzigen Göttern, die selbst dem Karma unterliegen, geboren werden, altern und sterben, um wiedergeboren zu werden, und es nicht geschafft haben, ihren eigenen Schmerz zu überwinden. Erwartet alles von euch selbst. Aber vergeßt nicht, jeder Mensch schafft sich sein eigenes Gefängnis, und jeder kann eine höhere Macht erringen als Indra selbst."[23]

Und im Dhammapada mag die Wortwahl noch deutlicher sein:

„Durch sich selbst allein schafft man Böses, durch eigene Schuld kommt man in Ungnade. Durch sich selbst befreit man sich vom Bösen, durch sich

---

[22] Maurice Percheron, Le Bouddha et le bouddhisme (Le Seuil, 1956).
[23] Ibid.

selbst allein wird man gereinigt. Reinheit oder Unreinheit gehören zu jedem einzelnen. Niemand kann einen anderen reinigen."[24]

Ich entsinne mich, diesen sehr schönen Text bei einem Kongreß in Düsseldorf zitiert zu haben, als es um die Wiedergeburtslehre ging. Damals spürte ich, wie ein eisiger Hauch über die Zuhörer wehte, und war dann gebeten worden, den Text ein zweites Mal vorzulesen, damit besser ermessen wurde, was er voraussetzt. Ich spürte, daß dieser Aspekt der Wiedergeburtslehre für viele wie eine Neuentdeckung war. Bis dahin waren viele Zuhörer sich nicht bewußt gewesen, was für eine unendliche Einsamkeit sie voraussetzt.

An anderen Stellen wird ähnlich betont: „Die Bemühung muß von uns selbst kommen. Die Meister (Thathâgatas) zeigen nur den Weg." Oder: „Jeder ist sein eigener Schutz, seine eigene Zuflucht."

Für den Dalai-Lama mag es so sein, daß wir alle die gleiche Entwicklung durchlaufen, aber wir befinden uns in Wirklichkeit nicht auf demselben Weg, sondern nur auf parallelen Straßen. Es kann keine Rede davon sein, „zusammen unterwegs" zu sein, gemeinsam die lange Pilgerschaft des Lebens zu absolvieren. Das drückt der Dalai-Lama klar aus. Er ist gefragt worden, ob man nicht annehmen könne, „alle fühlenden Wesen seien miteinander verbunden...wie Teile eines Körpers oder, anders ausgedrückt, wie Bestandteile oder Erscheinungen einer gleichen Wirklichkeit."

Er antwortete: „Wenn Sie dabei die Vorstellung haben, daß die fühlenden Wesen einer gemeinsamen Quelle, z.B. einem Gott, entstammen, so lautet die Antwort nein." Sein Gesprächspartner hakte nach: „Sie denken, die Wesen sind voneinander unabhängig?" – „Ja. Sie existieren auf unabhängige Weise. Und selbst in der Erleuchtung bleiben sie voneinander getrennt, obwohl sie die gleiche Erfüllung erreichen."[25]

Die große Paradoxie

Jeder von uns soll also im Laufe seiner Entwicklung während seiner verschiedenen Existenzen absolut allein bleiben. Ein etwas beschränkter west-

---

[24] Die *Stances du Dhamma* sind eins der Haupttexte der buddhistischen Tradition. Hier wird die Übersetzung benutzt, die in *Essais sur le bouddhisme zen* von T. D. Suzuki steht (Albin Michel, 1972). Eine andere Übersetzung, die in die gleiche Richtung weist, befindet sich im *Dhammapada* von R. et M. de Maratray (Les Deux Océans, 1989).

[25] *Ein Interview mit dem Dalai-Lama.* München: Hasenzahl 1985; ab 2. Auflage: Jägerndorf: Diamant Verlag 1985.

licher Mensch – wie ich – kommt aber spätestens dann nicht mehr mit, wenn ihm gleichzeitig gesagt wird, daß für die buddhistische Tradition von einem Leben zum anderen keinerlei Fortdauer eines „Ich" (oder „Selbst") bestehe. Es waren die hinduistischen Inder, die sich ein „Selbst" vorstellten, also ein von Leben zu Leben fortdauerndes Element, das unabhängig vom Körper und Geist des einzelnen sei. Das behauptet zumindest der Dalai-Lama, bevor er die seiner Meinung nach richtige Lehre erklärt: „Die Buddhisten verwerfen den Gedanken eines radikal unterscheidbaren „Selbst", einer Wesenheit, die kein Geist und kein Körper ist; sie widersprechen der Vorstellung eines fortdauernden, einzigen und unabhängigen Selbst."[26]

Hier nimmt der Dalai-Lama nur die traditionelle und beständige Lehre des Buddhismus wieder auf. Wenn man unter einem Kasten Räder mit Achse und einer Deichsel sieht, spricht man sofort von einem „Wagen", aber in Wirklichkeit gibt es keinen Wagen, wird uns gesagt. Auch wird in einem berühmten Text gefragt: „Wo ist die Person, die da geboren wird? Wo ist die Person, die geht?" Und es wird geantwortet: „Warum sagst du, es gebe eine Person? Es gibt nur einen Haufen wechselnder Gebilde, aber keine Person."[27] Einige buddhistische Autoren unterstreichen sogar etwas plump die Aussage, indem sie warnend darauf hinweisen, „die animistische Auffassung, der Glaube an eine dauerhafte Seele oder ein dauerhaftes Ich, wäre der schädlichste aller Irrtümer, die enttäuschendste aller Illusionen, sie führt ihre Opfer unvermeidlich in die tiefsten Abgründe des Leids."[28]

Daraus folgt übrigens, daß auch das Problem des Todes sich auf ganz andere Weise stellt. Die Frage, ob nach dem Tod das „Ich" ins Nichts zurückkehrt oder weiterlebt, hat keinen Sinn mehr. „Wo doch der Buddhismus das Bestehen eines dauerhaften Ichs verneint und diese Verneinung zur Grundlehre erhebt, wie könnte er dann die Auslöschung dessen lehren, was für ihn nicht existiert?"[29]

Wir wußten ja, daß wir in unserer Individualität nur von geringer Bedeutung sind, aber trotzdem! Indessen wird vom Buddhismus die offensichtliche Kontinuität im Laufe des individuellen Lebens nicht geleugnet, aber diese wird etwa so gesehen wie die Kontinuität eines Flusses, eines

---

[26] Dalai-Lama, Cent éléphants sur un brin d´herbe (Le Seuil, 1990).
[27] Zitat aus Alexandra David-Néel: Le Bouddhisme du Bouddha, s. o.
[28] Lakshmi Narasu, in A. David-Néel, le Bouddhisme du Bouddha (s. o.).
[29] Ibid.

Brunnens, der weiter denselben Namen hat, obwohl sein Wasser ununterbrochen erneuert wird. Es sind unsere Wünsche, das Haften an unseren Sinneswahrnehmungen, unseren Gedanken, unseren Gefühlen, die uns suggerieren, wir würden als individuelle Einheit existieren. Solange wir die Gefangenen dieser Illusion bleiben, werden wir dem höllischen Zyklus der Wiedergeburten unterworfen sein. Also müssen wir in uns diese Illusion des „Ich" zerstören. Aber – da liegt das Paradoxe für einen westlichen Menschen – an uns liegt es, diese Illusion zu zerstören, und wir müssen es absolut allein tun. Ein Nicht-Existierender muß sich überzeugen, daß er nicht existiert. Und die wichtigste Beschäftigung seiner Existenz besteht gerade darin, diese Überzeugung zu erlangen.

Buddhismus und Stoizismus

Diese Sicht der Dinge kommt der antiken stoischen Haltung angesichts des Todes, dem eigenen wie dem geliebter Menschen, sehr nahe. Sogar der berühmte Vergleich mit der schönen zerbrochenen Vase findet sich hier wieder. Als der Buddha im Sterben lag, hatte er ja seinem Jünger Ananda mit zärtlichen Worten dessen Traurigkeit zum Vorwurf gemacht. Aber ich möchte hier einige Auszüge eines anderen Textes zitieren, der wohl alle Folgen dieser Sicht der Dinge berücksichtigt:
„Ohne bekannte Ursache, stürmisch, kurz und voller Schmerzen
ist das Leben der Sterblichen in dieser Welt.
So wie reife Früchte jeden Augenblick vom Baum fallen können, so steht das Geborene ständig unter der Drohung des Todes.
So wie am Ende jedes irdene Gefäß aus der Hand des Töpfers dazu bestimmt ist, zu zerbrechen, so geht es beim Leben des Menschen...
So wird also die Welt durch den Tod und das Altern in Kummer gestürzt, und doch bekümmert sich der Weise, der um den Lauf der Welt weiß, nicht...
Der das Wort des Bhagavad hört, überwinde also seine Tränen, sehe sich den Entschwundenen und Toten an, und sage sich: „Ich werde ihn nie wiedersehen."[30]
Die Chancen stehen ja schlecht, das illusorische „Ich" jemals wiederzufinden. Sie scheinen um so schlechter, als die Zahl der Begegnungen und Verbindungen, die durch die aufeinanderfolgenden Wiedergeburten vor-

---

[30] Sallasutta, in A. David-Néel, s. o.

ausgesetzt werden, buchstäblich unendlich sein soll. So sieht es zumindest der Dalai-Lama:

„Jedes Lebewesen ist seit Urzeiten im Laufe von notwendig unendlichen Wiedergeburten irgendwann mit Ihrer Lebenssphäre verbunden gewesen, so daß es mit Ihnen in der gleichen Beziehung stand, wie Sie in diesem Leben mit Ihrer Mutter. Davon müssen Sie überzeugt sein." [31]

So stehen die Chancen schlecht, jemals einmal seine Lieben wiederfinden zu können. Lassen Sie die Hoffnung fahren, im Jenseits Ihrem verlorenen Kind wieder begegnen zu können; Sie werden auch keinen Ehepartner, keine Eltern oder Freunde wiedersehen.

Aber der Dalai-Lama ist uns behilflich, die positiven Seiten dieser Sicht zu würdigen: Bedenken Sie, daß jeder Ihrer Feinde in einem früheren Leben bestimmt einmal Ihr Freund war. So können Sie ihn viel leichter lieben. Dies führt zu einem gewissen „Gleichmut". Das soll bedeuten, man sollte anstreben, annähernd jeden so zu lieben wie die eigene Mutter.

Die Toten legen Zeugnis gegen den Buddhismus ab

Ich gebe zu, daß es in vielen Jenseitsbotschaften, denen ich vertraue, heißt, unsere Liebesfähigkeit werde immer weiter wachsen und wir kämen schließlich dazu, jeden auf gleiche Weise zu lieben, so wie Gott selbst es tut. Aber da geht es um unser zukünftiges Leben im Jenseits, nicht um dieses Erdenleben. Im Jenseits mag es tatsächlich eine wirkliche Ausdehnung des Liebesfeldes geben, so daß unsere Fähigkeit zur Liebe in dem Maße wächst, wie wir uns geistig entwickeln. Möchte man hingegen dieses Schema auf diese Welt übertragen, läuft man Gefahr, dem Nächsten gegenüber ziemlich gleichgültig zu werden. Denn bekanntlich werden wir, so wir dieser Lehre Glauben schenken, damit zu rechnen haben, die Leute, die auf dieser Welt uns am nächsten stehen, nie wiederzusehen. Sie sind nur Zufallsgefährten. Dies führt unweigerlich zu einer gewissen Entsagung, die, zugegeben, universelles Mitgefühl nicht ausschließt. Aber muß man wirklich diejenigen vergessen, die man geliebt hat, um andere mit der gleichen Zärtlichkeit und Selbstverleugnung lieben zu lernen? Zwar werden uns in dieser seltsamen Perspektive auch die anderen ihrerseits vergessen haben, und im Grunde wird niemals jemand wirklich einen anderen vergessen haben, da doch niemand von einem Leben zu einem anderen fort-

---

[31] Dalai-Lama, Au loin la liberté, s.o.

64

dauert und niemand jemals wirklich existiert haben wird. Samuel Beckett muß Buddhist gewesen sein, ohne es zu wissen.

Nun beweisen uns alle Botschaften, die wir aus dem Jenseits empfangen, im Gegenteil, daß unsere „lieben Entschlafenen" ihre Persönlichkeit keineswegs eingebüßt haben, sondern sie sogar im Laufe einer ganzen Reihe von Stufen weiter entwickeln und bereichern. Auch wird offensichtlich der Kontakt zu ihnen nie ganz unterbrochen; sie warten auf uns, um sich mit uns im Jenseits zu freuen, wenn wir an der Reihe sind, zu ihnen zu stoßen. Ich bedauere sehr, daß die meisten kirchengebundenen Menschen noch nicht verstanden haben, wie wichtig all diese Botschaften sind. Jahrelang habe ich mit großem Ernst viele dieser Botschaften untersucht. Ich weiß um ihre Problematik. Ich gebe zu, daß sie von sehr unterschiedlichem Niveau sein können. Aber für mich steht fest: die buddhistische Auffassung über das Weiterleben nach dem Tod ist angesichts der Tatsachen unhaltbar. Das mußte gesagt werden.[32]

---

[32] S. u.a. *„ Les Morts nous parlent "*.

Kapitel 4

Das Karma in den neueren westlichen Strömungen

Wieso muß diese Frage erörtert werden?

Tatsächlich befinden sich die modernen westlichen esoterischen Strömungen im völligen Gegensatz zu diesen buddhistischen Vorstellungen und sind auch sehr weit weg von der hinduistischen Tradition. Anscheinend ziehen es jedoch die meisten Vertreter dieser neuen Strömungen vor, die Unterschiede, obwohl beträchtlich, zu verschweigen.

Sie wollen den Eindruck vermitteln, daß, wenn sich die Leser ihnen anschlössen, sie dadurch auch Anschluß an eine gewaltige jahrtausendealte und Millionen Gläubige umfassende Tradition fänden.

Unterschwellig suggerieren sie, es sei nicht möglich, daß sich so viele Menschen so lange geirrt haben sollten. Als ob aus einem Irrtum eine Wahrheit werden könnte, wenn man ihn oft genug wiederholt, oder als ob die große Zahl glaubender Menschen eine Garantie der Wahrheit darstellte. Indessen haben jahrtausendelang Millionen von Menschen geglaubt, die Erde sei flach, und sie ist doch rund geblieben.

Der Westen hat sich also nicht blind an die östlichen Vorstellungen angeschlossen. Die kulturellen Unterschiede mögen zu tief gewesen sein. Es haben sich mehrere Strömungen gebildet, und es bilden sich fortwährend neue. Alle haben ein wichtiges Merkmal gemeinsam. Sie sind nämlich alle, mittelbar oder unmittelbar, das Ergebnis von Jenseitsverbindungen, von Offenbarungen durch „Geister", sie stammen von Verstorbenen, die schon den Schleier des Todes durchdrungen haben, verschieden sind, und geben uns Auskunft über den Übergang und vor allem über unser Los nach dem Tod.

Diese Verstorbenen teilen sich uns durch die unterschiedlichsten Kanäle mit: Tischerücken, Medien, Gläserrücken oder Planchette, automatische Schrift, Tonband, Radiolautsprecher, Fernsehen, Telefon, Computer, Reisen außerhalb des Körpers usw.

Einige Leser mögen sich wundern, daß ich solche Zeugnisse so wichtig nehme. Aber dann sollen sie um sich blicken. Viele „religiöse" Buchhandlungen sind verschwunden. Sie werden durch Buchhandlungen mit vielseitigem Sortiment ersetzt, in denen fast alles zu finden ist, angefangen von orientalischen Religionen bis zur Magie über Astrologie, Tarot, Islam, Kabbala, Esoterik und Parapsychologie. Der christlichen Religion wird nur noch eine kleine Abteilung unter anderen gewidmet. Ob wir das gutheißen oder nicht, es ist so. Diese Erscheinung wird nur noch deutlicher werden, in dem Maße, wie die christlichen Kirchen weiter an Einfluß verlieren. Indessen sind m.E. diese Jenseitsverbindungen eine ernstzunehmende Erscheinung. Man kann sie nicht ungeprüft verwerfen. Es gibt sie nun einmal, und wir haben allen Grund zu glauben, daß viele dieser Botschaften tatsächlich von unseren Toten kommen, die heute in einer anderen Dimension leben.[1]

Diese Überzeugung eines direkten Kontaktes mit dem Jenseits verleiht diesen Botschaften selbstverständlich besonderes Gewicht. Der Kontakt kann sich über Jahre erstrecken und wird oft von außergewöhnlichen Erscheinungen begleitet, so daß die Empfangenden keine Zweifel mehr an ihren Ursprung hegen können. Das Problem – es gibt eins, und es ist beträchtlich – besteht darin, daß die empfangenen Botschaften nicht übereinstimmen. Es handelt sich jedesmal um begeisternde theoretische Konstrukte, die oft sehr komplex sind, in denen alle großen metaphysischen Probleme einer Lösung zugeführt werden; es entstehen verwickelte Kosmogonien mit vielen Hierarchien von vermittelnden Wesen. Aber von einigen gemeinsamen Zügen abgesehen, ist das Gesamtbild jedesmal ein anderes. Hier sehen wir uns einer Erscheinung gegenübergestellt, wie sie auch zur Zeit der Gnosis in den ersten christlichen Jahrhunderten mit ihren unzähligen Strömungen und Systemen bestand. Das alles vermittelt den Eindruck einseitig intellektueller, willkürlicher und auf die Dauer erstickender Konstrukte.

Übrigens wünschte ich für mein Teil einen intensiveren Austausch zwischen den Anhängern dieser verschiedenen Gruppen, damit in jeder Gruppe bekannt wird, was die anderen jeweils empfangen haben. Aber diese anderen Gruppen befinden sich oft in anderen Ländern und empfangen ihre Botschaften in anderen Sprachen. Keine Gruppe weiß von den anderen und gelangt so zu der Illusion, ein absolutes Privileg zu besitzen und für eine entscheidende Mission zum Heil der ganzen Welt verantwortlich zu sein. Ich bin jedoch überzeugt, daß, wenn diejenigen, die diese Offenbarungen von oftmals sehr hohem Niveau empfangen, sich über die große Vielfalt der so vermittelten Konstrukte im klaren wären, sie verstehen wür-

---

[1] S. mein Buch : *Les morts nous parlent* (Le Félin, 1993).

den, daß die Kontakte auf viel komplexere Weise erwirkt werden, als sie glaubten, und ihnen dadurch eine gewisse Übersicht vermittelt würde.

Lassen Sie uns einige dieser außerordentlichen Offenbarungen Revue passieren. Ich begnüge mich mit einigen wenigen großen Autoren. Ich weiß, daß meine Wahl sehr subjektiv erscheinen muß, aber die „Offenbarungen" sind zu zahlreich! Wie dem auch sei, es geht hier nicht um einen Wertvergleich, sondern um die allgemeine Entwicklung des Begriffs „Karma" im Westen.

Allan Kardec

Allan Kardec[2] ist der wirkliche Erfinder dessen, was man heute nach einer von ihm stammenden Bezeichnung „Spiritismus" nennt. Selbstverständlich war er nicht der erste, der mit „Geistern" verkehrte. Das geschah immer, zu jeder Zeit und in jeder Zivilisation. Es gab sogar schon vor ihm detaillierte Beschreibungen des Paradieses, der Hölle und des Fegefeuers, wie sie etwa Swedenborg im 18. Jahrhundert zeichnete.

Aber das Charisma Swedenborgs schien absolut einzigartig, ein Unikum. Bei Allan Kardec sehen wir uns einer regelrechten Kodifizierung der Jenseitskommunikation gegenübergestellt, die er als beinah jedem zugänglich betrachtet. Das Gesamtsystem, das er uns bietet, ergibt sich nicht aus persönlichen Vorlieben, sondern stammt aus den Jenseitsbeziehungen einer ganzen Gruppe. Jedoch geschah es, wie so oft, daß viele seiner Nachfolger seine Lehre verfestigten, so daß sie schließlich ganz verfälscht wurde!

Spiritistische Zirkel, die Allan Kardec folgen, sind in Frankreich dünn gesät, bilden aber unerwartet in Brasilien eine bedeutende Gemeinde mit nicht weniger als 13 Millionen Jüngern. Viele von ihnen sind übrigens gleichzeitig gute Katholiken. Spiritistische, d.h. kardecistische Gruppen sind auch im übrigen Lateinamerika ziemlich zahlreich. Es mag besonders interessant sein festzustellen, daß die meisten Anhänger der Wiedergeburtslehre sich auf Allan Kardec beziehen, um eine Vorstellung zu verteidigen, die er keineswegs teilte. Sie wiederholen immer wieder den berühmten Satz, der auf dem Grabstein ihres Meisters eingraviert ist: „Geboren werden und sterben, nochmals geboren werden und immer weiter fortschreiten, so lautet das Gesetz." Es ginge demnach also um ein uni-

---

[2] Er hieß mit seinem wirklichen Namen Léon Denizard Rivail (1804–1869).

verselles Gesetz, das für alle Menschen gelten sollte, und dem zufolge alle wiedergeboren werden, um von neuem auf Erden zu leben, und das zu wiederholten Malen. Aber dieses entspricht keineswegs der Lehre Allan Kardecs. Für ihn müssen nur zwei Kategorien von Verstorbenen nochmals auf Erden leben, einmal diejenigen, die spirituell nicht weit genug gekommen sind und notwendig ein zweites Leben brauchen, und zum zweiten diejenigen, die eine besondere Sendung erfüllen oder zu Ende führen müssen, und in diesem zweiten Fall kommen sie nur auf eigenem Wunsch zur Erde zurück. Mit anderen Worten, es müssen nur die schlechten Schüler sitzenbleiben.

„Muß man ein zweites Mal auf Erden leben? –Nein, wenn ihr aber nicht fortschreitet, könntet ihr in eine Welt gelangen, die nicht besser ist, und schlechter sein kann." („Das Buch der Geister", § 174)

Und so beschreibt er die unvollendeten Missionen: „Kann denn manchmal der Geist, der bei seinem irdischen Leben Fortschritte gemacht hat, trotzdem noch einmal auf derselben Welt zur Reinkarnation kommen? – Ja, falls er seine Mission nicht hat erfüllen können, und er selbst kann darum bitten, sie in einer neuen Existenz fortzuführen, aber dann handelt es sich bei ihm nicht mehr um Sühne."

Die aufeinanderfolgenden Existenzen sollen nach Allan Kardecs Sicht normalerweise in verschiedenen Welten stattfinden, wobei die spirituellen Fortschritte aus der vorhergehenden Existenz maßgeblich sind. Dieses wird in aller Klarheit im „Buch der Geister" behauptet, z. B. bei § 985:

„Stellt denn die Reinkarnation der Seele in einer weniger groben Welt eine Belohnung dar? – Sie ist die Folge ihrer Läuterung; denn so, wie die Geister reiner werden, inkarnieren sie in immer vollkommenere Welten hinein, bis sie jede Materie abgelegt und sich von jeder Befleckung gereinigt haben, um ewig die Glückseligkeit der reinen Geister im Schoße Gottes zu genießen."

Daraus folgt, daß Allan Kardec das Wort „Inkarnation" oder „Neuinkarnation" lediglich dazu benutzt, um deutlich zu machen, daß wir im Jenseits weiter einen Leib haben werden, aber auf jeder Stufe einen etwas spirituelleren Leib. Hier sind wir selbstverständlich Origenes oder sogar dem hl. Paulus oder dem hl. Gregor von Nyssa viel näher. Paulus äußert ja, wir werden „von Herrlichkeit zu Herrlichkeit" schreiten, und der hl. Gregor meint „von Anbeginn zu Anbeginn durch nie endenden Anbeginn".

Für Allan Kardec handelt es sich dabei, wie für die Hinduisten oder Buddhisten, wohl um Läuterung beim Übergang von einem Leben ins andere, aber die Akzente haben sich verschoben. Es geht nicht mehr darum, dem höllischen Zyklus der Wiedergeburt zu entkommen, sondern ganz einfach nur darum, die Stufen einer notwendigen Entwicklung zu erklimmen. Die aufeinanderfolgenden Existenzen sind keine Rückkehr, sie bilden keinen „Zyklus" mehr, sie zeichnen im Gegenteil eine gerade Linie, eine Steigerung bis ins Unendliche. Da wird der zyklische Zeitbegriff verlassen, der für Indien so charakteristisch ist, und Anschluß gefunden an den linearen Begriff der jüdisch-christlichen Tradition. Ein beträchtlicher Wandel auf psychologischem und spirituellem Gebiet!

Dann hat wieder jedes unserer Leben eine Richtung und eine Bedeutung. Darüber hinaus folgert Allan Kardec aus den vielen mediumübermittelten Kommunikationen mit den „Geistern", daß ohne Zweifel der im Jenseits lebende Tote seine ganze Persönlichkeit beibehält. Hier sind wir weit vom Buddhismus entfernt.

Weiterhin werden wir die große Freude erfahren, bei unserem Tode alle wiederzusehen, die wir geliebt haben. Allan Kardec spielt auf alle schon auf dieser Welt möglichen mediumübermittelten Kommunikationen mit unseren geliebten Verstorbenen an und fügt hinzu: „Wie erfreut sind wir doch zu erfahren, daß sie glücklich sind, von ihnen selbst Einzelheiten aus ihrer neuen Existenz zu hören und die Zusicherung zu bekommen, daß auch wir eines Tages zu ihnen stoßen werden."[3] Zwar erklärt er uns nicht wirklich, wie Wesen, die wahrscheinlich im Jenseits in jeweils verschiedenen Welten aufgrund ihrer unterschiedlichen Entwicklung weiterleben, trotzdem eines Tages zueinander „stoßen" können, aber das Wesentliche bleibt bestehen: die Persönlichkeit eines jeden wird bewahrt, so daß wir unsere Lieben wiedererkennen und wiederfinden können.

Léon Denis

Léon Denis, (1846-1927), Kardecs Nachfolger an der Spitze der spiritistischen Bewegung, bietet schon eine an vielen Stellen abweichende Lehre. Zunächst fängt unsere Entwicklung ihm zufolge viel früher an; demnach soll sich unsere Seele langsam durch die verschiedenen Stufen des Tierreiches bis zu ihrer menschlichen Form weiterentwickelt haben. Dann scheint die Entwicklung bei ihm auch viel langsamer schreiten zu müssen, da er viele Wiedergeburten auf dieser Erde für nötig hält, bis wir endlich in die Richtung von besseren Welten abheben dürfen. Es hat sogar den

---

[3] *Le livre des esprits* (§ 935).

Anschein, als könne die Seele sich auch rückwärts entwickeln, was Allan Kardec nicht gelten ließ:

„Nach einer unvorstellbar großen Zahl von Toden und Wiedergeburten, Abstürzen und Himmelfahrten wird sie sich von den Wiedergeburten befreien und das himmlische Leben genießen."[4]

Trotzdem bleibt das den beiden Autoren gemeinsame und den Gesetzen Indiens noch ganz gemäße Karmagesetz bestehen. Jede neue Inkarnation wird durch eine Art natürliches Gesetz bestimmt und ist das Ergebnis der Lebensweise der vorhergehenden Existenz. Auch hier ist jeder einzelne allein für sich selbst verantwortlich. „Der Geist trägt in sich selbst die Gründe für sein Glück oder Unglück; er ist glücklich oder unglücklich je nach dem Grad seiner moralischen Läuterung; er leidet an seiner eigenen Unvollkommenheit und erträgt ihre natürlichen Folgen, ohne daß die Strafe aufgrund eines individuellen Gerichtsurteils verhängt wird."[5]

Das kann zu einem sehr unerbittlichen Karmabegriff führen. So drückt sich z. B. Léon Denis aus: „Zeigen wir Ehrfurcht vor den Idioten, den Behinderten, den Wahnsinnigen. Das Leid sei uns heilig! In diesen Gräbern des Fleisches wacht und leidet ein Geist, denn im Innersten ist er sich seiner Not und seines Elends bewußt. Laßt uns fürchten, daß uns wegen unserer Ausschweifungen ein solches Los selbst trifft."[6] In solchen Texten und vielen anderen wird keine andere Erklärung für das Leid dieses gegenwärtigen Lebens zu geben versucht. Jeder Schmerz auf dieser Welt erklärt sich durch eine Verletzung des göttlichen Gesetzes in einem früheren Leben.

Madame Blavatsky

Anderswo entwickelten sich andere Strömungen abseits von der spiritistischen Bewegung der kardecistischen Schule. So in England die Theosophie der Madame Blavatsky (1831–1891), die von Annie Besant und Leadbeater fortgeführt wurde. Wenige Menschen hatten ein so bewegtes und erfahrungsreiches Leben wie die geniale Abenteuerin Madame Blavatsky. Sie ist gewiß mehrere Male um die Erde gereist zu einer Zeit, in

---

[4] Léon Denis: *Après la mort,* (éd. Vermet, 1985).

[5] Allan Kardec: *Principes fondamentaux de la doctrine spirite reconnus comme vérités acquises* (§5) in *Oeuvres posthumes* (Dervy-Livres, 1978).

[6] Léon Denis: *Après la mort,* s.o.

der das Reisen viel umständlicher war als heute. Sie hat unter Indianern gelebt, hat sich sowohl für Mormonen als auch für Voodoo interessiert, wohnte für einige Zeit in japanischen Tempeln, ist durch Birma, die Halbinsel von Malakka, Java, China usw. gereist. Aber von Tibet war sie besonders fasziniert. Sie schaffte es vor Alexandra David-Néel, dorthin zu gelangen, aber bis Lhassa kam sie nicht.

Sie hinterließ ein riesiges Werk, welches sie in einem Zustand leichter Trance schrieb. Sie stand in Beziehung zu einem Meister aus dem Jenseits, der ihr auf einer Art Wandschirm, den nur sie allein sehen konnte, Sätze zeigte, die sie praktisch nur nachzuschreiben brauchte. Sie hat immer behauptet, sie wäre völlig außerstande gewesen, die übermittelten Texte selbst zu verfassen. Jedenfalls scheint festzustehen, daß die zahlreichen Zitate in ihrem Werk äußerst wortgetreu sind. Es ging selbstverständlich dabei um Bücher, die sie nie gelesen hatte und in vielen Fällen ja gar nicht hätte lesen können, aus dem einfachen Grunde, weil sie äußerst schwer zu finden waren. Einige waren beispielsweise nur noch in der vatikanischen Bibliothek oder im British Museum auffindbar.

Insgesamt bleibt ihr Werk sehr verwirrend. Es hat keine Struktur und keine Entwicklung. Es finden sich dort Überschneidungen mit fast allen Religionen sowie Behauptungen über alle möglichen Gegenstände, die keinen Widerspruch dulden.

Immerhin kenne ich sehr gescheite Leute, die ihren Schriften weiterhin höchstes Interesse schenken. Aber es muß streng unterschieden werden.

Trotzdem hat sie eine sehr wichtige Rolle gespielt.

Als die Westmächte in Indien einfielen, hatten sie nur Verachtung für indische religiöse Traditionen übrig. „Entwickelte", d.h. verwestlichte Inder hatten die Meinung ihrer Herren übernommen. Die Bewegung, die Madame Blavatsky in Gang gesetzt hatte, gab den Indern schließlich den Stolz auf ihre eigene Kultur wieder zurück.

Ihr diesbezüglicher Einfluß auf den jungen Gandhi war besonders entscheidend. Im Jahre 1956 scheute R. Prasad, der Präsident der Republik Indien, nicht davor zurück, anzuerkennen, daß die theosophische Gesellschaft die Grundlagen für die nationale und liberale Erziehung in Indien gelegt hatte.

„Heute, da wir frei sind", sagte er, „und unsere Zukunft frei gestalten können, dürfen wir das wunderbare Werk, das die theosophische Gesellschaft vollbrachte, nicht vergessen."

Die theosophische Gesellschaft war auch ohne Zweifel die Triebkraft des im Westen neu erwachten Interesses an den uralten Traditionen Indiens. Abseits von den Theosophen gab es zwar schon Gelehrte und

Spezialisten Indiens, die diese Kultur leidenschaftlich untersuchten, aber eigentlich nur als tote, vergangene Kultur.

Durch das Wirken der theosophischen Gesellschaft fing man an, sich dieser alten Kultur so zuzuwenden, daß sie als ein ewiger Wert für den Menschen von heute und den von morgen gleichfalls gültig erscheint. Wir werden sehen, daß viele Gelehrte diese Meinung teilen.

Im Werk der Helena Blavatsky findet man selbstverständlich die Lehre der Wiedergeburt. Sie entdeckte diese Lehre in Indien und stellte sie in den Mittelpunkt ihres Werkes. Die Betonung liegt bei ihr aber eher auf dem Zyklusbegriff und auf der Entwicklung als auf Anwendungseinzelheiten des Karmagesetzes. Darüber hinaus legt sie sehr viel Wert auf die Vorstellung der Wiedergeburt solcher Menschen, die sie „die Riesen der Menschheitsgeschichte" nennt, mag es dabei um Buddha oder Jesus, um Alexander den Großen oder Napoleon gehen. Ihre Rückkehr auf Erden erklärt ihrer Meinung nach die zyklische Wiederkehr gewisser großer Ideen, welche die Menschen im Guten wie im Bösen leiten.

Rudolf Steiner

In Deutschland gründete Rudolf Steiner (1861–1925), der zuvor eine Zeitlang Anhänger der theosophischen Bewegung gewesen war, seine eigene Bewegung, die Anthroposophie. Das System R. Steiners ist geordneter, strukturierter als das Denken Madame Blavatskys. Steiner hinterließ ein riesengroßes Werk von ungefähr vierzig Bänden. Niemals hat er vorgegeben, unter dem Diktat von Geistern zu schreiben. Solche Praktiken waren ihm sogar zuwider. Aber er fiel oft in eine Art Tiefenmeditation, die einer Selbsthypnose nicht unähnlich war. Er hatte sogar manchmal Visionen und folgte auf seine Weise oft in Gedanken den eben Verstorbenen ins Jenseits. Seine Anhänger sammelten sich wieder nach dem Ende der nationalsozialistischen Verfolgung, und ihr Einfluß ist zur Zeit in deutschsprachigen Ländern steigend.

Die Anthroposophen versuchen ihre Lehren gleichberechtigt mit den großen traditionellen Religionen in die Schulen einzuführen. Es gibt außerdem eigene Schulen, die Steiners Erziehungstheorien in die Praxis umsetzen, Bauernhöfe, wo man nach seinem Landwirtschaftskonzept arbeitet, und Kliniken und Krankenhäuser, die seine Lehre berücksichtigen. Bei Steiner wird das Karmagesetz klar vertreten. Manchmal kommen einige Eigenarten hinzu, die er wie alles andere mit souveräner Autorität verkündet. In seinem System kennt man nur auf Erden stattfindende

Wiedergeburten. Sie scheinen ziemlich zahlreich werden zu müssen. Das Karma, das jeder innerhalb eines Lebens ansammelt, wird notwendigerweise stark vom jeweiligen Geschlecht beeinflußt, so daß auf ein Leben als Mann notwendig ein Leben als Frau folgt usw. [7]

Hier befinden wir uns keineswegs im Zusammenhang der fortschreitenden Läuterung wie bei den Indern. Oder, genauer gesagt, die Läuterung mündet in eine echte Bereicherung aller unserer Persönlichkeiten. Betont wird nicht die Entäußerung, sondern die Entwicklung.

R. Steiner hat das Karmagesetz neu durchdacht. Er hält daran fest, aber als einem Prinzip, das auf so komplexe Weise anzuwenden ist, daß man es im Leben der Menschen kaum noch entdecken kann. Er weiß um ein individuelles Karma, um das Karma der Menschheit, um das Karma der Erde und um das Karma des Universums. Und sie alle müssen stets aufeinander wirken.[8]

Es handelt sich hierbei keineswegs um eine belanglose Einzelheit. Mit der Komplexität wird de facto der Begriff einer gewissen Solidarität unter den Menschen eingeführt. Es geht also um eine ungeheure Wandlung der Lehre ! Es wird eine Bresche in das Gesetz des „jeder für sich" geschlagen, das doch ursprünglich das Karmagesetz wesentlich bestimmte.

Schließlich stellt Rudolf Steiner die Figur Christi in den Mittelpunkt der Menschheits-Geschichte. Seine Synthese ist, wie bei Allan Kardec, entschieden christozentrisch.

Christus übernimmt und löst in seiner Person die kosmischen Folgen all unserer Fehler auf. Abgesehen davon verleiht er einem jeden die notwendige Kraft, um die Last seines Karmas abzuschütteln.[9] Wir befinden uns also hier gar nicht mehr in der Verlassenheit und gänzlichen Einsamkeit, die so klar in der indischen „Version" des Karmas vorherrschen. Karma ist nur noch die Bezeichnung für das Gesetz von Ursache und Wirkung in jeder unserer Taten. Wir sahen ja bereits, daß dieses Gesetz – zwar ohne Bezeichnung – auch in den Evangelien und sogar in der ganzen Tradition des Alten Testaments ständig verkündigt wird.

---

[7] Rudolf Steiner: *Offenbarungen des Karma.* Ein Vortragszyklus. Dornbach, R. Steiner Verlag 1995.

[8] Ibid, S. 33.

[9] R. Steiner, L'Impulsion du Christ et la conscience du moi (Triades, 1985).

Zeitgenössische Autoren

Die modernen Verfechter der Wiedergeburt haben sich oft mit dem Karma-begriff auseinandergesetzt und haben, wie R. Steiner, seine Komplexität betont. Zwar wird bei ihnen das Gesetz aufrechterhalten, daß eine Entwicklung, ein Fortschritt stattfinden muß, soll der einzelne einmal das Leben Gottes teilen dürfen. Aber die Qualität eines neuen, glücklichen oder unglücklichen Lebens hängt nicht mehr automatisch von der Lebensweise des früheren Lebens ab. Die am tiefsten blickenden Autoren betonen heutzutage die Unterschiede der Lebenssituationen, die von Fall zu Fall andere Konsequenzen nach sich ziehen.

Marie-Pia Stanley

Nehmen wir das Beispiel einer Autorin, die keinen Anspruch auf eine direkte Offenbarung aus dem Jenseits erhebt. Marie-Pia Stanley stimmt zwar der Theorie von aufeinanderfolgenden Existenzen zu, hat aber nach zahlreicher Lektüre und langem Nachdenken alle aus dieser Lehre resultierenden Probleme verstanden und berücksichtigt. Das führt dazu, daß sie von selbst auf die Übertreibungen hinweist, welche die Vorstellung eines automatisch wirkenden Karmagesetzes nach sich zieht:

„Wer ungehemmt in allen Heimsuchungen des Lebens eine Art Boomerang aus der vorherigen Existenz entdecken will, muß unausweichlich auch in jedem angenehmen Lebensereignis eine Belohnung entdecken... Meister, die diesen Namen verdienen, erheben einen Protest gegen derlei starre Auslegung, wobei sie weiterhin an der Nachwirkung jeder unserer Taten von einem Leben aufs andere glauben, ohne daß diese Nachwirkung sich an Wohlbehagen oder Widrigkeiten im nächsten Leben erkennen ließe."[10]

Sie geht sogar noch viel weiter und betont, daß es möglich ist, auf sehr unterschiedliche Art wiedergeboren zu werden:

„In der Wiedergeburt gibt es keine Archetypen, keine bestimmten Gesetzte, sondern nur die Fülle der individuellen Fälle mit ihren unzähligen Schattierungen. Manche Existenzen können z. B. wie Impfungen wir-

---

[10] Maria-Pia Stanley: *Christianisme et réincarnation, vers la réconciliation* (L'Or du Temps, 1989). Dies ist eins der wenigen Werke, die den Gedanken der Reinkarnation ohne Fanatismus und ohne unzulässige Vereinfachungen vertritt.

ken, d.h., in ihnen werden alte Erfolgsträume nur deshalb von Erfolg gekrönt, damit die Seele für die Zukunft bewahrt und von ihren Sehnsüchten wie von einer ansteckenden Krankheit befreit wird. Andere Existenzen sind wie Gegengifte, weil sie zu der vorhergehenden Existenz entgegengesetzt verlaufen, damit gewisse schlechte Tendenzen wieder geradegerichtet werden; andere Existenzen sind wie Marathonläufe, sie galoppieren über eine Vielfalt von Hürden; andere wiederum sind wie ein Stampfer: unermüdlich hämmern sie einem die gleichbleibenden armseligen Erfahrungen ein. Es gibt Existenzen in der Klemme, Raketen-Existenzen... Wie kann man angesichts solch unglaublicher Vielfalt noch dreist verkünden: dies ist eine Strafe, jenes eine Belohnung!"[11]

Schon Allan Kardec und später Sri Aurobindo lassen sogar die Möglichkeit zu, daß die Seele zwischen zwei Inkarnationen in freier Wahl ihre neue Existenz bestimmt – jeweils nach dem verbleibenden, noch zu läuternden Karma.

„Cerchio Firenze 77"

Für andere Autoren indessen bleibt diese „Freiheit" ziemlich illusorisch. Dies zeigen z.B. die Texte, die der berühmte „Cerchio Firenze 77" in Italien empfing. Es handelt sich um Botschaften aus dem Jenseits, die während einer Dauer von beinahe 37 Jahren von verschiedenen Wesen durch ein außergewöhnliches Medium, Roberto Setti (1930–1984), übermittelt wurden. So entstand ein riesiges Werk, das acht Bände umfaßt, wozu jetzt noch Ergänzungsbände kamen, die den Zugang erleichtern oder die Entstehungsgeschichte detaillierter wiedergeben sollen.[12]

Mit einem Abstand von einem Jahrhundert bilden diese Bände ein italienisches Pendant zu dem französischen Werk Allan Kardecs. Selbstverständlich stammen sie aber nicht von den gleichen Jenseitsgeistern ab, die Allan Kardec inspiriert hatten. Das Gesamtwerk, das so entstand, ist jedoch kraftvoll gezimmert und von nicht zu leugnendem hohem philosophischem und ethischem Niveau, was den wachsenden Einfluß erklärt, den es bei den Menschen genießt, die von den traditionellen religiösen Lehren enttäuscht wurden. Dem deutschen Leser sind diese Werke naturgemäß wenig geläufig, aber ich sehe keinen Grund, sie deshalb unerwähnt zu

---

[11] Ibid. S. 196–197.
[12] Die Werke wurden von Edizioni Mediterranee in Rom veröffentlicht.

lassen, denn ich bin davon überzeugt, daß sie schließlich auch bei uns bekannt werden, so wie uns nach und nach die Werke Helena Blavatskys bekannt wurden.

Lassen Sie mich noch für die Zweifler an der Echtheit des Phänomens hinzufügen, daß Roberto Setti diese Texte in einem Zustand tiefer Trance sprach und das Gesagte also erst im nachhinein durch den Bericht seiner Freunde und dank Tonband, selbst entdeckte.

Die Wesen in diesen Botschaften erklären uns, die Wahlfreiheit zu einer bestimmten Inkarnation sei eine Illusion: Wenn Sie durstig sind und es in der Nähe etwas zu trinken gibt, entscheiden Sie sich dazu, zu trinken, und denken, Sie hätten sich frei dazu entschieden. Auf die gleiche Weise reagiert die Seele, die eine Entwicklung braucht, oder genauer gesagt, besondere Umstände zu einer korrekten Entwicklung benötigt: Erblickt sie sich anbietende günstige Bedingungen zu ihrer Entwicklung, meint sie, diese in völliger Freiheit gewählt zu haben. Also dürfen wir uns nach den Äußerungen des „Cerchio" keinen Illusionen hingeben. Das Karmagesetz wirkt sehr stringent, selbst wenn sein Ablauf in der Wirklichkeit sehr komplex ist.

Die Wesen betonen auch die Einsamkeit eines jeden auf dem Entwicklungsweg. „Es hätte keinen Sinn und ist zudem buchstäblich unmöglich, daß jemand das Karma eines anderen auf sich nimmt, auch wenn manchmal behauptet wird, ein Meister könne stark genug sein, das Karma eines Jüngers zu übernehmen. Wenn es stimmt, daß das Karma nur deshalb besteht, um uns zu Fortschritten in der Erkenntnis zu verhelfen, so würde der Meister, der solches täte, seinem Jünger nur schaden, da er ihm auf diese Weise jede Fortschrittsmöglichkeit rauben würde."[13]

Wie wir sehen, wird hier die christliche Sicht der Heilsmöglichkeit durch die Hilfe eines anderen, sei es ganz oder partiell, radikal verworfen.

Indessen weichen die Vorstellungen des „Cerchio Firenze 77" auch von der kardecistischen oder indischen Tradition ab. Zwar findet man noch sehr traditionelle Behauptungen vor, die uns bestätigen, die zukünftige Form unserer Existenz hinge von unserer jetzigen Lebensweise ab; z. B. daß ein Geizhals in seinem nächsten Leben wahrscheinlich das Opfer eines anderen Geizhalses wird, aber schon bahnt sich eine andere Sicht ihren Weg. Andere Geister- oder vielleicht die gleichen, die vor einem Selbstwiderspruch nicht zurückschrecken –, erklären uns, es gehe nicht darum, von einem Leben zum anderen sich läuternd fortzuentwickeln. Nein! Wichtig

---

[13] Cerchio Firenze 77: *Oltre l'illusione* (Ed. Medit.: S. 112).

ist eine Bereicherung des höheren Bewußtseins, die unmöglich innerhalb einer einzigen Existenz auf Erden erreicht werden kann: „Es ist einem einzelnen nicht möglich, in einer einzigen Inkarnation zu einem Bewußtseinsgrad zu gelangen, in dem sich die höchsten moralischen und religiösen Ideale abbilden."

Die Reihenfolge der Errungenschaften aber bleibt beliebig: „Die Tatsache, daß eine angenommene Wiedergeburt zur Zeit der Französischen Revolution und also chronologisch nach einer anderen zur Renaissancezeit stattfindet, ist unerheblich. Streng genommen zählt für die individuelle Entwicklung nur die Tatsache der Existenz beider Inkarnationen und sonst nichts."[14]

Wie man sieht, ist der Unterschied beträchtlich. Es geht nicht mehr um Läuterung, um allmähliche Entäußerung, sondern um Erwerb und Bereicherung. Es gibt von einer Existenz zur anderen keine sich langsam steigernde Kontinuität mehr, sondern nur ein sich im Jenseits nach und nach herausbildender Zusammenhang ohne chronologische Abfolge.

Jane Roberts

In dieser ganz speziellen Sparte waren die am Markt erfolgreichsten die Offenbarungen der Jane Roberts. Ein Wesen namens Seth soll die Quelle gewesen sein. Zufällig war Seth bereits der Name eines der größten Meister der Gnosis aus den ersten christlichen Jahrhunderten aus iranischer Schule. Er soll aus Adam und Eva geboren worden sein, aber nicht dem Fleisch nach wie Kain und Abel, und soll von der Höchsten Mutter in den Himmel aufgenommen worden sein, die ihm die himmlischen Geheimnisse anvertraut hatte. Es gibt viele Texte, die in Verbindung mit dem mythischen Namen Seth stehen.[15]

Der Seth der Jane Roberts indessen hat eine ziemlich spezielle Sicht des Karmas. Demnach leben wir jetzt gerade als eine bestimmte „Persönlichkeit", als Merkmal eines „Oberflächen-Ichs", das nur über ein Leben verfügen soll. Aber auf einer tieferen Ebene würden mehrere „Oberflächen-Ichs" oder Persönlichkeiten ein einziges Wesen oder „Tiefen-Ich" bilden.

---

[14] Cerchio Firenze 77: *Le grandi verita* (Ed. Medit., S. 269).
[15] *Das Seth Material,* Ein Standardwerk esoterischen Wissens. Genf, Ariston 1989.

Hier nähern wir uns einer Vorstellung, die mir sehr interessant erscheint. In diese Richtung führt eine Reihe von Indizien.[16] Jeder Lebensebene entspräche demnach eine bestimmte Bewußtseinsebene, und das Bewußtsein der oberen Ebene würde das aus den unteren Ebenen kontrollieren oder integrieren.

Das Atombewußtsein würde das Bewußtsein der Teilchen integrieren, und das Molekülbewußtsein bezieht dann das Atombewußtsein mit ein, usw.

Mehrere „Oberflächen-Ichs" würden schließlich in ein höheres Bewußtsein integriert. Es handelt sich hier praktisch um die „Gebietetheorie", die aus dem Gedankengut der sogenannten „Princeton Gnosis" entstand.[17]

Seth gibt an, daß die Zeit auf der Ebene des „Tiefen-Ichs" keine Rolle mehr spielt. Es gibt also für ihn keine wirkliche Reihenfolge unter den Existenzen. Sofort wird ihm entgegengehalten: Wie kann es unter solchen Umständen eine Beziehung der Ursache und der Wirkung von einem Leben zum anderen geben, wie kann es einen Fortschritt geben? Seth wich erst diesem Einwand aus, um schließlich zuzugeben, daß er die Dinge für uns etwas vereinfacht hatte: „Die vergangene Erfahrung ist nicht die Ursache der gegenwärtigen Erfahrung. Sie selbst als Mensch bilden ihre Vergangenheit, ihre Gegenwart und ihre Zukunft zu gleicher Zeit."

Dies gilt wohlgemerkt nicht nur innerhalb eines Lebens, sondern auch von einem Leben zum anderen. Wenn einige Elemente scheinbar in mehreren Leben auffindbar sind, handelt es sich in Wirklichkeit nur um Ähnlichkeiten, die auf der Tatsache beruhen, daß letzten Endes das gleiche „Tiefen-Ich" in ihnen allen lebt.[18]

Wir stehen also nochmals vor einer modifizierten Vorstellung. Zwar wird das Wort „Karma" auf der Ebene der gewöhnlichen Vereinfachungen des Seth weiter gebraucht, trotzdem handelt es sich nicht mehr um das Gesetz von Ursache und Wirkung, das normalerweise das Karma ausmacht.

Der römische Kaiser Claudius

Seit 1989 entwickelt sich in Deutschland eine andere „Offenbarung", die schon drei dicke Bände ergeben hat. Das Medium, das die Botschaften empfängt, war schon lange mit dem vertraut, was man „instrumentelle

---

[16] S. F. Brune, *Les morts nous parlent* (S. 261–276 u. 287–294).
[17] Raymond Ruyer: *La gnose de Princeton* (Fayard, 1974).
[18] Jane Roberts: *The Seth material* (Bantam Books, 7. Auflage).

Transkommunikation"* nennt, d.h. mit der Verbindung zum Jenseits über verschiedene Instrumente wie Tonbandgerät, Fernseher, Rundfunk usw.[19] Nach einem Treffen mit Agpaoa[20], dem berühmten philippinischen Heiler, und der Heilung der Frau des Mediums durch ihn im Jahre 1986 sah das Medium eine neue Möglichkeit zur Verbindung. Die ersten Übermittlungen geschahen mit Hilfe des Planchette im Jahre 1989, dann ab Karfreitag 1990 direkt über seine eigene Stimme, wobei er selbst in Trance fiel und alles, was er sagte, ihm unbewußt blieb.

Das Wesen, das sich hier mitteilt, gibt an, der römische Kaiser Claudius zu sein. Das Medium, dessen Stimme es sich bedient, sei sein alter Freund Herodes Agrippa I. Das Werk umfaßt schon drei Bände von jeweils 478 Seiten, und es kommen noch weitere Botschaften an. Die Gruppe, die dem Medium assistiert, indem sie die Botschaften auf Band aufnimmt und ins reine schreibt, besteht hauptsächlich aus Adepten der instrumentellen Transkommunikation. Auf diese Weise kommen sie, seltsam genug, auf die alte Mediumtätigkeit zurück.[21]

Jedoch sind auch hier die Dinge ziemlich verwickelt. „Kaiser Claudius" gibt an, König „Herodes Agrippa I." sei im Jenseits auf einer anderen Ebene** als er selbst. Er müsse ihn also jedesmal „anrufen", um ihn durch das Medium wiederfinden zu können. Er erklärt, jede Seele sei in Wirklichkeit ein Zusammenschluß von Funken oder Splittern, die den verschiedenen Existenzen zuzuordnen sind, so daß beispielsweise das „spirituelle Bewußtsein" des besagten Mediums sich nicht nur auf das des Herodes Agrippa beschränke.[22]

Wenn man den Text buchstabengetreu auffaßt, setzt er voraus, daß der „Funke" des Herodes sich selbst nicht einmal andauernd in der Seele dieses Mediums befindet, da zuerst ja Herodes im Jenseits angerufen werden muß. Also handelt es sich nicht um eine Reinkarnation im üblichen Sinn. Das Medium verkörpert Herodes Agrippa nur für die Zeit der Trance. Abgesehen davon können wir bei der Lektüre einige kostbare Hinweise

---

* Ernst Senkowski: „Instrumentelle Transkommunikation".

[19] Diejenigen, die angesichts meines Glaubens an diese Phänomene verblüfft sind, kann ich hier nur auf meine beiden Bücher hinweisen: *Les morts nous parlent* (Le Félin, 1993) und mit R. Chauvin zusammen, *A l'éwute de l'au-delà* (Philippe Leband 1998).

[20] S. Janine Fontaine: *Médecin des trois corps* (Robert Laffont, 1980).

** auf einem anderen spirituellen Niveau und infolge dessen in einer anderen Welt im Jenseits.

[21] Die Botschaften des Kaisers wurden von Frau Hildegard Schäfer, der wir zwei bedeutende Werke über Jenseitsmitteilungen verdanken, herausgegeben.

[22] Hildegard Schäfer: *Dialog mit Claudius* (Drei Eichen Verlag, 1992).

über unser künftiges Los gewinnen. Nicht alle Inkarnationen müssen notwendigerweise auf Erden stattfinden. Sie können auf einer anderen Ebene erfolgen und uns dann zur Erde zurückführen. Die Inkarnationen sind immer freiwillig. Es ist in keiner Weise zur Entwicklung notwendig, in einem weiteren Leben die Folgen des Bösen zu erdulden, das man in einem früheren Leben den anderen zugefügt haben mag.

Wenn wir nach dem Tod unser letztes Leben an uns vorbeiziehen sehen und dabei aufrichtig das anderen Leuten zugefügte Böse bereuen, reicht es zu unserer Läuterung aus.

Insgesamt gesehen scheinen diese Existenzen eher aus dem Wunsch nach neuen Erfahrungen, nach einer Persönlichkeitsbereicherung zu entstammen.[23] Aber vor allem muß man anmerken, daß auch hier der langsame Aufstieg der ganzen Menschheit zur universellen Liebe auf parallelen Wegen geschieht: „Nichts, was je in eurem Leben geschehen ist, war umsonst. Ihr müßt es nur aufquellen lassen, hochkommen lassen, ...damit ihr seht, daß immer nur das eigene Bewußtsein weiterentwickelt werden kann, das eures Nächsten nicht beeinflußbar ist von euch, sondern daß jeder einzelne durch sein eigenes Bewußtwerden sich weiterentwickelt ."[24]

Ich habe selbstverständlich eines der klarsten Texte ausgewählt, aber diese Aussage ist eine Konstante dieser Lehre. Lassen Sie mich trotzdem im Vorbeigehen einige Seltsamkeiten erwähnen, die den Leser etwas überraschen könnten.

So erfährt er, die ägyptischen Götter Isis und Osiris gab es wirklich. Es waren, wie behauptet wird, Atlanten, Außerirdische also, die Raumschiffe besaßen und die sich nach Belieben entmaterialisierten.[25] Oder es wird behauptet, der deutsche Theologe [26]Drewermann sei ein neuer Jesus für unsere Zeit. Drewermann selbst erhebt sicher keinen solchen Anspruch! Weiter behauptet Kaiser Claudius, die Lehre des Mohammed sei nichts anderes als die Lehre Christi, aber da scheint mir, Ihre kaiserliche Majestät hat vielleicht doch einiges nicht begriffen.

Bei der Lektüre des ganzen Textes würden Sie noch auf viele andere Überraschungen stoßen. Erwähnt sei noch, daß nach der Meinung des römischen Kaisers Christus nur ein Prophet unter anderen war, der nicht einmal wirklich wichtiger war als andere.

---

[23] Ibid, S. 112, 309, 315 und besonders 295–296 sowie im 2. Band S. 197–198.
[24] Ibid, Band 2 S. 49.
[25] Ibid. Band 1 S. 394.
[26] Ibid. Band 2, S. 459–460.

Das alles erinnert mich doch stark an das Aufblühen esoterischer Texte, die man im allgemeinen mit dem Namen „Gnosis"[27] bezeichnet. Es geht um eine sehr breitgefächerte Bewegung, die vor dem Christentum begann, aber im Laufe des zweiten Jahrhunderts unserer Zeitrechnung sich unter Einbeziehung einiger christlicher Momente entwickelte. Genauso wie in den eben beschriebenen „Offenbarungen" lehren uns die gnostischen Texte, wie wir unser Heil sichern können.

Immer betonen sie die ferne Seite Gottes, die Unmöglichkeit, Ihn zu erkennen. In Gott selbst spielt sich eine Art Drama ab, eine Anstrengung, die er unternimmt, um sich selbst besser zu erkennen. Daraus entstehen verschiedene Wesen wie das Denken, die Gnade usw. Diese Wesen bilden „Tetraden", die „Tetraden" ihrerseits erzeugen „Ogdoaden", aus denen schließlich die Welt entsteht. Aber es verbleibt in dieser geschaffenen Welt eine gewisse Sehnsucht nach dem unendlichen Prinzip. Der göttliche Funke in uns sehnt sich nach Befreiung, nach der Rückkehr zu Gott. Diese Befreiung geschieht durch die Erkenntnis, durch die Gnosis.

Die verschiedenen Autoren, die von dieser Grundlage ausgehen, sind untereinander unendlich breit gefächert. Jeder baut sein eigenes System. Jeder hat seine eigenen Jünger, die sich nach und nach vom Meister entfernen, um ihre eigene Offenbarung zu schaffen. Die einen berufen sich auf Valentin, die anderen auf Marcion, Basilides, Herakleon, Ptolemäus, Markus den Weisen, Theodot; in Ägypten findet man die Sethianer, die Barbelioten, die Ophiten usw.

Heutzutage wird das Abendland von Offenbarungen aller Art in allen Sprachen geradezu überschwemmt, sowohl in Nordamerika als auch in Lateinamerika oder Europa.[28] Natürlich finden sich dort der Nachhall der Sorge unserer Zeit sowie eine Neubelebung alter Motive, die dem Traum und der Phantasie entgegenkommen. So beziehen sich die Offenbarungen sehr oft auf den Atlantismythos, wobei Atlantis verblüffend variabel lokalisiert wird: Nord- oder Südatlantik, im Golf von Mexiko, den Azoren, im Ägäischen Meer, im Kaspischen Meer, als eigener Kontinent, im Zentrum der Erde usw.

Den Untergang von Atlantis vermuten einige ungefähr um 10 000 vor Christus, andere wiederum vor fünf oder sechs Millionen Jahren. Auch

---

27 Dieses griechische Wort bedeutet einfach „Kenntnis".
28 Jean Vernette fiel die Parallellität zwischen der alten Gnosis und vielen modernen „Offenbarungen" auf. S. *Jésus au péril des sectes* (Desclée, 1994).

spielen angeblich Außerirdische eine wichtige Rolle. Oft wird vermutet, sie wären ursächlich an der Entstehung von Kulturen oder Mythologien beteiligt, aber niemals wird uns eine verläßliche und nachprüfbare Information geliefert.

Immer wieder ist vom Zyklus der Wiedergeburten und von der Karmalehre die Rede, aber in verschiedenen wechselnden Varianten. Ich hätte viele andere „Offenbarungen" zitieren können, die sich alle für ganz entscheidend halten:

In deutscher Sprache z. B. die Offenbarung des Johannes Greber, eines ehemaligen katholischen Priesters, die von einem Wesen stammen soll, das dem Kreis der „hochrangigen Engel" angehört;[29] das aufsehenerregende Zeugnis, das aus dem Jenseits von Sigwart, einem jungen Komponisten, übermittelt wurde, der im Ersten Weltkrieg ums Leben kam;[30] die Offenbarungen, die von Jakob Lorber ab 1840 empfangen wurden und 14 Bände umfassen, unter denen einige ins Französische und in andere Sprachen übersetzt wurden.[31] Das Buch Emmanuel enthält Offenbarungen die zwischen 1890 und 1897 in München von Bernhard Forsboom empfangen wurden. Wie in allen anderen Werken soll man auch dort endlich erfahren, was „wahres Christentum" sei, behaupten die Autoren regelmäßig.[32] Soweit das deutschsprachige Gebiet… obwohl dort noch andere bekannt sind: Oskar Ernst Bernhardt, genannt „Abd - Ru - Shin", Bo - Yin - Ra, Gerda Johst, Karl Nowottny usw.

In englischer Sprache müßte man auf die „Botschaften des Michael" hinweisen, die während mehr als 11 Jahren dank des Planchette empfangen wurden und angeblich von einem Wesen stammen, das aus einer ganzen Gruppe von verstorbenen Seelen besteht;[33] dann auf die Werke des Edgar Cayce, die jetzt in Europa ziemlich bekannt sind;[34] auf die „Offenbarungen des Arthur Conan Doyle", des Schöpfers von Sherlock Holmes, welche von einem Medium übermittelt wurden.[35] Wenn Sie jetzt noch nicht müde geworden sind, zitiere ich noch die außerordentlichen Gespräche der Rose-

---

[29] *Der Verkehr mit der Geisterwelt Gottes, seine Gesetze und sein Zweck* (9. Auflage 1986).
[30] *Brücke über den Strom* (Novalis Verlag, Schaffhausen 1985).
[31] das bekannteste ist wahrscheinlich sein *Großes Evangelium nach Johannes* (Lorber Verlag).
[32] Bernhard Forsboom: *Das Buch Emmanuel* (Drei Eichen Verlag, 10. Auflage 1991). Nicht zu verwechseln mit *Emmanuels' Book,* ein amerikanisches Werk.
[33] Chelsea Quinn Yarbro: *Messages from Michael und More Messages from Michael* (Berkley Books, New York 1980 u. 1986).
[34] S. Dorothée Koechlin de Bizemont: *L'Univers d'Edgar Cayce* (3 Bände, Robert Laffont).
[35] *Révélations d'Arthur Conan Doyle,* herausgegeben von Yvan Cooke (éd. Partage, 1985).

Mary Brown mit Franz Liszt;[36] die „Briefe des Christopher", die seine Mutter Ruth Mary Tristram übermittelt hat.[37] Aber ich würde nie zum Ende kommen... Der Leser möge die Hinweise am Schluß meiner Bücher beachten.[38] Es könnte wirklich zuviel werden. Ich kürze ab. In italienischer Sprache müßte man „Cerchio Esseno", „Cerchio Kappa", „Cerchio Logos" und „Colloqui con A." erwähnen, sowie viele Jenseitsbotschaften, besonders von Eltern, deren Kinder verstorben sind. Viele dieser Botschaften haben sich im Laufe der Jahre entwickelt und werden nach und nach zu wichtigen Zeugnissen über die anderen Welten.[39] Erwähnen müßte man auch Pietro Ubaldi, der kurz vor Weihnachten 1931 eine Stimme hörte, die ihm erst von außen, gleichsam ins Ohr, flüsterte: „Höre meine Stimme, die dir sagt: Steh auf und rede." Aber dann wurde die Stimme innerlich und verstummte, und er hörte sie während seines ganzen Lebens nur noch innerlich. So entstand ein erstaunliches Werk, dessen Wert immer mehr anerkannt wird.

In griechischer Sprache müßte man auf das seltsame Werk des Kyriacos C. Markides, des sogenannten Weisen von Strovolos auf Zypern, hinweisen.

In portugiesischer Sprache wäre zumindest das größte Medium aller Zeiten, Francisco Xavier aus Brasilien, zu nennen. Er hinterließ 320 Bände in automatischer Schrift, die in 36 Sprachen übersetzt und in 22 Millionen Exemplaren auf der ganzen Welt herausgegeben wurden. Aus all diesem Schrifttum ragt vor allem ein Werk heraus, das unser Thema betrifft: „Unsere Wohnstatt", das in allen Einzelheiten (wie so viele andere) das Leben im Jenseits beschreibt.[40]

In spanischer Sprache beschränke ich mich im Augenblick auf den „Maestro Silvestre Falgas Ayala" aus Puerto Rico und insbesondere auf das riesige Werk, das von Roque Rojas in Mexiko von 1861 bis 1869 empfangen wurde und 12 Bände von jeweils 450 Seiten umfaßt. Diese erstaunlichen Botschaften, die direkt vom Erzengel Gabriel stammen sollen, kündigten die Rückkehr Christi auf Erden an, nicht als erneute Inkarnation, sondern als eine Rückkehr ins Herz der Gläubigen. Die reiche spanischsprechende Literatur würde uns gewiß noch viele andere Jenseitsbotschaften bieten...

---

[36] Rosemary Brown: *En communication avec l'au-delà* (J'ai lu A 293) und *Immortals at my elbow* (Bachmann & Turner, London 1974).

[37] La Colombe, 1954.

[38] Besonders in *Les morts nous parlent*.

[39] Praktisch alle diese Werke erschienen bei Edizione Mediterranee.

[40] Francisco Candido Xavier: *Notre demeure* (Centre d'études spirites de Genève, 1987).

Seien Sie unbesorgt, ich werde hier nicht über französischsprachige Manuskripte referieren. Ein Verzeichnis hiervon würde so umfangreich werden wie das Telefonbuch! Ich hoffe nur, der Leser verzeiht mir die lange Aufzählung. Sie schien mir notwendig, damit jeder eine genauere Sicht der Allgegenwart des Phänomens und seiner genauen Natur bekommt. Wenn ich über einige der Autoren einen Kommentar hinzugefügt habe, so nur, um jedesmal zu betonen, daß die betreffenden Werke keineswegs uninteressant sind. Das aber gilt für die letzten, unkommentiert gebliebenen Autoren genauso und würde auch für viele andere gelten, die ich nicht einmal erwähnte oder noch nicht kenne.

Das alles kann zur Bildung echter Sekten führen, wie im Falle des Reverend Moon, des Koreaners, dessen jetziges Leben seltsame Übereinstimmungen mit dem des Joseph Smith, des Gründers der Mormonenkirche, bietet.[41] Wie so viele andere durfte der „Reverend" im Jahre 1936 eine Erscheinung Christi erleben, und seine Kirche verbreitet auf der ganzen Welt eine erstaunlich kindische Lehre. Wenn man ernste Versammlungen von Botschaftern erlebt, wie sie in der UN Vollversammlung, bei der UNESCO und in allen großen Hauptstädten solchen Reden ohne Murren zuhören, so überkommen einen gewisse Zweifel am Wert der ehrwürdigen Institutionen.

Was also soll diese Überflutung mit Offenbarungen?

Ich meine, daß in vielen Fällen tatsächlich eine wirkliche Kommunikation mit dem Jenseits geschieht. Denn jedesmal bestätigt sich das durch Nebenphänomene. Aber es will mir scheinen, daß unsere „lieben Entschlafenen" meistens nicht viel klüger sind als wir oder sich eine Welt nach ihrem Herzen schaffen. Ich glaube auch, daß die „oberen Wesen", ihre vermeintlichen Lehrer, auch noch nicht sehr weit fortgeschritten sind und nicht so sehr „von oben" stammen. Ihre Überlegungen sollen sich also den unsrigen zugesellen, aber wir dürfen ihnen nicht blind vertrauen. Es ist also sehr genau zu unterscheiden, ob diese medial empfangenen Botschaften aus noch unerlösten Astralwelten kommen oder ob sich die göttliche Welt offenbart, wie es den Propheten oder großen Heiligen geschehen ist.

Meistens ist für mich nicht so sehr die Echtheit der Botschaften, sondern der Wert ihres Inhalts ein Problem. Einige behaupten, das alles sei ein Teil eines von Gott gewollten Planes. Sie betonen das Gemeinsame all dieser Botschaften: das Leben nach dem Tod, der entscheidende Wert der Liebe und die Existenz Gottes. Das alles stimmt insgesamt. Aber es gibt so oft so

---

[41] S. Jean Vernette, *Jésus au péril des sectes* (s. o.).

viele nebensächliche Ausführungen, die das Wesentliche verdrängen, und so viele extravagante Theorien!

Kennt man die großen echten Mystiker, ob Christen oder Nichtchristen, ein wenig, stellt man einen großen Unterschied fest! Einen Abgrund!

Ich vermute eher, daß wir nach Gottes Plan, um es allgemein verständlich zu sagen, jetzt in einer Zeit sind, in der die Schranken zwischen unserer Welt und den unteren Schichten des Jenseits fallen. Daher rühren die gemeinsamen Elemente in dieser riesigen Literatur. Aber wir erreichen erst die alleruntersten Ebenen, und da gibt es offensichtlich noch Irrungen und Wirrungen.

Die interessantesten Botschaften sind vielleicht die bescheidensten; die Botschaften der vielen Kinder nämlich, die sich schon auf einer weiteren Stufe befinden und die sich mit ihren Eltern austauschen, um in ihnen den Sinn des Lebens wiederzubeleben und den Glauben und die Hoffnung zu erneuern. Solche Botschaften gibt es in Italien in großer Zahl, und viele sind wunderbar, besonders im Zusammenhang mit der schon erwähnten „Hoffnungsbewegung". Hier hege ich keine Zweifel, besonders auch wegen der spirituellen Entwicklung der Empfänger der Botschaften. Hier liegt m.E. wirklich ein gottgewolltes Phänomen vor.

Kapitel 5

Die Einheit des Kosmos:
alle in einem, einer in allen

An der Schwelle zu einer neuen Erkenntnis

Tatsächlich sind, wie wir sahen, die Auffassungen über die Wiedergeburten und das uns nach und nach gestaltende Karma sehr breit gefächert. Nach meinem Eindruck wissen die „lieben Entschlafenen" auch nicht viel mehr Bescheid über die grundlegenden transzendenten Wahrheiten als wir selbst, zumindest in der ersten Zeit, und so versucht jeder, ein System aufgrund der eigenen Erfahrung und der Feststellungen über der kleinen Region des Jenseits, wo er sich gerade befindet, aufzubauen.

Trotzdem erweisen sich die Verstorbenen in ihren Mitteilungen als sehr phantasievoll und sprechen mit solcher Autorität, daß man ganz verdutzt ist. Es herrscht genau das Klima vor wie in den unzähligen gnostischen Strömungen der ersten christlichen Jahrhunderte mit ihren detaillierten und sehr komplizierten Systemen.

Doch muß man zunächst einmal feststellen, daß all diese westlichen Spielarten des Karmabegriffs immer sehr weit entfernt von den östlichen Begriffen sind. Im Westen kann man den Grundpessimismus Indiens der Schöpfung, dem Leben, der Materie gegenüber nicht teilen. Daraus folgt eine zutiefst andere Färbung der Lehren, selbst wo sie ähnlich scheinen.

Dann haben sich die Vorstellungen, wie wir sahen, selbst in Indien nach und nach entwickelt; das war wahrscheinlich eine Rückwirkung der westlichen Entwicklung. Die neueren Vorstellungen über Karma haben mit den früheren Vereinfachungen nichts mehr gemeinsam. Das führt übrigens dazu, daß die Geheimnisse, die dadurch erklärt werden sollten, sich wieder verdichten. Dieses Sprudeln der Überlegungen, diese Explosion des Suchens in alle Richtungen zeigt ja, daß nirgends eine völlig überzeugende Lösung parat liegt. Was mich aber am meisten interessiert, ist die Entdeckung gewisser Autoren, die entweder aus dem Jenseits oder in dieser Welt, ohne es sich immer bewußt zu sein, den Begriff „Karma" deutlich erweitert und auf gemeinschaftlich getragenes Karma hingewiesen haben.

Karma miteinander teilen?

Der erste, der meines Wissens diesen Weg beschritt, war Rudolf Steiner. Für ihn wird es am Ende der Zeiten, wenn keine Wiedergeburten mehr notwendig sind, zu einer wirklichen „Gemeinschaft der Heiligen" kommen:[1] „Am Ende, wenn die Erde ihr Ziel erreicht hat, werden die Produkte der verschiedenen Kulturen, die nach und nach der allgemeinen Entwicklung der Menschheit einverleibt wurden, Frucht tragen für alle Individuen, was sie für sich im einzelnen auch erlebt haben mögen ... Die Individualität muß voll aufrecht erhalten bleiben, aber gleichzeitig dringt alles in sie ein, was die Menschheit im ganzem errungen hat. Dieses zugleich allgemeine und individuelle Ziel kann nur durch die anthroposophische Seelenkultur klar aufgefaßt werden."[2]

Hier geht es wirklich um eine Art Teilung, um Kommunion an einem gleichen Gut, ohne daß derjenige mehr daran teilhat, der es erarbeitet, als derjenige, der es lediglich mitbekommt. Aber Rudolf Steiner baute, wie Allan Kardec, seine ganze Lehre um die Person Christi.

Der Gedanke einer „Gemeinschaft der Heiligen" findet sich auch in der Lehre des berühmten „Cerchio Firenze 77": „Die zukünftige Existenz ist nicht dafür vorgesehen, um die persönlichen Grenzen festzuschreiben oder die enge dualistische Auffassung der Wirklichkeit, des „Ich" als Begrenzung; im Gegenteil, das persönliche „Sein" soll sich ausdehnen, ausströmen, und in Kommunion mit allem Seienden treten."[3] An anderer Stelle sagt er : „Die Liebe, die erreicht wird und welche die Wesen nach und nach zur Einheit bringt, ist keine Solidarität, sondern sie besteht darin, daß jeder „auch der andere ist", daß jeder sich wechselseitig aus der Erfahrung des anderen bereichert und eine Ebene erreicht, auf der beide zu einem einzigen Wesen werden."[4] „Sie wissen ja, daß es etwas gibt, was man „Gemeinschaft der Heiligen" nennt, Gemeinschaft aller Bewußtseine, Einheit aller Wesen, wohin wir unterwegs sind, um in Bewußtheit ein einziges großes, unendliches, geistiges Wesen zu bilden, bis es ein einziges kosmisches Wesen gibt."[5]

---

[1] Vielleicht muß heutzutage darauf hingewiesen werden, daß der Ausdruck „Gemeinschaft der Heiligen" nicht die Kommunion in der Messe meint und daß die „Heiligen" nicht die von der Kirche Kanonisierten sind, sondern es geht um die Harmonie, die Gemeinschaft, die zwischen allen im „Paradiese" herrschen wird.

[2] Rudolf Steiner, *Die Offenbarungen des Karma* (Ein Vortragszyklus in Hamburg vom 16.–25. 5. 1910). Dornach, Rudolf-Steiner-Verlag 1995.

[3] Cerchio Firenze 77: *Oltre l'illusione* (Edizioni Mediterranee, Rom).

[4] Cerchio Firenze 77: *Le grandi Verità.*

[5] Cerchio Firenze 77: *Maestro „perché"?*

Der Cerchio Firenze ist nicht wirklich christlich, aber eine solche Lehre kann sicher nicht ohne den Einfluß der christlichen Lehre und des christlichen Ideals entstehen. Wir befinden uns hier sehr weit weg von der indischen Geisteswelt, in der paradoxerweise das Individuum als solches kaum existiert, aber trotzdem ganz allein sein Heil erwerben muß. Hier öffnet sich eine unerhörte Perspektive, eine gänzlich neue Hoffnung. Es geht um die völlige Kommunion im Sein ohne Auslöschung der Personen. Da soll also die Einsamkeit am Ende der Entwicklung überwunden sein. Während im Laufe der Entwicklung, von Existenz zu Existenz, „absolut ausgeschlossen ist, daß jemand das Karma eines anderen auf sich nimmt", werden am Ende, wenn jeder seine eigene Entwicklung vollendet hat, alle Erfahrungen der langen Wanderung vollständig untereinander ausgetauscht.

Wege kreuzen sich

Meister Eckhart (1260–1329) meinte nichts anderes. Dieser große deutsche Mystiker hat nach seinem Tod niemals irgendeinem Medium etwas diktiert. Er gab während seines Lebens auch nicht vor, irgendeine außerordentliche Offenbarung durch paranormale Erscheinungen bekommen zu haben.

Er war nur ein „einfacher" Dominikaner, Theologieprofessor an der Universität Paris und großer Prediger, und wirkte vorwiegend in Köln und Straßburg. Seine Lehre reiht sich in eine lange Tradition christlicher Mystik ein.[6] Aber der Papst aus Avignon und sein Hof waren für Mystiker wenig eingenommen. Meister Eckhart wurde von „Frommen" denunziert, und einige seiner Lehrsätze wurden aus dem Zusammenhang gerissen und feierlich verdammt. Dann aber wurde ein Gutteil seines Werkes unter dem Namen Tauler verbreitet, so daß es weiterhin ungestört das geistige Leben vieler Mönche und Nonnen bereichern konnte.

Seit einiger Zeit scheint dieser große Theologe und Mystiker auf diskrete Weise halbwegs rehabilitiert werden zu sollen. Dies betont einer der großen Kenner seines Werkes: „Obwohl seine Wortwahl oft irreführend, übertrieben oder paradox ist, war und bleibt Eckharts Lehre orthodox."[7]

---

[6] Ich meine, es in meinem Buch *Pour que l'homme devienne Dieu* (Dangles, 1992) nachgewiesen zu haben.
[7] Alain de Libéra, in seiner Einführung zu Eckharts *Traités et sermons* (Flammarion, 1993).

Schon einige Jahre früher war Jeanne Ancelet-Hustache bewegt, als sie in der Sankt-Andreas-Kirche in Köln ein Kirchenfenster mit dem Bildnis Meister Eckharts, allerdings ohne Heiligenschein, entdeckte.[8] Die Rehabilitierung geschieht ein wenig verstohlen. Das ist um so bedauerlicher, als Meister Eckhart mit Jean de Saint Samson[9] zusammen einer der wenigen westlichen Mystiker ist, die uns am ehesten helfen können, eine Brücke zur hinduistischen Tradition zu schlagen.[10] Nun war auch Meister Eckhart zutiefst überzeugt, daß alle Menschen in ihrer gemeinsamen menschlichen Natur in tiefer Kommunion stehen: „Ich aber sage wahrheitsgemäß: all das Gute, das alle Heiligen besessen haben, und Maria, Gottes Mutter, und Christus nach seiner Menschheit, das ist mein eigen in dieser Natur."[11]

Für mich bleibt angesichts dieser Zusicherungen der Gemeinschaft im ewigen Leben, später, am Ende der Zeiten, eine Frage bestehen:Ist es denn ausgeschlossen, daß diese Gemeinschaft, diese Symbiose jetzt schon existiert? Könnte es denn nicht sein, daß allem Anschein zum Trotz und über den Anschein hinaus etwas von dieser Gemeinschaft schon verwirklicht ist und allen unseren Erfahrungen zugrunde liegt? Auf jeden Fall wäre es die Sicht Meister Eckharts, die in meinen Augen mit einigen Jahrhunderten Vorsprung noch weiter führt als alle jenseitigen „Offenbarungen".

Die „metaphysische Revolution" kommt aus der Physik

Nun steht es so, daß heute viele Naturwissenschaftler den gleichen Weg beschreiten. Deswegen gehe ich jetzt zu einem anderen Gebiet über und beschäftige mich eine Weile mit ihrer Arbeit und ihren Hypothesen. Dabei werden die großen wesentlichen Fragen nicht aus dem Blickfeld verloren, denn, wie Professor P. Chaunu vor kurzem bemerkte, die moderne Physik ist „die einzige wirkliche Metaphysik unserer Zeit."[12]

---

[8] Jeanne Ancelet-Hustache, *Maître Eckhart et la mystique rhénane* (Le Seuil,1961).

[9] Jean de Saint Samson ist ein außerordentlicher Mystiker, der 1636 starb. Erst jetzt steigt das Interesse an seinem Werk, und es wird eine Gesamtausgabe vorbereitet.

[10] S. z.B. B.Barzel, *Mystique de l'ineffable dans l'hindouisme et le christianisme, Çankara et Eckhart* (Le Cerf,1982), oder Eckhard Wolz-Gotthard, *Meister Eckhart und die klassischen Upanishaden* (Königshausen und Neumann, 1984).

[11] Meister Eckhart, Predigt 6, *„ in hoc apparuit caritas dei in nobis"*, Meister Eckhart, deutsche Predigten und Traktate, hrsg. von Josef Quint, Carl Hanser Verlag 1963, S. 178.

[12] P. Chaunu bedauert, in der großen *Introduction à l'étude de la théologie* zuviel Soziologie und deutsche Theosophen zu finden. „Je note, deux pages sur 1800 consacrées à la physique moderne, seule vraie métaphysique de notre temps." (Le Figaro, Feb.1993).

Denn die moderne Physik, wie wir sehen werden, hat die großen Grundbegriffe ganz umgekrempelt: die Unterscheidung zwischen Objekt und Subjekt, das Kausalitätsprinzip, die Vorstellung von Raum und Zeit. Nun ist das alles mit den metaphysischen Begriffen, die allen großen Religionen zugrunde liegen, eng verbunden.

Das hatte Wolfgang Pauli[13] nach Heisenbergs Aussage genau begriffen: „Genau diese Vorstellung einer objektiven Welt, die in Raum und Zeit nach strengen Kausalgesetzen ihren Lauf nimmt, bewirkte eine heftige Auseinandersetzung zwischen der Naturwissenschaft und dem geistigen Ausdruck der verschiedenen Religionen. Wenn nun die Naturwissenschaft ihre steifen Begriffe wieder verläßt – und genau das tut sie mit der Relativitätstheorie und noch mehr mit der Quantentheorie – so werden die Beziehungen zwischen der Naturwissenschaft und den Lehren, die die Religionen auszudrücken versuchen, sich von neuem wandeln müssen."[14]

Ich muß trotzdem mit Nachdruck klarstellen, daß es überhaupt nicht darum geht, irgendwie die von mir dargestellte Theologie mit den Mitteln der Naturwissenschaft zu beweisen. Sondern ich möchte nur die von Fall zu Fall aufkommenden Übereinstimmungen oder Analogien unterstreichen, denn sie reichen aus, zu zeigen, daß das mystische Verständnis des Christentums, dem ich mich anschließe, weit davon entfernt ist, absurd zu sein, selbst wenn es manchmal weit weg vom gesunden Menschenverstand scheint.

Nichts ist mehr so, wie man dachte

Ein Vorläufer: Erwin Schrödinger

Schon im Jahre 1925 ahnte diesen geheimnisvollen Zusammenhang der Österreicher Erwin Schrödinger, Träger des Nobelpreises für Physik. Erwin Schrödinger ist einer der großen Vorläufer der modernen Naturwissenschaft. Er war zusammen mit Louis de Broglie, Niels Bohr und Werner Heisenberg einer der Begründer der Quantenmechanik. Wir lesen bei ihm Worte, die prophetisch klingen: „So unfaßbar es auch dem alltäglichen Verstand vorkommen mag, Sie – sowie alle anderen bewußten Lebewesen als solche – sind alles in allem. Deshalb ist das Leben, was Sie

---

[13] Wofgang Pauli ist ein österreichischer Physiker, ein Pionier der Quanten-Physik.
[14] Zitiert aus Michel Cazenave, *La science et l'âme du monde* (Imago, 1983).

leben, nicht nur ein Stück der Gesamtexistenz, sondern es ist in einem gewissen Sinne das Ganze."[15] Er geht sogar so weit, zu behaupten, daß zwei Menschen nicht nur in dem Sinne identisch sind, als sie derselben Gattung angehören, sondern in dem Sinne, daß sie nur ein einziges Wesen sind. Dabei muß berücksichtigt werden, daß er nicht von einem Endstadium oder einer Zielrichtung redet. Nein, es geht ihm dabei um das Rätsel unserer jetzigen Existenz.

Diesen Gedanken verdankt er nicht nur seiner naturwissenschaftlichen Forschung. Er gibt es selbst zu. Er hat neben seiner Arbeit als Wissenschaftler alle großen religiösen Traditionen untersucht, da er dachte, sie könnten Elemente enthalten, die ihm anstehende Probleme lösen helfen. Er habe diesen Gedanken aus der antiken Tradition Indiens geschöpft. Aber er führt in einem anderen Text aus dem Jahre 1960 aus, daß „dieser Gedanke, so wie er in den Veden dargelegt wird, verdeckt mitten in Berichten von seltsamen Riten brahmanischer Opfer und Aberglauben liegt."[16]

Ich für mein Teil meine, wenn Schrödinger andere christliche Autoren gekannt hätte als die aus dem lateinischen Mittelalter und den hl. Thomas von Aquin,[17] hätte er nicht so weit weg in fremden Ländern und in der Vergangenheit suchen müssen. Er hätte sogar z. B. bei Meister Eckhart, aber auch bei vielen anderen die Lösung des Problems gefunden, das für ihn noch offen war: Wenn die Menschen in Wirklichkeit nur ein einziges Wesen sind, wie soll man die Unterschiede erklären, die doch unter ihnen feststellbar sind?[18]

Im wesentlichen aber stimmt diese tiefe Intuition heute mit den neuesten wissenschaftlichen Hypothesen überein, die sich aus den jüngsten Entdeckungen ergaben. Dies zeigte sich nach und nach und führte zu einer vollständigen Umwälzung unserer Vorstellung von der Welt. Ich versuche hier den Ablauf nur mit Blick auf mein Anliegen an dieser Stelle zusammenzufassen. Es mag ein wenig schwierig zu verstehen sein, da es für einige noch sehr neu sein mag, aber ich versichere Ihnen, daß die Reise lohnt. Schnallen Sie sich an, wir heben ab!

---

[15] Erwin Schrödinger, Mein Leben, meine Weltansichten (Zürich, Diogenes, 1989).
[16] Ibid.
[17] Über die fatalen Auswirkungen der Theorien des Augustinus und des Thomas von Aquin auf das Christentum s. mein erstes Buch: *Pour que l'homme devienne Dieu*.
[18] Schrödinger, s. o.

Früheres Weltbild

Seit über zweitausend Jahren begriffen Wissenschaftler und Philosophen (es waren dieselben Personen) die Gesamtheit des Universums auf der Basis von zwei grundlegenden Hypothesen.

1. Die gesamte Materie besteht aus kleinen Korpuskeln, sozusagen kleinen Kügelchen, die sich zu größeren Körpern, zu Gegenständen, zusammenfügen. All diese Körper, ob groß oder klein, ob Planeten oder Korpuskeln, existieren unabhängig voneinander, selbst wenn sie untereinander durch die Gravitationsgesetze oder durch die Gesetze der elektromagnetischen Felder verbunden sind.

2. Die so beobachtete Welt bildet eine vom Beobachter unabhängige Wirklichkeit.

Anders ausgedrückt, die Welt wurde als unzusammenhängend vorgestellt, als eine Welt, deren Elemente voneinander klar unterscheidbar sind, genau so, wie die beobachtete Welt vom Beobachter klar unterscheidbar ist. Das alles wird heutzutage nach und nach von einer anderen Weltsicht abgelöst.

Paradigmenwechsel in der Naturwissenschaft

1. Es gibt keine „Kügelchen", keine Korpuskeln als letzte Wirklichkeit der Materie. Die Wissenschaftler beschreiben heute die Materie in einer verblüffenden Weise. Ich bin zwar kein Naturwissenschaftler, aber nachdem ich einige gute populärwissenschaftliche Bücher gelesen habe, lasse ich schwierige und unnötige Erläuterungen weg und versuche statt dessen, meinen Eindruck angesichts der modernen Entdeckungen durch einen Vergleich zu übermitteln.

Wenn Sie ein Gemälde anschauen, z.B. ein Landschaftsbild, dann können Sie genau die Lage eines jeden Details beschreiben, sei es im Verhältnis zu den Bildrändern oder im Verhältnis der Details untereinander. Aber Sie können nicht sagen, wo sich genau die Harmonie befindet, die vom Bild ausgeht, selbst wenn gewisse Bildstellen durch ihre Details oder die besondere Farbzusammenstellung mehr Harmonie ausströmen als andere. Nun, wenn man den heutigen Naturwissenschaftlern glauben soll, wären alle Bestandteile der Materie genauso wenig örtlich bestimmbar wie die Harmonie eines Bildes! Selbstverständlich kann diese Harmonie trotzdem an einer bestimmten Stelle wirken, z.B. im Bewußtsein eines Bewunderers. Einige Wissenschaftler behaupten sogar, daß, solange die Partikel nicht gemessen sind, sie nur als Möglichkeit existieren. Sie würden erst durch die Beobachtung entstehen, genauso wie die Harmonie des Bildes erst feststellbar wird, wenn ein Auge sie erfaßt.[19]

2. Daraus folgt, daß die Bestandteile der Welt nicht mehr als voneinander oder selbst vom Beobachter getrennt angesehen werden können.

Eine kleine Anthologie der neuen Metaphysik

Dies führt zu Behauptungen wie diese: „Jede Partikel beeinflußt die Tätigkeit aller anderen."[20] „Was im Bewußtsein vor sich geht, beeinflußt das gesamte Universum."[21] „Die Struktur der Materie kann nicht vom Bewußtsein unabhängig sein."[22] „Der menschliche Geist spiegelt ein Universum, das den menschlichen Geist spiegelt."[23] „Wir müssen jetzt darauf gefaßt sein, daß alle Stellen des menschlichen Gehirns durch Quantenbewegung mit allen anderen Stellen des Universums verbunden sind."[24] „Jede Interaktion zwischen Geist und Materie hebt die Unterscheidung zwischen Objekt und Subjekt auf. Die Unterscheidung zwischen „ich" und „es" ist nicht mehr möglich, und wir können die Wirklichkeit als eins und allbezogen betrachten."[25]

Es gibt noch weiterführende Behauptungen: „Alle Bewußtseinssysteme, unabhängig von ihrer Stellung in Raum und Zeit der experimentellen Apparatur gegenüber, tragen zu der quantischen Gesamtheit bei, die von den einzelnen Photonen und Elektronen empfunden wird."[26] Dies erlaube ich mir zu betonen: „alle Bewußtseinssysteme", das bedeutet, daß nicht nur das menschliche Bewußtsein eingreift, sondern eventuell Tiere, vielleicht Pflanzen und Mineralien, Engel, andere „Wesen" usw. All diese Bewußtseinssysteme greifen in den Ablauf jedes Experimentes ein, wie weit sie auch immer zu den Apparaten und welche Lage sie in der Zeit haben mögen im Verhältnis zu der Zeit, in der das Experiment stattfindet, gleich,

---

[19] S. *le Cantique des quantiques,* von Sven Ortoli und J:P. Pharabod (La Découverte, 1984).

[20] Michael Talbot, *Mysticisme et Physique nouvelle* (Mercure de France, 1984).

[21] Ibid.

[22] Jack Sarfatti, in Michael Talbot, s. o.

[23] Joseph Chilton Pearce, in Michael Talbot, s. o.

[24] Michael Talbot, s. o.

[25] Michael Talbot, in Zusammenfassung der Gedanken John A. Wheelers von der Universität Princeton und Jack Sarfattis, s. o.

[26] Jack Sarfatti, in Michael Talbot, s. o.

ob diese Bewußtseinssysteme aus einer weitentfernten Vergangenheit oder aus einer weitentfernten Zukunft stammen.

Die neue Welt ist da

Dies alles führt nach und nach zu einer neuen Vorstellung des Universums. Das große Weltmodell, das sich so nach und nach durchsetzt, ist das Hologramm. Jeder von uns hat entweder diese dreidimensionalen Bilder, die man mittels Laserstrahl erzeugt, gesehen oder davon gehört. Uns geht es an dieser Stelle aber nicht um die aufsehenerregende räumliche Wirkung, sondern um die Beziehung zwischen dem Bildträger (Bildplatte oder Film) und dem fotografierten Gegenstand.

Überraschende Merkmale des Hologramms

Nehmen wir z. B. ein Diapositiv der Mona Lisa. Wird die obere Hälfte des Dias abgeschnitten und nur der untere Teil auf die Leinwand projiziert, werden dort nur die Hände der Mona Lisa sichtbar. Jedes Detail des Bildes, jeder Punkt, entspricht einer einzigen bestimmten Stelle des Dias. Beim Hologramm ist es anders. Zunächst werden Sie, angenommen, Sie haben die Venus von Milo in Hologramm-Technik fotografiert und Sie nehmen die Platte in die Hand und halten sie gegen das Licht, rein gar nichts zu sehen bekommen. Betrachten Sie dann die Platte unterm Mikroskop, so erscheinen nur mehr oder weniger dunkle Linien ohne ersichtliche Bedeutung. Erst ein Laserstrahl läßt das Bild erstehen. Dazu kommt, wenn das Hologramm in der Mitte zerschnitten wird, so wird von jeder Hälfte das ganze Bild wiedergegeben. Das Hologramm kann wieder und wieder in der Mitte zerschnitten werden, jedes Stück gibt immer das ganze Bild wieder. Das bedeutet, alle Punkte, die die Gesamtheit des Bildes ausmachen, befinden sich in jedem Punkt des Hologramms. Alle Punkte des Hologramms enthalten also das gleiche, und trotzdem ergeben sie alle zusammen nur ein einziges Bild, wenn man das Hologramm durch Laserstrahl sichtbar macht. Jedoch ist es in der Praxis so, daß, wird das Hologramm verkleinert, das Bild um so verschwommener erscheint. Die Vielzahl der Punkte wirkt sich also auf die Bildqualität aus.

Mehrere übereinstimmende Beobachtungen, obwohl auf sehr unterschiedlichen Gebieten, lassen vermuten, dieses Schema könnte einen Schlüssel zum Verstehen des Universums bieten. Unser Gedächtnis z. B.

scheint nach diesem Modell zu funktionieren. Welcher Teil des Gehirns und wieviel Prozent des Nervengewebes auch immer entnommen wird, das Gedächtnis bleibt anscheinend intakt. Je nach Gehirnpartie kann Blindheit, Lähmung usw. hervorgerufen werden, denn diese Funktionen sind bestimmten Gehirnpartien zugeordnet. So ist es beim Gedächtnis nicht. Es scheint auf breitgestreute Weise im ganzen Gehirn verteilt zu sein.

Auch das Sehen scheint diesem Schema zu entsprechen. Zwar ist es nicht im ganzen Gehirn verteilt wie das Gedächtnis. Es entspricht einem bestimmten Feld des Kortex. Aber innerhalb dieses Feldes funktioniert es auch wie ein Hologramm. Sogar eine beträchtliche Entnahme aus dem Sehkortex scheint keine Wirkung auf die Sehfunktion zu haben. Es genügt ein kleines Stück, und die Wahrnehmung bleibt erhalten. Was wir anschauen, hinterläßt also kein kleines Bild im Kortex. Jede Stelle des Sehkortex ist mit dem ganzen Gesichtsfeld vernetzt.

So könnte unser Körper verschiedene holografische Zentren besitzen. Dies wurde schon für das Ohr, die Iris, die Fußsohle usw. untersucht. Es kann so weit gehen, daß vielleicht jede unserer Zellen mit allen anderen vernetzt ist.[27]

Hierbei handelt es sich keineswegs um vage Intuitionen nach der Art des „New Age", sondern um streng naturwissenschaftliche Arbeiten von Universitätsprofessoren. Ich beziehe mich hier auf Michael Talbot und verweise auf Lashley[28], Pribram,[29] Van Heerden,[30] Daniel A. Pollen und Michael C. Tractenberg[31], Paul Pietsch[32], Russel L. und Karen K. De Valois[33] usw.

Aber die Vermutungen gehen sogar noch weiter: Die ganze Welt könnte wie ein Hologramm funktionieren. Jeder von uns könnte so etwas darstellen wie ein Punkt auf der Platte des Hologramms, d. h., jeder von uns wäre das Abbild des ganzen Universums. Aber da wir alle immer in Bewegung, in Entwicklung begriffen sind, so ist die Beziehung zwischen jedem von uns und der Gesamtheit des Universums nicht nur statisch, sondern dynamisch. Alles, was Sie wirken, in Ihren Taten, Reden, Schriften, Denken, Ihre Gefühle und sogar Reaktionen, das alles wirkt auf das Verhalten aller Menschen ein.

---

[27] S. hier z. B. Michael Talbot, *L'univers est un hologramme* (Pocket, 1994).
[28] Vom Yerkes Laboratorium für Primatenbiologie.
[29] Von der Universität Yale.
[30] Vom Polaroid Laboratorium in Cambridge, Massachusetts.
[31] aus Harvard.
[32] Universität Indiana.
[33] Neurophysiologen aus Berkeley.

David Bohm[34], der Professor am Birbeck College in London war, hatte unter anderen diese Vorstellung ins Zentrum seines Denkens gerückt. Während eines Kolloquiums fragte ihn jemand: „Wenn ich Sie recht verstehe, nehmen Sie an, daß Ihre Gedanken Teil meines eigenen Bewußtseins sind und also Teil meines Denkens werden oder es verändern?" Darauf David Bohm: „Ja, und umgekehrt auch."

Also befindet sich unser Bewußtsein in dauernder Vernetzung mit jedem anderen Bewußtsein des Universums. „So sind wir alle hier Teil jenes großen Hologramms, genannt Schöpfung, welches das ICH eines jeden von uns ist. Wir können niemandem böse sein für das, was er uns antut; denn wir tun es selbst. Wir schaffen uns unsere eigene Wirklichkeit. Alles ist kosmisches Spiel, und es gibt nur mich."[35]

In dieser Perspektive erscheint das Karma außerordentlich verwickelt!

Aber die Vernetzung wirkt auch zwischen allen Wesen des Universums bis hinunter zu den kleinsten Teilchen. Daraus ergeben sich die berühmten Aussprüche: Wenn du eine Rose pflückst, störst du die Sterne. Oder: Die Orkane, die unser Land in diesem Sommer verwüstet haben, wurden vielleicht durch den Flügelschlag eines Schmetterlings auf einem anderen Kontinent hervorgerufen. Hinter der dichterischen Übertreibung dieser Aussagen soll also etwas Wahres stecken, aber selbstverständlich sind die Dinge noch viel komplizierter.

Alles ist in allem

Einige Naturwissenschaftler ziehen den Raumbegriff in Zweifel, so Bernard d'Espagnat: „Die räumliche Trennung zwischen den Gegenständen ist (…) z. T. nur ein Modus unseres Empfindens."[36] Viele andere Autoren schließen sich an.[37]

Andere arbeiten eher am Zeitbegriff, wie Olivier Costa de Beauregard: „Vergangenheit, Gegenwart, Zukunft des Universums existieren zugleich, nicht jetzt natürlich, denn das wäre ein Widerspruch."[38] Was die Zeit

---

[34] Er starb 1992.

[35] Itzhak Bentov, *A cosmic book*, (Destiny Books, 1988) s. auch von Bentov: *Univers vibratoire et conscience, ou l'émergence de l'essentiel* (Dangles, 1991).

[36] Bernard d'Espagnat: *A la recherche du réel* (Gautier-Villars, 1979).

[37] Sven Ortoli und J. P. Pharabod zitieren im *Cantique des quantiques* (s. o.): Bunge, Rohrlich, Paty, London, Bauer, Wigner, Bohr, Heisenberg.

[38] O. Costa de Beauregard, *Le corps subtil du réel éclaté* (Aubin, 1995) S. auch: *La physique moderne et les pouvoirs de l'esprit* (Le Hameau, 1981) und *Le Temps déployé, passé-futur-ailleurs* (Le Rocher, 1988).

betrifft, werden im Buch „le Cantique des quantiques" nur zwei andere berühmte Physiker angegeben.[39] Wenn es um das Geheimnis der Zeit geht, ist die Feststellung von Interesse, daß bei Nahtod-Erfahrungen in dem Augenblick, in dem das ganze Leben wiedergesehen und wiedererlebt wird, auch Szenen aus der Zukunft auftauchen können. Sie können antizipiert und so klar gesehen werden wie die Szenen aus der Vergangenheit. Vergangenheit, Gegenwart und Zukunft existieren also tatsächlich „zugleich", was nicht bedeutet: jetzt.[40]

In Wirklichkeit sollten hier diese kleinen Unterschiede nicht überbetont werden. Alle Wissenschaftler erkennen an, daß Raum und Zeit untereinander verbunden sind. So macht Costa de Beauregard deutlich, daß die Vernetzung zwischen allen Elementen des Universums „weder mit der räumlichen noch mit der zeitlichen Distanz abnimmt… Alles ist mit allem verbunden, bei größter Diskretion und Subtilität."[41]

So wäre also dieses Schema des Hologramms nicht nur im Raum, sondern auch in der Zeit, durch die Jahrhunderte hindurch, und logischerweise sogar durch Millionen Jahre hindurch anwendbar. Das ist eine aufsehenerregende Perspektive, die uns weit wegführt von dem, was wir bis jetzt über das Universum gedacht haben!

Die neue Welt ist schon alt

Genau dies versuchten viele Wissenschaftler zu beweisen, indem sie anfingen, alte religiöse Traditionen zu studieren, für die ihre Vorgänger nur Verachtung übrig hatten. Aber sie suchten immer in den Traditionen Indiens, Chinas oder Japans, seltener im Islam, praktisch nie im Christentum.

Ich erwähnte schon einmal, daß Erwin Schrödinger Analogien in den Veden und Upanishaden fand. Er gab aber zu, daß man gründlich suchen muß. Da fühle ich mich erleichtert, denn auch ich habe alles gelesen, was mir von den Veden und Upanishaden zugänglich war, und es wollte mir immer scheinen, daß jeder in dieser Gedankenfülle so liest, wie ihm beliebt.

Weil ich mich lange Zeit mit Texten aus dem lateinischen und byzantinischen Mittelalter beschäftigt habe, weiß ich, wie schwer es ist, mit

---

[39] Davidon und Cramer.
[40] S. z. B. die Aussagen im Buch Kenneth Rings: *En route vers oméga* (Robert Laffont, 1991).
[41] Costa de Beauregard, s. o. Ich zitiere nach dem Urtext. Der gedruckte Text ergibt die gleiche Bedeutung.

Sicherheit den Sinn wiederzufinden, den die alten Autoren ihren Worten gaben. Wir laufen oft Gefahr, ihnen ganz anderes in den Mund zu legen, als sie wirklich aussagen wollten, weil wir ihr Denken an unsere eigenen Kategorien und gegenwärtige Anliegen angleichen.

Trotzdem scheinen gewisse Parallelen vorhanden. Nicht jedes Detail darf als aussagekräftig angesehen werden, aber es stimmt, daß die gesamte Weltanschauung, die Vorstellung von Materie, Raum und Zeit aus diesen alten Traditionen viel näher war an dem, was die Wissenschaftler eben jetzt entdecken oder wiederentdecken. Niels Bohr, der unmittelbar vor dem Zweiten Weltkrieg zum Ritter geschlagen wurde, hatte als Wappen das chinesische Symbol des Yin und Yang gewählt. Fritjof Capra betont im *Tao der Physik*[42] die Übereinstimmung mit den geistigen Vorbildern Indiens und noch mehr Chinas und Japans. In diesem Werk werden nirgends christliche Mystiker erwähnt. Zugegeben, man kann ihm deswegen kaum böse sein, da den Mystikern in unseren westlichen Kirchen ja recht wenig Bedeutung zugestanden wird. Daß er die christlichen Mystiker später entdeckte, ist nur um so verdienstvoller.

Michael Talbot, den ich oft zitiere, betrat dieses Gebiet fast genausowenig, sondern beschränkte sich auf einige Anspielungen auf die Traditionen der Amerikaner, die ihm durch die Berichte Castanedas bekannt waren.

Basarab Nicolescu[43] verdanken wir die Erweiterung des Vergleichsfeldes auf den europäischen Westen. Er befaßte sich lange Zeit mit Jakob Böhme (1575–1624) und fand bei ihm Formulierungen, die sowohl an die gewagtesten modernen Hypothesen als auch an alle Traditionen des Orients anknüpfen. So zum Beispiel: „Eine Welt ist in der anderen enthalten, und alle Welten bilden doch nur die eine einzige Welt." Oder: „Es gibt keine Trennung zwischen den Sternen und dem Raum, und auch nicht zwischen der Erde und deinem Körper. Das alles ist eins. Der einzige Unterschied ist, daß dein Körper wie ein Kind des Alls ist, und er ist wie das Ganzwesen selbst."[44]

Ich muß trotzdem betonen, daß das, was Michael Talbot oder Fritjof Capra „Mystik" nennen, tatsächlich nur eine gewisse Intuition der Natur

---

[42] Editions Sand, 1985. Fritjof Capra, der in Wien zu Ende studiert hatte, forschte in Paris und London weiter. Jetzt lehrt er an der Universität Berkeley (Kalifornien).

[43] Basarab Nicolescu arbeitet beim französischen Centre national pour la recherche scientifique.

[44] Jakob Böhme, in B. Nicolescu, *La science, le sens et l'évolution, essai sur J. Böhme* (Le Félin, 1988).

und der Kräfte des Universums darstellt. Es geht niemals um eine Liebesbeziehung zu einem persönlichen Gott. Hier sind wir also sehr weit entfernt von dem, was das Wesentliche des mystischen Lebens in den Traditionen aller großen monotheistischen Religionen (Judaismus, Christentum, Islam) – und sogar bei vielen hinduistischen Mystikern – ausmacht.[45]

Das „Urdenken" wiederfinden

Ich möchte hier keine Tradition herabsetzen, ganz im Gegenteil, ich möchte sie aber alle in einen noch viel weiteren Zusammenhang stellen: den Zusammenhang der „Urtraditionen".

Mircea Eliade[46] zeigte, daß für die Urvölker zwei Arten von Zeit sowie zwei Arten von Raum bestanden: die gewöhnliche Zeit und der gewöhnliche Raum, die unserer täglichen Erfahrung entsprechen, und die heilige Zeit bzw. der heilige Raum. Die heilige Zeit „vergeht" nicht: alle Rituale vermögen sie wieder gegenwärtig zu machen. Ebenso erlaubt der heilige Raum, daß „alle Häuser- sowie alle Tempel, Paläste, Städte- an einer einzigen gemeinsamen Stelle, dem Mittelpunkt des Universums, versammelt sind."[47] In allen alten großen Religionen läßt sich die gleiche mythische Zeit- und Raumauffassung nachweisen: im vorderen Orient, in Ägypten oder Babylon sowie in Indien oder China. Odon Casel[48], der die „Mysterienreligionen" der griechisch-römischen Antike untersucht hatte, zeigte als einer der ersten, wie die gleiche Auffassung noch einmal auf ganz natürliche Weise im Alten Testament auftaucht.[49] Das haben übrigens auch andere Autoren wie Robert Linssen oder Michel Cazenave erkannt. Nun waren beide von ihrer Ausbildung her eher geisteswissenschaftlich als naturwissenschaftlich orientiert. Robert Linssen ist den gleichen Weg gegangen wie all die eben erwähnten Physiker, aber in umgekehrter Richtung. Er kam von der Spiritualität des fernen Ostens zur modernen Physik. Michel Cazenave[50] kam von der Dichtung und Spiritualität zu den Naturwissen-

---

[45] Wie Tukaram, Kabir, Râmdas, usw.
[46] In *Traité d'histoire des religions* (Payot, 1968).
[47] Mircea Eliade, *Die Religionen und das Heilige, Elemente der Religionsgeschichte*, Frankfurt a. Main, Insel 1998. S. auch die Werke von Lévy-Bruhl und Gerhard van der Leeuw.
[48] Benediktiner aus der Abtei Maria Laach.
[49] S. von F. Brune, *Pour que l'homme devienne Dieu*.
[50] R. Linssen, *L'Univers, corps d'un seul vivant* (Libre Expression, Montréal, 1990) M. Cazenave, *la Science et l'âme du monde* (Imago, 1983).

schaften. Diese beiden Autoren endlich beziehen sich auch auf den Islam und das Christentum. Indem ich dies betone, versuche ich keineswegs eine Art Rivalität zwischen den großen spirituellen Traditionen zu entfachen. Ich möchte nur jeder Tradition ihren Anteil zuweisen. Mir bereitet es auch viel Freude, zu gegebener Zeit die wirkliche Übereinstimmung all dieser Traditionen im Wesentlichen aufzuzeigen.

Ich muß hier noch anmerken, daß die meisten Zitate der Physiker zum Beweis der Übereinstimmung zwischen heutiger Forschung und alten religiösen Kulturen des fernen Ostens sich nur auf das Bild des ganzen Universums als eines riesigen Körpers beziehen. Sicher bedingt das Bild, daß in diesem Körper eine gewisse Wechselwirkung aller Glieder untereinander besteht. Aber das Hologrammodell geht viel weiter.

Wo Wissenschaft und Mystik einander treffen

Jetzt versuche ich aufzuzeigen, daß im Christentum viel mehr als Analogien anzutreffen sind. Es sind keine gewagten Interpretationen nötig, um das Gewünschte herauszulesen. Es reicht im Gegenteil aus, sich jeglicher Interpretation zu enthalten. Meistens versuchten ja die Exegeten und Theologen nur, den Inhalt des christlichen Glaubens mit der herrschenden Philosophie zu harmonisieren. Und da letztere durch die heute veraltete „mechanistische Weltsicht" zutiefst geprägt war, arbeiteten sie in Wirklichkeit trotz ihres guten Willens daran, das Christentum von allem Aufsehenerregenden, von allem Wunderbaren zu reinigen![51]

Vielleicht könnte man einwenden, ich würde hier den gleichen Irrtum wiederholen, indem ich versuche, den christlichen Glauben mit all den Theorien in Einklang zu bringen, die ihrerseits eines Tages auch veraltet sein werden. Aber dem ist nicht so! Denn ich habe den christlichen Glauben, den ich hier darlege, nicht erfunden. Ich hatte auch nicht auf all diese naturwissenschaftliche Hypothesen gewartet, um den Glauben zu entdecken. Ich brauchte nur das Werk vieler Theologen und Heiliger aus vergangenen Jahrhunderten zu lesen, die auch nicht bezweckten, den Weisen dieser Welt zu gefallen. Durch tiefe Meditation des Mysteriums,

---

[51] S. das Wenige, was beim hl. Thomas von Aquin oder selbst beim hl. Augustinus bleibt! Hier meine ich nicht die frühen Schriftkommentare des heiligen Thomas vor der Systematisierung. Ich meine den Thomismus. S. z. B. F. Brune, *La réduction de la personne à l'être chez Saint Augustin et dans la Scolastique* im Gesamtband *Saint Augustin* (Editions l'Age d'homme, 1988).

das sie erlebten, sind sie nach und nach dazu gekommen, die Verbindungen zu entdecken, welche die moderne Wissenschaft ihrerseits wieder zu entdecken scheint. Aber sie suchten weder die Zustimmung noch die Ermutigung der Philosophen und Wissenschaftler ihrer Zeit. Sie schwammen im Gegenteil oft gegen den Strom der Gemeinplätze ihrer Zeit, und viele litten auch darunter. Ich weiß auch, daß die sich heute abzeichnende Übereinstimmung zwischen den Naturwissenschaften und dem religiösen Glauben nicht endgültig sein muß. Es könnten sehr wohl eines Tages wieder tiefe Differenzen auftauchen. Denn vor kurzem noch schienen die Interpretationschemata des Atoms, welche die Wissenschaft vorlegte, die alte Vorstellung auffallend zu bestätigen: alles „unten" Befindliche ist wie ein Bild des „oben" Befindlichen. Das Atom stellte man sich wie eine kleine Sonne samt dazugehörigen Planeten vor. Die Analogie zwischen Mikrokosmos und Makrokosmos, die in der indischen Geisteswelt ständig auftaucht, galt daher als absolut geniale Intuition. Aber heute spielt die Wissenschaft nicht mehr mit, wenn man so sagen darf. Es soll überhaupt keine Kügelchen geben! Was dann?

Diese Intuition indessen bleibt für mich genauso interessant wie früher. In der Mythologie des alten Indien allerdings sind Makrokosmos und „obere Welt" praktisch ein und dasselbe. Für mich bedeutet „obere Welt" eher Jenseits. Nun besitzen wir eine ganze Reihe von Botschaften, die aus dem Jenseits zu kommen scheinen und uns berichten, daß die ersten Etappen dort unserem Erleben auf Erden sehr ähnlich sind, nur schöner. Ich meine, genau solche Aussagen wurden in Indien ernst genommen und bilden den Hintergrund der religiösen Vorstellungen. Auch Platons Ideenlehre könnte auf solche Berichte von Nahtoderfahrungen oder von Reisen außerhalb des Körpers beruhen. Aber ich möchte dieses Thema hier nicht weiter ausführen. Das habe ich ja bereits an anderer Stelle getan.[52]

Über Albernheiten und Possen

Einige Naturwissenschaftler wehren sich noch (oder schon) heftig gegen die eben geschilderten Strömungen. So z.B. Roland Omnès, der mehrere Bücher über Quantenmechanik verfaßte und all die hier erwähnten Hypothesen als „Hirngespinste, Albernheiten, Humbug und Schwindelei" abtut.[53]

---

[52] S. *Les morts nous parlent.*
[53] Roland Omnès, *Philosophie de la science contemporaine* (Gallimard,1994). Er hätte noch „stärkere Ausdrücke parat" heißt es. Ich weiß nicht, welche er meint. Sie vielleicht?

Seine Beweisführung hat mich deswegen nicht überzeugt, weil in seiner Betrachtung kein Platz für paranormale Erscheinungen ist. Er gibt es zu und scheint sich sogar damit zu brüsten. Aber heute beweisen streng wissenschaftlich durchgeführte Experimente, daß es solche Erscheinungen gibt, und deswegen muß die Naturwissenschaft versuchen, sie zu berücksichtigen und eines Tages zu erklären. Wenn ich es hier so zuversichtlich behaupte, so deshalb, weil andere Wissenschaftler, die genausoviel Diplome besitzen wie er und genauso kompetent sind, mir von diesen Experimenten berichtet haben.

Ihre aufsehenerregenden Hypothesen begründen sie ja zum Teil mit den Ergebnissen der Experimente. So z. B. Henry Stapp, ein Physiker aus Berkeley, der die von H. Schmidt geleiteten Experimente über Retropsychokinese verfolgt hat. Er erkannte an, das Protokoll sei korrekt verfaßt und die Ergebnisse beweiskräftig. Sein Kommentar erschien in der *Physical Review A* vom Juli 1994, darin zitiert er sogar parapsychologische Zeitschriften. Costa de Beauregard, einer der größten französischen Physiker, blickt hoffnungsvoll auf den Anfang einer echten naturwissenschaftlichen Revolution. Jetzt, wo die Tatsachen feststehen, verschiebt sich das Problem, und es wird mehr um die Interpretation der Tatsachen gerungen. H. Schmidt selbst meint, die Tatsachen widersprechen der Quantenmechanik. Stapp stellt lediglich fest, sie werden im allgemeinen für inkompatibel mit eben dieser Quantenmechanik gehalten. Costa de Beauregard hingegen behauptet beständig schon seit langer Zeit, daß all diese sogenannten paranormalen Erscheinungen ganz und gar mit der Relativitätstheorie und der Quantenmechanik in Einklang sind.[54]

Desgleichen sind oft die Lebensberichte unserer Heiligen voll von solchen paranormalen Phänomenen. Darüber gibt es zu viele und zu genaue Zeugenaussagen, als daß man es leugnen könnte. Während so viele Berufstheologen sich einen intellektuellen Anstrich zu geben meinen, indem sie an die Wunder der Bibel nicht mehr glauben, gewinnen all diese von Gott erlaubten und gewollten Zeichen durch die neuen Erkenntnisse ihren ganzen Sinn.[55]

Wer erzählt schließlich Humbug? Die Wissenschaftler, die paranormale Erscheinungen anerkennen und zu berücksichtigen versuchen, oder diejenigen, die sie überheblich ignorieren?

---

[54] Ich verdanke all diese Erläuterungen Costa de Beauregard selbst: *Le corps subtil du réel éclaté* (s. o.).

[55] S. die Werke Pater Laurentins über das Leben von Schwester Yvonne-Aimée de Malestroit. S. auch *l'encyclopédie des phénomènes extraordinaires dans la vie mystique* von Joachim Boufflet (F. X. de Guibert, 1992).

Mich überzeugt auch nicht der Versuch Prigogines, die Zeit in der Physik zu rehabilitieren.[56] Ich bin selbstverständlich nicht in der Lage, seiner naturwissenschaftlichen Beweisführung zu folgen, aber ich stelle fest, daß andere Wissenschaftler ihm nicht beipflichten können. Ich weiß zu schätzen, daß er unser Leben in der Zeit nicht als pure Illusion dargestellt wissen will. Aber weder Costa de Beauregard noch Bernard d'Espagnat würden eine solche Entwertung der Zeit verteidigen. Was Prigogine stört, soweit ich verstehe, ist die Notwendigkeit, von zwei Ebenen der Wirklichkeit auszugehen, die jeweils anderen Gesetzen folgen. Ich für mein Teil stelle aber fest, daß alle Menschen mit Nahtoderfahrungen ihre Empfindungen in dieser Weise schildern. In dieser neuen Dimension, sagen alle, gibt es keine Zeit mehr.

Aber wenn man andere Aussagen aufmerksam studiert – und besonders die durch „automatische" oder „intuitive" Schrift übermittelten –, läßt sich die Möglichkeit einer Entwicklung im Jenseits, die sogar beträchtlich sein kann, nachweisen. Die Dinge sind also nicht einfach. Aber auf jeden Fall scheint es unausweichlich, von mehreren Ebenen der Wirklichkeit mit entsprechend verschiedenen Gesetzen auszugehen. Was nicht heißen soll, daß es keine Übergänge oder Brücken gibt. Denn gerade die paranormalen Erscheinungen sind für mich solche Brücken.

Wie wird es die Wissenschaft eines Tages schaffen, Rechenschaft zu geben über all diese Erscheinungen? Und ist es überhaupt möglich? Mir kommt es nicht zu, Vermutungen anzustellen. Aber ein Zurück kann es wohl nicht geben. Auf jeden Fall würde mich eine eventuelle Wende keineswegs stören, denn ich benutze hier das Hologrammschema nur als zugegeben unvollkommenes Bild. Noch einmal, ich versuche keineswegs zu beweisen, daß die Wissenschaft in ihrer Gesamtheit heute mystischen Theologen recht gibt. Es genügt mir, wenn einige großen Geister (sie mögen recht haben oder nicht) so „verrückte" Vermutungen wagen wie die Mystik. Sie erkennen an, daß die Wirklichkeit anders ist, als man dachte, und so widerlegen sie einen zu vereinfachenden Rationalismus, wie er bei Denkern z. B. bei dem heiligen Thomas von Aquin oder bei Drewermann oder in der Neoscholastik vorhanden war. Die Hypothesen der Wissenschaft scheinen auf den ersten Blick genauso vernunftwidrig wie die der Mystik, was zeigt, daß diese wiederum gar nicht so absurd waren.

---

[56] Prigogine bekam den Nobelpreis für Chemie 1977. Er lehrt an der Freien Universität Brüssel. S. I. Prigogine und Isabelle Stengers, *Das Paradox der Zeit. Chaos und Quanten* (Piper, München 1993), und I. Prigogine, *Die Gesetze des Chaos* (Frankfurt/Main, Insel 1998).

Wenn Wissenschaft und Mystik in ihren Grundeinsichten zu gleichen Ergebnissen kommen, dann freue ich mich deswegen darüber, weil viele Menschen den Weg des Glaubens wiederfinden können. Aber die Mystik braucht die Naturwissenschaften nicht wirklich. Sie geht ganz andere Wege, die ihr erlauben, das Mysterium der Welt auf einer Ebene zu betreten, die die Wissenschaft nicht erreichen kann.

Kapitel 6

Alles wurde in Christus erschaffen

Die Eucharistie, Mysterium oder Wahnidee?

Ich möchte im voraus um Nachsicht ersuchen, da ich den Leser nicht schonen werde. Ich mute ihm viel zu. Ich stürze mich in eines der tiefsten Mysterien des Christentums. Sie dürfen mich sogar für verrückt erklären. Im übrigen wird hier bald klar, warum ich von den Naturwissenschaften keine Bestätigung des christlichen Glaubens erwarte. Der Glaube ist nämlich noch viel aufsehenerregender als die verrücktesten Hypothesen der Wissenschaftler.

Erstaunlicher als das Hologramm

Wie allgemein bekannt, bekommen die Gläubigen während der heiligen Messe ein vom Priester konsekriertes Stück Brot. Das Wort „Eucharistie", das einfach „Danksagung" bedeutet, bezeichnete irgendwann schließlich das Brot selbst. Nach christlichem Glauben[1] sind die Gläubigen überzeugt, daß sie den Leib Christi essen, wenn sie dieses Brot essen. Das braucht der Leser hier nicht zu glauben, aber er sollte mit mir die außerordentliche Analogie feststellen, die zwischen dem, was in diesem Glauben enthalten ist, und der Struktur des Hologramms, wie ich sie eben kurz anriß, besteht. Es müßte hinreichend zeigen, daß der Glaube so absurd doch nicht ist.[2]

Nun kann man die Hostie so oft teilen, wie man will, jedes Stück, jeder Punkt der Hostie ist nach traditioneller Lehre der ganze Leib Christi. Alle Kommunionteilnehmer wissen es. Es kommt nämlich oft vor, daß der Priester sich über die Zahl der Kommunionwilligen verschätzt, und dann muß er einige der verbleibenden Hostien teilen, um jedem „die Kommunion geben" zu können. Die Fragmente werden manchmal ganz klein,

---

[1] Bei Katholiken und Orthodoxen, nicht aber bei den meisten Protestanten.
[2] Was folgt, gilt natürlich ebenso für den konsekrierten Wein.

aber jedem ist vollkommen bewußt, daß er deswegen nicht nur einen Teil des Leibes Christi bekommen hat. Jeder hat den ganzen Leib Christi bekommen. Denselben und einzigen.

Denn das Teilen vermehrt auch nicht den Leib Christi. Jedes Stück ist derselbe einzige Leib.[3] Die Lehre und Praxis der Kirche hier sind vollkommen konstant und allgemein bekannt.

Es ist keine Frage der Interpretation, und es muß auch nicht auf entfernte Kulturen zurückgegriffen werden. Wir sind damit im Herzen des Christentums, d. h., ob man will oder nicht, im Herzen unserer westlichen Kultur.[4] Wenn der Priester in der Messe etwa hundert Hostien konsekriert oder verbleibende vor der Kommunion bricht, zieht er nicht vom Leib Christi so und so viele Exemplare ab, wie es bei einer Zeitung der Fall wäre.

Wenn aber der Leib Christi einzig bleibt und jede Hostie dieser ganze Leib ist, so bedeutet das, daß auf gewisse Weise all diese Hostien eine Einheit bilden. Nach unserer Vorstellung, unserem Empfindungsmodus, wie Bernard d'Espagnat sagen würde, fallen diese Hostien im physikalischen Raum nicht zusammen. Aber im heiligen Raum, wie ihn Mircea Eliade beschrieben hat, fallen sie alle mit dem einzigen Leib Christi jenseits von Zeit und Raum zusammen. So geht es selbstverständlich mit allen Punkten innerhalb einer Hostie. Die Analogie ist nicht vollkommen, da konsekriertes Brot und konsekrierter Wein kein bloßes Bild sind, sondern der Leib Christi selbst. Die konsekrierten Hostien vertreten nicht nur den Leib Christi, sie sind es. Trotzdem gibt es eine unleugbare Analogie. Nur führt das Mysterium des Glaubens noch viel weiter.

Ein holochrones Hologramm

In Wirklichkeit geht es um viel mehr als nur um ein Hologramm. Ich gebrauche das Wort nur, um es einfacher zu machen. Das gleiche Geheimnis betrifft selbstverständlich auch die Zeit. Aber ich muß bekennen, daß dieses letzte leichter übersehen werden kann, denn die christlichen Kirchen des Westens waren sich dessen nicht mehr bewußt. Sicher wurde noch bei der Liturgie gewisser großer Feste weiter „hodie", „heute" ist uns ein Erlöser geboren, gesungen. Aber daran glaubte man kaum noch. Man

---

[3] Für ausführlichere Erklärung s. *Pour que l'homme devienne Dieu.*
[4] Was nicht heißt, die Parallellen aus anderen Kulturen wären nicht von Interesse.

erblickte darin nur ein psychologisches Mittel, eine Aufforderung, so zu tun, als wären wir beim Ereignis dabei, damit wir spirituell mehr Profit daraus ziehen.

Und trotzdem! In der Meßfeier ist nicht nur der Leib Christi real vorhanden, sondern auch das Opfer am Kreuz und die Auferstehung. Dies war in der protestantischen Tradition ganz verlorengegangen. Die römischkatholische Tradition versuchte diesen Glauben aufrechtzuerhalten. Aber dabei wollte man noch halbwegs vernünftig aussehen und das alles gängigen (und wissenschaftlichen) Begriffen der Moderne angleichen. Ich erspare Ihnen die Spitzfindigkeiten, die hierfür nötig waren. Aber am Ende blieb nach der ganzen Anstrengung, wie übrigens vorauszusehen, nicht mehr viel bestehen. In der französischsprachigen Liturgie wird heute nur noch an den Tod Christi „erinnert". Und nichts, absolut nichts erlaubt in diesem Text zu vermuten, daß es nicht nur um eine Erinnerung geht.

Da hat ein dummer und veralteter Rationalismus über den christlichen Glauben und das Herz des christlichen Glaubens selbst gesiegt. Um so bedauerlicher, als bereits Exegeten in den letzten Jahren daran gearbeitet hatten, den wirklichen Sinn der von Christus eingesetzten Eucharistie wiederzufinden, indem sie von einem vertieften Verständnis des jüdischen Passahfestes ausgingen.[5]

So wie alle konsekrierten Hostien nichts sind als der eine und einzige Leib Christi, ob sie sich westlich, östlich, nördlich oder südlich von Jerusalem befinden, so fällt jede zelebrierte Messe in der heiligen Zeit mit dem Augenblick des Todes und der Auferstehung Christi zusammen. Dies gilt selbstverständlich, ob diese Messe nach oder vor dem Opfer Christi am Kreuz geschieht. Als er am Gründonnerstag, dem Tag vor seinem Tod, das Meßopfer einsetzte, hat Christus also schon seinen Tod und seine Auferstehung gefeiert. Die Zelebration des Meßopfers ist weder nur ein Symbol, noch ein erneuter Mord. Costa de Beauregard sagt, wie oben erwähnt, von den Elementarkorpuskeln: „Vergangenheit, Gegenwart und Zukunft des Universums existieren gleichzeitig – nicht jetzt natürlich, das wäre widersprüchlich."[6]

Die blutige Opferung Christi gehört der Vergangenheit an. Aber die Vernetzung zwischen dem Opfer und einem jeden von uns, um noch einmal

---

[5] S. *Pour que l'homme devienne Dieu.*

[6] Dieser Physiker meinte natürlich nicht unser Thema, als er dies schrieb. Noch einmal gesagt, es geht nicht darum, den christlichen Glauben durch die Naturwissenschaften beweisen zu wollen; aber da z.Z. eine gewisse Konvergenz besteht, mache ich sie mir zunutze und zeige, daß der Glaube nicht so absurd ist, wie manche dachten.

C. de Beauregard zu zitieren, „wird weder durch räumliche noch durch zeitliche Entfernung geringer, jeder Vorrang der Vergangenheit vor der Zukunft hört auf." Wie weit die Vernetzung geht, können wir im folgendem noch weiter untersuchen. Ich möchte jetzt nur betonen, daß wir davon genauso Nutznießer sind wie Maria, die Mutter des Christus, oder der heilige Johannes am Fuße des Kreuzes. Bei dieser Vernetzung spielt die Zeit keine Rolle.

Es geht also um etwas anderes, als nur an den Tod Christi zu „erinnern". Man mag vielleicht einwenden, die Worte der Liturgie müßten schlicht bleiben und für alle verständlich. Aber selbst wenn sie das Mysterium nicht erklären können, sollten sie darauf hinweisen. Die Priester könnten ja dann die Texte kommentieren. Nein! Das Übel ist schlimmer. Im Jahre 1995 erklärte ein Theologieprofessor des Institut Catholique in Paris seinen Studenten, daß beim letzten Abendmahl, als Christus die Eucharistie einsetzte, es deswegen keine Konsekration gegeben habe, weil Christus noch nicht tot war, und es habe selbstverständlich auch keine Kommunion gegeben. Der überholte Rationalismus des letzten Jahrhunderts hat über den christlichen Glauben gesiegt.

Wieviele Priester zelebrieren heute Messen, ohne wirklich zu wissen, was sie tun? Sie mögen vielleicht meinen, daß in ihrem Tun ein wahrer Kern steckt und daß zumindest anscheinend noch ein Teil ihrer Gemeindemitglieder daran glaubt und daher nicht enttäuscht werden darf. Deswegen vollziehen sie weiter das Ritual… ach, könnten sie doch die unvorstellbare, unerreichbare Größe dessen erahnen, was sie tun! Padre Pio kannte sie.

In der Tradition der Ostchristen

Im christlichen Orient waren die besonderen Auffassungen von heiliger Zeit und heiligem Raum nie verlorengegangen. Sehr ernsthafte Studien haben bewiesen, daß alle großen Theologen der ersten Jahrhunderte sich weiterhin ganz bewußt waren, beim Feiern der Messe ein Mysterium zu erleben. Nehmen wir z. B. den heiligen Johannes Chrysostomos. Der „heilige Goldmund", wie man ihn durch Übersetzung seines Namens ins Deutsche nennen könnte, lebte im vierten Jahrhundert. Er war Bischof von Antiochien, dann Patriarch von Konstantinopel. Er war ein großer Redner, daher sein Beiname, aber auch ein großer Theologe der damaligen Zeit. Zum Beispiel hielt er wunderbare Predigten über „die Unmöglichkeit, Gott zu verstehen". Er setzte auch die Liturgie fest, die bis heute in allen orthodoxen Kirchen des byzantinischen Ritus am meisten gebraucht wird. Er ist also ein ausgezeichneter Vertreter der Tradition unserer christlichen Brüder im Orient.

Zu seiner Zeit waren unter den Gläubigen notwendigerweise viele ehemalige Heiden, die vor kurzem konvertiert waren. Er versuchte deshalb in einer seiner Predigten, ihnen die Überlegenheit des einzigen christlichen Opfers über alle heidnischen Opfer zu zeigen. Daß die heidnischen Opfer nicht viel wert seien, sagt er, zeigt sich daran, daß die Priester immerfort neue Opfer darbringen müssen. Dann fällt ihm ein, man könnte sein Argument auch gegen das christliche Opfer verwenden. Aber nein, sagt er, denn Christus ist nur einmal gestorben. „Wir bieten nur das eine und einzige Opfer dar, nicht das eine heute, das andere morgen." Diese Antwort kann natürlich nur gelten, wenn man „einzig" im eigentlichen Sinne versteht. D.h., es reicht nicht aus, zu deuten, alle Meßopfer seien gleich, von gleicher Art, sondern daß es nur ein einziges gibt, das an verschiedenen Zeitpunkten aktualisiert wird. Übrigens meint der heilige Johannes weiter, indem er beide Zeit- und Raumkategorien verbindet: „Überall ist nur ein einziger Christus, ganz hier und ganz dort, ein einziger Leib. Und genauso wie dieser eine und einzige Leib an verschiedenen Orten dargebracht wird, genauso gibt es nur ein einziges Opfer. Dieses Opfer bringen wir noch heute."[7]

Da ist klar ersichtlich, daß ich nicht übertreibe. Der heilige Johannes Chrysostomos drückt klar seine Überzeugung aus, daß alle Meßopfer nicht genauso viele Opfer ausmachen, sondern nur genauso viele Wege, durch Zeit und Raum das eine und einzige Kreuzesopfer zu erreichen.

Im Westen verlor sich nach und nach diese Tradition im Laufe des Mittelalters, aber in der orthodoxen Welt hielt sie sich. Im zwölften Jahrhundert waren indessen einige versucht, eine neue Interpretation zu wagen: Christus hätte „in der Vorstellung und im Bilde" das Opfer seines Leibes und Blutes während der Eucharistiefeier erneuert. Das Konzil von Konstantinopel hat diese Meinung 1157 verworfen. Am interessantesten ist dabei die Begründung: „(diejenigen, die so urteilen) verführen zu der Vorstellung, es ginge um ein anderes Opfer als um das, was vom Anfang an vollbracht wurde."[8]

---

[7] Heiliger Johannes Chrysostomos, 17. Homilie, Zitat Jean de Watteville in *le Sacrifice dans les textes eucharistiques des premiers siècles* (Delachaux et Niestlé, 1966).

[8] Zitat von Basile Krivochéine in *le Messager de l'Exarchat du patriarchat de Moscou*.

Die gleiche Theologie in Bildern

Ab dem elften Jahrhundert entwickelte sich in den Kirchen des Ostens ein Thema der Ikonografie, das die Beziehung des ganzen Kirchenvolkes zu der ganz besonderen Stellung des Meßopfers in Raum und Zeit unter Beweis stellt. Ich meine damit die bildliche Darstellung des *Abendmahls der Apostel*. Das Bild ist gewöhnlich gemalt oder als Mosaik hinten an der Apsis hinter dem Altar angebracht, oder über den mittleren Türen der Ikonostase, vor denen die Kommunion empfangen wird. In der Bildmitte steht nach byzantinischer Tradition ein würfelförmiger Altar. Christus wird mit dem liturgischen Gewand eines zelebrierenden Priesters dargestellt. Eigentlich wird er zweimal dargestellt, einmal auf jeder Seite des Altars. Auf der einen Seite verschenkt er sich als Kommunion in der Brotgestalt, auf der anderen in der Weingestalt. Die Aposteln schreiten zu ihm in zwei Sechserreihen. An der Spitze der einen Gruppe steht Petrus; an der Spitze der anderen Paulus.

Nun war Paulus nicht anwesend, als Christus sich tatsächlich als Kommunion den Aposteln am Gründonnerstag beim letzten Abendmahl darbrachte! Trotzdem ist der Künstler berechtigt, so zu malen, denn in Wirklichkeit gibt es nur eine einzige Kommunion, immer dieselbe, die wir zu den verschiedenen Augenblicken der Zeit mitzufeiern aufgerufen sind.[9] Zu diesem Mysterium soll auch die Darstellung der *Göttlichen Liturgie* hinführen.[10] Diese Darstellung befindet sich für gewöhnlich an der Kuppelbasis. Christus wird am Himmel dargestellt, wie er die heilige Liturgie zelebriert, und befindet sich mitten unter Engeln, die als Diakone wirken. Übrigens liest man in den liturgischen Büchern bei den Anweisungen an den Zelebranten unterscheidungslos entweder die Worte: „Hier muß der Diakon dieses und jenes tun…" oder: „Hier muß der Engel…" Die gleiche Feier spielt sich in der Zeit, in dieser oder jener Kirche, ab und „gleichzeitig", wenn man so sagen darf, im Himmel und außerhalb der Zeit.

Sich an die Zukunft erinnern

Hier zählt die Zeit nicht mehr. Christus hatte seinen Tod und seine Auferstehung am Vorabend seines Todes gefeiert; die orthodoxen Kirchen

---

[9] Auch wird Paulus oft in den Ikonen der Himmelfahrt Christi als anwesend dargestellt, obwohl er nicht anwesend war.

[10] Es geht hier nicht um Liturgievollzug, sondern um ihre Darstellung als Mosaik oder Ikone.

feiern schon jetzt seine rühmliche Wiederkehr am Ende der Zeiten... Bei dem Gebet, in dem die Kirche dankbar an die Wohltaten Gottes „erinnert", erinnert sie an die Zukunft, nach dem schönen Wort von Pater Cyprien Kern.[11]

In den östlichen Kirchen sind die meisten Gemeindepfarrer verheiratet. Pater Virgil Georghiu berichtet, daß, als er ein Kind war, sein Vater, Pfarrer eines armen Dorfes, ihm erzählt habe, daß die Zeit in der Kirche nicht zähle. „Jeden Sonntag", erzählt er,„ fühlte ich bei der Feier der heiligen Liturgie die Anwesenheit der Engel und all der Verstorbenen aus dem Dorfe, die um unser Haus begraben lagen. Und dann waren auch neben ihnen und den Engeln in der Versammlung unsichtbar die Christen unseres Dorfes, die in den nächsten Tagen, Jahren und Jahrhunderten geboren werden. In unserer kleinen Kirche gab es wie in allen Kirchen weder Vergangenheit, noch Gegenwart, noch Zukunft."[12]

In der Tradition der westlichen Christenheit

Leider verlor das lateinische Europa nach und nach die Vorstellung von heiligem Raum und heiliger Zeit. Das war zu einem großen Teil die Ursache des Schismas. Die reformierten und protestantischen Kirchen blieben bei der harten und sogar feierlichen Behauptung aus dem Hebräerbrief: „So wurde auch Christus ein einziges Mal geopfert, um die Sünden vieler hinwegzunehmen." (Kap. 9, 28) „Durch ein einziges Opfer hat er für immer die zur Vollendung geführt, die geheiligt sind." (Kap. 10, 10-14) Kein anderes Opfer kann uns retten als nur das Opfer Christi am Kreuz. Die Katholiken wollten die Tradition nicht aufgeben, die auch deutlich behauptete, daß die Meßfeier ein wirkliches Opfer sei. Ursprünglich waren beide Behauptungen gleichzeitig wahr, ohne daß es Probleme gab. Jeder wußte, daß das Meßopfer kein „anderes" Opfer ist; es ist genau das Kreuzesopfer, das ewig gleiche und einzige, das nur zu verschiedenen Zeitpunkten erreicht wird. Aber nachdem die Vorstellung von heiliger Zeit und heiligem Raum verlorengegangen war, schlossen beide Behauptungen einander aus. Man mußte zwischen ihnen wählen.

---

[11] Der Archimandrit Cyprien Kern war Professor an der theologischen Fakultät des Institut Saint Serge in Paris. Der hier zitierte Ausdruck befindet sich in seinem Werk Evkharistia (in russischer Sprache) (Ymca Press, 1947).

[12] Virghil Gheorghiu: *De la vingt-cinquième heure à l'heure éternelle* (le Rocher, 1990).

Wie wir sahen, verschwand der Begriff des heiligen Raums im Westen niemals ganz. Er blieb weiter im Bewußtsein, zumindest im Zusammenhang mit der Eucharistie. Aber der Begriff der heiligen Zeit verschwand. Zwar ging die mystische Sicht der Zeit nur allmählich in der offiziellen Theologie verloren. Aber die Gottesnarren, die Mystiker, sind zu allen Zeiten ständig darauf eingegangen.

Gestatten Sie mir, als Beispiel dazu einige Texte des Meister Eckhart, des großen deutschen Mystikers des angehenden vierzehnten Jahrhunderts, zu zitieren, der, wie ich erwähnte, Schwierigkeiten mit den Päpsten von Avignon bekam: „Der (Leib Christi) ganz in jedem kleinsten Teilchen der geweihten Hostie ist." [13]

Dies, ich sagte es bereits, wurde auch nicht in der katholischen Kirche des Westens vergessen. Aber jetzt führt ein anderer Text viel weiter, der zwar etwas schwer zu verstehen ist, sehr dicht, aber dafür sehr vollständig. Ich kommentiere Satz für Satz. „Dazu bemerke, der Leib Christi im Sakrament ist kraft des Sakramentes der Leibsubstanz nach nicht ausgedehnt." Tatsächlich nimmt dieser Satz das Vorhergesagte wieder auf, aber der Wortschatz ist abstrakter. Er geht weiter als der traditionelle Glaube, der die Gegenwart des Leibes Christi in der Hostie in der Art des Hologramms bestätigt. Hier denkt Eckhart über die ganz besondere Raumbeziehung nach, die diese Behauptung voraussetzt. Im Text heißt es weiter: „Damit erläutere, daß keiner dem Leib Christi im Sakrament örtlich oder zeitlich fern ist." Anders ausgedrückt, gibt es eigentlich zwischen Ihnen, die Sie in Ihrem Sessel dieses Buch lesen, und den konsekrierten Hostien in der nächsten Kirche oder sogar am Ende der Welt keinerlei Entfernung – zumindest auf einer gewissen Ebene der Wirklichkeit, die unserer gewöhnlichen Empfindung entgeht. Aber schließlich ist diese Ebene die entscheidende. Und dieses gilt auch für die Zeit. Die Zeit, die zwischen der ersten Wandlung in der ersten Messe und Ihnen vergangen ist, ist auf jener tiefen Ebene der Wirklichkeit nicht mehr existent. Meister Eckhart zieht daraus eine andere Schlußfolgerung: „Daher muß man sich alle, für die wir in der Messe beten, als anwesend vorstellen." Wenn keine Entfernung zwischen irgend jemandem und einer konsekrierten Hostie weder in der Zeit noch im Raum besteht, dann ist die gesamte Menschheit um jede Hostie versammelt. Meister Eckhart hat den Gedanken nicht zu Ende gedacht. Er hat nicht die Zukunft der Menschheit vor sich gesehen, wie der junge Virgil Georghiu es getan hätte. Sein Denken wurde wahrscheinlich durch die gefühlsmäßige Seite dieser Schlußfolgerung beeinflußt.

---

[13] Meister Eckhart: in Bardo Weiß, s. o., S. 154 n.

Im nächsten Satz erweitert er die Perspektive von neuem: „Wiederum bemerke, daß die Vereinigung mit diesem Leibe ein Ort - und Zeit - Entwerden und folglich auch ein (Entwerden) dieser Welt ist."[14] Nun, unter den Christen gibt es einige wenige, und ich zähle dazu, die an so aufsehenerregende Dinge glauben, wie diejenigen, von denen ich berichten möchte. Ich möchte vorausschicken, es wäre zu leichtfertig, nur einfach weiter zu zweifeln. Sie können sich kundig machen. Es gibt Tausende von Aussagen und ernsthaften Studien. Sie werden sehen, die Wirklichkeit geht viel weiter als die Dichtung. Sie werden so davon fasziniert sein wie vom besten Kriminalroman. Ich möchte hier einige Fälle skizzieren, in denen Gott die spannendsten vorausgehenden Reden über die Eucharistie anscheinend in der Praxis bestätigt hat. Da die konsekrierten Hostien nicht mehr ganz dem Raum (und auch nicht der Zeit) angehören, konnten einige Mystiker zu Hause kommunizieren, ohne in die Kirche zu müssen. Das nennt man „Fernkommunion." Auf den Fall von Therese Neumann komme ich später noch einmal zu sprechen. Hier mag genügen, daß sie eine große Mystikerin war, die nicht zu einer weit zurückliegenden Zeit der unkontrollierbaren Legenden lebte, sondern in unserem Jahrhundert: 1898–1962. Nun weiß man, daß für sie tägliche Kommunion lebensnotwendig geworden war. Ein Tag ohne Kommunion bedeutete den körperlichen Zusammenbruch. Schon war ein etwas eigenartiges Phänomen bei ihr aufgefallen: Im Augenblick, als der Priester ihr die Kommunion reichen wollte, entglitt ihm die Hostie und verschwand in Thereses Mund, ohne daß sie schluckte. Aber es kommt noch besser: „Es ergab sich einmal, wie von Professor Wutz und anderen berichtet wurde, daß Therese nicht kommunizieren konnte. Professor Wutz las in seiner Hauskapelle in Eichstätt die heilige Messe. Als er den Hausgenossen die Kommunion spenden wollte, fehlte eine der eben konsekrierten Hostien. Diese empfing zu gleicher Zeit Therese in Konnersreuth, die geistig an der Feier in Eichstätt teilgenommen hatte" (Dr. Josef Klosa, „Das Wunder von Konnersreuth in naturwissenschaftlicher Sicht", Paul Pattloch Verlag, 1974, Seite 169). Aber für jemanden, der wirklich an das Mysterium der Eucharistie glaubt, ist diese Überschreitung der Raumgrenzen, wie der Autor anmerkt, nicht weiter erstaunlich.[15]

---

[14] Meister Eckhart, Bardo Weiß, *Die Heilsgeschichte bei Meister Eckhart* (Matthias Grünewald Verlag, Mainz, 1965).

[15] Die Priester, die der Marthe Robin die Kommunion reichten, haben oftmals die gleiche Beobachtung gemacht. S. Zeugenaussagen darüber in: *Prends ma vie Seigneur, la longue messe de Marthe Robin* von Raymond Peyret (Peuple Libre, Desclée de Brouwer 1985).

Aurélie Caouette ist eine andere große Mystikerin aus Québec, die 1905 starb. Ihr Leben war von Kindesbeinen an voller Wunder. In ihrem Fall besitzen wir auch die Zeugenaussage eines Priesters und ihres Pfarrers. Der Pfarrer hatte den Altar für die Messe vorbereitet und ist sicher, nur zwei Hostien für die zwei anwesenden kommunionwilligen Gläubigen bereitgelegt zu haben. Nun muß er mitten in der Messe, vor der Wandlung, erstaunt feststellen, daß drei Hostien vorhanden sind. Aber im Augenblick der Kommunion sind es nur noch zwei. Aurélie wurde später von diesem Pfarrer befragt und bestätigte ihm, ohne es zu wissen, was er vermutet hatte. „Sie glaubte, meiner Messe beizuwohnen", berichtet er, „und meinte, die heilige Hostie zu empfangen, ohne die Hand zu sehen, die sie ihr reichte."[16]

Mein Freund Professor Cuvelier, der Neurologe und Psychiater und ein Kenner mystischer Zustände ist, hat mir berichtet, er habe ähnliches bei einer zeitgenössischen Stigmatisierten festgestellt. Zweimal sah Professor Cuvelier, wie eine Hostie im offenen Mund dieser Mystikerin erschien, zu Zeiten, als der gewöhnlich die Kommunion bringende Priester verhindert war. Das erste Mal war es eine dicke, gelbe Hostie, herkömmlichem Brot ähnlich, wie sie heutzutage oft hergestellt werden. Die Hostie erschien plötzlich senkrecht zwischen den geöffneten Lippen, etwa wie in einer Monstranz. Aber das Erstaunlichste, wenn man so sagen darf, war, daß die Hostie leuchtete, als habe man sie angeknipst. Das Zimmer lag im Dämmerlicht, nicht völlig im Dunkel, und Professor Cuvelier stand etwa fünfzig Zentimeter vor dem Gesicht der Stigmatisierten.

Beim zweiten Mal erschien eine dünne weiße Hostie aus ungesäuertem Brot, wie sie im Westen üblich sind. Die Hostie erschien auf der Zunge und leuchtete nicht, der Mund war halb geöffnet. Der Priester, der um das Phänomen wußte, nahm gern an den gewünschten Untersuchungen teil. In beiden Fällen hatte er vorher die im Ziborium vorhandenen Hostien sorgfältig gezählt, und in beiden Fällen hatte er festgestellt, daß eine von diesen Hostien auf geheimnisvolle Weise verschwunden war.

Es ist höchste Zeit, weiter zu forschen. Was wir bis jetzt erwähnten, bereitet uns lediglich auf ein noch tieferes Mysterium vor. Auch hier werden Sie feststellen können, ich erfinde nichts. Die Texte sprechen eine klare Sprache. Sie müssen nur in ihrer ganzen Kraft aufgefaßt und dürfen nicht in den Rahmen des „rationalen Denkens" zurückgeführt werden. Übrigens wußten die Mystiker stets um den wirklichen Sinn ihrer Erfahrung.

---

[16] Dom Gérard Mercier: *Aurélie Caouette, femme au charisme bouleversant* (éditions Paulines, 1985).

Wir sind der Leib Christi

Ich zeigte soeben, daß niemand vom Leib Christi im Sakrament jemals entfernt ist, weder räumlich noch zeitlich. Schon das ist phantastisch! Aber der christliche Glaube geht noch viel weiter. Jeder Mensch ist der Leib Christi, so daß wir, wie der heilige Augustinus sagt, das bekommen, was wir schon sind, wenn wir die Kommunion bekommen.

In einer ganzen Reihe von Texten behauptet der heilige Paulus, wir seien der Leib Christi. Das gilt zunächst von den Christen. Aber seine Sicht erweiterte sich unter echt mystischen Erfahrungen, und er wendete schließlich gegen Ende seines Lebens diese Behauptung auf die ganze Schöpfung an. So entstand die Hymne am Anfang des Kolosserbriefes (1,16 – 17). Es geht um Christus:

„Denn in ihm wurde alles erschaffen
Im Himmel und auf Erden
Das Sichtbare und das Unsichtbare,
Throne und Herrschaften, Fürsten und Gewalten;
Alles ist durch ihn und auf ihn hin geschaffen.
Er ist vor aller Schöpfung und alles hat in ihm Bestand."

Ich ergehe mich hier nicht in Fachdiskussionen über die Interpretation dieses außerordentlichen Textes. Wie es fast immer der Fall ist, sind die streng exegetischen Argumente relativ nebensächlich. Sie sollen nur beweisen, daß die vertretene Interpretation vom Wortschatz, von der Grammatik und von dem Gebrauch der Zeit her schlüssig ist. Aber in Wirklichkeit wird eigentlich die Entscheidung für eine bestimmte Interpretation aus anderen Gründen getroffen, die eher philosophischer, theologischer oder mystischer Natur sind.[17]

Unter Berücksichtigung des Wortschatzes, der Bräuche usw. bewiesen verschiedene katholische und protestantische Autoren auf unterschiedlichem Weg, daß die einzig mögliche Deutung dieses Textes die gewagteste, scheinbar unsinnigste, verrückteste ist.

Und ich verbürge mich dafür, ihre Fachargumente waren schlüssig. Aber bei so einer unglaublichen Wahrheit reichen sie noch nicht aus. Wenn der heilige Paulus sagt: „Ihr seid der Leib Christi", so ist diese Behauptung genauso stark wie die Worte Christi beim letzten Abendmahl: „Das ist mein Leib."

Der heilige Paulus verbindet ja aus eigenem Antrieb seine Worte mit dem Mysterium der Realpräsenz des Leibes Christi in Brot und Wein: „Ist

---

[17] Ausführlichere Darlegung in: *Pour que l'homme devienne Dieu.*

das Brot, das wir brechen, nicht Teilhabe am Leib Christi? *Ein* Brot ist es. Darum sind wir viele *ein* Leib, denn wir alle haben teil an dem *einen* Brot." (I Kor. 10, 16–17).

In anderen Texten begründet er auch diese Einheit mit der Taufe. Denn das griechische Wort für taufen – baptizein – meint nicht nur „das Sakrament der Taufe spenden", sondern es ist ein Wort der Alltagssprache, das „eintauchen" bedeutet. Die ersten Taufen wie die Taufe Christi im Jordan oder die orthodoxe Taufe wurden und werden heute noch durch Untertauchen gespendet. „Denn ihr alle, die ihr auf Christus getauft seid, habt Christus als Gewand angelegt. Es gibt nicht mehr Juden und Griechen, nicht Sklaven und Freie, nicht Mann und Frau; denn ihr alle seid einer in Christus Jesus" (Gal. 3, 26–28).

Wir wurden alle in denselben Christus eingetaucht. Wir essen den einen und einzigen Leib Christi. Wir sind nur noch eins in Christus.

Dann wurde die Perspektive weiter. Der heilige Paulus erlebte am Ende seines Lebens Außerordentliches. Er fuhr in den „siebten Himmel" innerhalb oder außerhalb seines Körpers auf; er selbst weiß nicht wie, aber Gott weiß es. Und dann kann die Verschmelzung mit dem Leib Christi sich nicht mehr auf die Christen allein beschränken. Sie beschränkt sich nicht einmal auf die Menschen, sondern erreicht eine kosmische Dimension, erstreckt sich auf die ganze Schöpfung, wir würden heute sagen bis zu den entferntesten Galaxien, und sogar bis zu den parallelen Welten, die für uns unsichtbar sind, bis zu den jenseitigen Wesen in allen ihren Gestalten.

„Denn in ihm wurde alles erschaffen
Im Himmel und auf Erden,
Das Sichtbare und das Unsichtbare (…)
Er ist vor aller Schöpfung und alles hat in ihm Bestand."

Im letzten Vers geht es nicht mehr um Raum, sondern um Zeit. Diese letzte Aussage war nicht einleuchtender. Die westlichen Theologen mühten sich vergeblich ab, aus solchen Texten eine für die Gesellschaft akzeptable Deutung zu gewinnen!

Aber dazu müßte man all das Aufsehenerregende, das wahrhaft Interessante, herausfiltern.[18] Indes waren die Theologen aus den ersten Jahrhunderten mutiger gewesen. Der heilige Kyrill von Alexandrien im fünften Jahrhundert z. B. verstand vollkommen, was solche Texte im eigentlichen, buchstäblichen Sinn voraussetzen. Er kommentierte die berühmte Formel

---

[18] S. mein erstes Buch: *Pour que l'homme devienne Dieu.*

aus dem Hebräerbrief: „Jesus Christus ist derselbe gestern und heute, und in Ewigkeit" (Hebr, 13,8) mit den Worten: „Dem Herrn gebührt der Vorrang in der Zeit, selbst in seinem Menschsein, denn er ist von Natur aus Gott, dem Fleisch verbunden, und teilt seinem Leib die Güter mit, die zu dieser göttlichen Natur gehören."[19] Für Meister Eckhart entzieht sich, wie wir sahen, der Leib Christi im Sakrament der Eucharistie gewöhnlicher Zeit und gewöhnlichem Raum. Aber dieses Mysterium beruht auf einem anderen Mysterium, nämlich der Inkarnation Gottes. Der Leib Christi war mit Christi Göttlichkeit vom Anfang seines irdischen Lebens, ja von der Empfängnis an verbunden.

Und in dieser Verbindung hatte er in gewissem Maße Teil an den Attributen der göttlichen Natur. Ich weiß, daß für Wissenschaftler heute das Wort „göttliche Natur" keinen rechten Sinn macht. Wahrscheinlich haben sie sogar recht damit. Aber es will mir scheinen, daß es mehrere Sprachebenen gibt. Die Physiker wissen auch nicht, was Materie ist, und wenn sie unter sich sind, versuchen sie, ohne dieses Wort auszukommen. Aber in vielen Fällen kann man sich nicht anders ausdrücken. Wir wissen auch nicht, was Leben, was Liebe ist usw. Zugegeben, eigentlich kann die Theologie nur negativ von der göttlichen Natur sprechen, indem sie erklärt, was diese nicht ist. Nun trifft es hier zu: Gott, die göttliche Natur, entzieht sich dem Raum und der Zeit.[20] Dank der Verbindung zwischen dem Leib Christi und der göttlichen Natur entzog sich auch Christus, selbst in seiner menschlichen Natur, den Grenzen der Zeit und des Raumes.

Ich glaube, daß man all diese Texte ganz konkret deuten muß. Das bedeutet, daß Moses, Abraham, die ersten Menschen und sogar viel weiter zurück bis zum Big Bang alles im Leib Christi erschaffen wurde. Muß man darunter verstehen, daß dann notwendigerweise der Leib Christi schon am Anfang der Welt irgendwo sichtbar existierte? Das wäre absurd, denn dann müßte Maria ihn schon geboren haben usw. Nein! Aber die Verbindung zwischen jedem von uns und der ganzen Schöpfung einerseits mit dem Leib Christi andererseits ereignet sich an einem geheimnisvollen „Ort" jenseits von Zeit und Raum. Genau das sagte Meister Eckhart über den Leib Christi im Sakrament, als er darauf hinwies, daß wir notwendigerweise über Raum und Zeit hinaus mit ihm verbunden sind.

---

[19] Heiliger Kyrill von Alexandrien: Sur l'incarnation, übersetzt von P. de Durand (Editions des Sources chrétiennes, n° 97).

[20] Das Problem wird noch genauer in *Pour que l'homme devienne Dieu* beleuchtet.

Noch einmal möchte ich betonen, daß das Hologramm für mich nur ein Vergleich ist, ein Beziehungspunkt, der zu der Behauptung berechtigt, die Dinge, von denen ich bereits berichtete und weiter berichten möchte, sind keineswegs so „verrückt", wie es vielleicht vor der Entdeckung des Hologrammprinzips scheinen mochte. Zugleich wird daraus ersichtlich, wie gefährlich es ist, Theologie nur innerhalb des von der zeitgenössischen Naturwissenschaft genehmigten Rahmens ansiedeln zu wollen. Denn die Aussagen Meister Eckharts zur Eucharistie oder die aufsehenerregenden Behauptungen des heiligen Paulus über Christus sind nicht deswegen schlagartig vernünftig geworden, weil unsere naturwissenschaftlichen Kenntnisse vorangeschritten sind. Sondern die Aussagen Meister Eckharts und des heiligen Paulus waren von vornherein vernünftig, vorausgesetzt, man vertraut auf die Erfahrung der Mystiker, angefangen bei der des heiligen Johannes und des heiligen Paulus und erkennt die Begrenzung menschlichen Denkens.

Andere Naturwissenschaftler verfolgen zur Zeit andere Spuren, sie reden in einem anderen Wortschatz, aber ihre Gedanken stimmen mit dem Berichteten überein.

Rupert Sheldrake z. B. hat eine ganze Theorie über sogenannte „morphogenetische Felder" entwickelt. Rupert Sheldrake ist kein Physiker. Aber da ist in gewissem Sinne seine Aussage nur um so interessanter. Auf anderen Wegen und auf anderen Wissenschaftsgebieten kommen einige Forscher zu ganz ähnlichen Intuitionen. Sheldrake ist ein Biochemiker, ein Fachmann auf dem Gebiet der Zellbiologie. Er hat besonders Fragen der Pflanzenentwicklung untersucht. Sheldrake machte am Anfang seiner Forschungen eine sehr wichtige Feststellung. Überall, sagt er, ist vom „genetischen Programm" die Rede, das die Entstehung unserer Physis von der ersten Zellteilung an steuern soll. Sheldrake stimmt aufgrund seiner Forschungsarbeit der Hypothese von einem derartigen „Steuerungsprinzip" zur Entwicklung unseres Körpers zu. Trotzdem hält er es für irreführend, dieses „Programm" als „genetisch" zu bezeichnen: es ist nicht „genetisch" in dem Sinne, daß es innerhalb der Gene befindlich wäre... Wäre es in den Genen enthalten, so wären alle Zellen des Körpers auf gleiche Art programmiert, denn im allgemeinen enthalten sie alle genau die gleichen Gene.[21] Woher wäre dann zu erklären, fragt er, daß gewisse Zellen

---

[21] Rupert Sheldrake, *Das Gedächtnis der Natur* (Bern, München, Wien, Scherz 1991).

den Arm und andere das Auge bilden? Tatsächlich muß es eine Steuerungskraft geben, die die richtige Entwicklung des Organismus überwacht. Aber diese Kraft ist nicht örtlich bestimmbar. Sie wirkt überall und ist nirgends, in etwa so wie die Harmonie einer gemalten Landschaft oder so wie das, was die Physiker „Feld" nennen.

Weitere Forschungsergebnisse bestätigen diese Auffassung. Zum Beispiel wurden in England Experimente an Ratten durchgeführt. Dann wurden die gleichen Experimente in Australien vorgenommen. Eine Übermittlung von Erfahrungen aus der ersten Rattengruppe an die zweite war weder durch Signale noch durch Vererbung möglich. Nun scheint aber das Verhalten der Tiere der zweiten Gruppe doch wohl durch die an der ersten Gruppe durchgeführten Experimente beeinflußt worden zu sein. An anderen Orten wiederholte sich spontan der gleiche Vorgang.[22] Sollten andere Forscher diese ersten Beobachtungen bestätigen, so könnte wohl als bewiesen gelten, daß es diese Kraftfelder tatsächlich gibt. Dann aber sind sie wahrscheinlich zahlreich und wirken auf verschiedenen Ebenen usw.

Andere Forscher kamen auf anderen Wegen zu den gleichen Schlußfolgerungen. So z. B. Vahé Zartarian und Martine Castello: „Alle Handlungen eines Menschen oder eines Tieres - denn die Wirkungsweise ist die gleiche –, alle seine Gedanken wirken sofort auf die Gesamtheit der Individuen ein… Auf die Gefahr hin, Anstoß zu erregen, müssen wir sagen, daß wir alle ununterbrochen im „telepathischen Kontakt" mit unserer Umgebung, mit unserer Gattung sind."[23]

An dieser Hypothese interessiert mich das Aufspüren der Vernetzung zwischen Wesen, die räumlich oder sogar zeitlich getrennt sind; Wesen, die nach unserem gewöhnlichen Empfinden getrennt sind und sich doch irgendwo treffen – auf, zugegeben, geheimnisvolle, aber doch reale Weise. Ich weiß, daß hier nur eine Hypothese vorliegt, die bei vielen Wissenschaftlern noch Skepsis hervorruft. Aber, noch einmal sei gesagt, mir genügt es, wenn Wissenschaftler solche Hypothesen nicht als absurd betrachten, da sie sie selbst entwerfen. Im übrigen ist der Vergleich zwischen unserer Verbindung mit Christus und dem Hologramm nicht der einzig mögliche. Man könnte genauso gut vom Beispiel der russischen „Matrioschkas" ausgehen. Christus wäre dann nach Belieben die größte Puppe, die alle anderen enthält, oder die kleinste im Mittelpunkt als versteckter und sinngebender Schatz.

---

[22] Ibid.
[23] Martine Castello u. Vahé Zartarian: *Nos pensées créent le monde* (Robert Laffont, 1994).

Die Mystiker wußten es schon immer

Die Mystiker wußten schon immer, daß sie allem oberflächlichen Schein zum Trotz mit Christus bereits vereint waren. Das verstanden auch die Theologen, vorausgesetzt, sie waren auch Mystiker. Der heilige Johannes „der Theologe", wie die Orthodoxen sagen, d. h. der Evangelist, hat das gleiche gelehrt wie der heilige Paulus, aber in einer bilderreicheren Sprache, indem er wahrscheinlich die Worte Christi selbst wiederaufnahm: „Ich bin der Weinstock, ihr seid die Reben."

Es geht nicht darum, zu sagen, wir alle bilden um Christus einen so geschlossenen Kreis, in dem so viel Liebe, so viel Eintracht herrscht, daß wir sozusagen nur noch ein Leib sind. So etwas wurde oft „der mystische Leib Christi" genannt. Etwa so, wie man sagen könnte: „das Feuerwehrkorps." Nein! Es geht darum, daß auf einer Ebene der Wirklichkeit, die dem gewöhnlichen Empfinden gänzlich abgeht, mein Fleisch das Fleisch Christi selbst ist, in das er geboren wurde, in dem er mich am Kreuz rettete, in dem er auferstand. Wir alle sind in Christus erschaffen, in ihm eingeschlossen.

Mystiker aus dem christlichen Osten

Diese Auffassung unserer Verbindung mit Christus herrschte am Anfang in der Kirche vor. Man findet sie, nach dem heiligen Johannes und dem heiligen Paulus, beim heiligen Irenäus im 2. Jahrhundert in seiner Lehre der „vergöttlichenden Inkarnation"* in Christus. Sie erscheint wieder beim heiligen Athanasius im 4. Jahrhundert. Ich mußte schmunzeln, als ich die westlichen Kommentare las, denn dort genieren sich die Fachleute und schreiben diese Auffassung dem schlechten Einfluß außerchristlicher Autoren zu: „Athanasius scheint sich manchmal so auszudrücken, als ob Christus nicht als Individuum Mensch geworden wäre, sondern tatsächlich die Menschlichkeit aller umfaßt hätte. Es handelt sich dabei nur um eine mißverständliche neuplatonische Ausdrucksweise, die beim heiligen Gregor von Nyssa noch krasser auftritt."[24]

Da zeigt sich klar, daß ich nicht nur auf einige wenig aussagekräftige Einzelfälle aufbaue. Der heilige Gregor von Nyssa wird wohl auch unter diesem „schlechten Einfluß" gestanden haben. Aber als man die zu Un-

---

* recapitulatio in Christus.
[24] Tixeront: *Histoire des dogmes* (7. Auflage, Paris, 1924).

recht vergessenen Theologen der ersten Jahrhunderte erforschte, gelangte man von einer Überraschung zur anderen. So verstand Pater L. Malevez, nachdem er vor allem über den heiligen Gregor von Nyssa und den heiligen Kyrill von Alexandrien geforscht hatte, daß für alle diese griechischen Theologen der ersten Jahrhunderte unsere menschliche Natur in Christus eine „einzige ideale Wirklichkeit, die jedem menschlichen Individuum immanent nach ihrer unwiederholbaren** und unteilbaren Ganzheit" sei.[25]

Es will mir scheinen, dies wäre auch eine ausgezeichnete Definition des Hologrammbildes!

Im elften Jahrhundert drückte ein außerordentlicher Mystiker dies alles noch in anderen Worten, aber mit der gleichen Genauigkeit aus. Ich meine damit den heiligen Symeon, im Orient der „Neue Theologe" genannt. Der griechische Originaltext war vor dem Zweiten Weltkrieg noch nie sorgfältig herausgebracht worden. Der französischen Reihe „Sources chrétiennes" verdanken wir den Zugang zu diesem Juwel der byzantinischen Mystik. So also beschreibt der heilige Symeon mit Bewegtheit die physische Identität mit dem Leib Christi:[26]

„Wir werden Glieder Christi – und Christus wird zu unseren Gliedern, Christus wird meine Hand, Christus mein Fuß, wo ich doch nur ein Armseliger bin! Ich bewege die Hand, und meine Hand ist der ganze Christus! Da, vergiß es nicht, Gott in seiner Göttlichkeit unteilbar ist, bewege ich den Fuß, und da leuchtet er wie Jener!"

Mir sei gestattet, zu betonen: Da Gott in seiner Göttlichkeit unteilbar ist, folgt daraus, daß die Menschlichkeit Jesu Christi, die mit dieser Göttlichkeit verbunden ist, auch unteilbar ist. Also kann nicht behauptet werden, meine rechte Hand sei Seine rechte Hand, mein linker Fuß Sein linker Fuß usw. Meine rechte Hand ist allein der ganze Christus, mein linker Fuß ebenso usw. Geht Ihnen ein Licht auf? Aber der heilige Syméon fügt trotzdem etwas Eigenes hinzu. Er behauptet, daß das alles auch umgekehrt gilt, d.h. ich bin und jeder von uns ist und wir alle sind die Hand Christi, sein Fuß usw.

Westliche Mystiker

Die Christen des Orients blieben auf ganz natürliche Weise dieser Theologie treu, da sie ihrer eigenen Tradition entsprach. Jetzt aber möchte

---

** Wörtlich: unvervielfältigbar oder unvermehrbar.
[25] L. Malevez, L'Eglise dans le Christ: étude de théologie historique et théorique in *Recherches de sciences religieuses* n° 25.
[26] Syméon der neue Theologe: *Hymnes* (Le Cerf, coll. „Sources chrétiennes", n° 156).

ich zeigen, daß die westlichen Mystiker trotz der hier herrschenden Theologie zu jeder Zeit Anschluß an diese Tradition fanden.

Jeder von ihnen tat es auf seine Weise, mit seinen Worten, bald gelehrter, bald bildhafter. Aber alle schließen an diese starke Erfahrung ihrer Identität mit dem fleischgewordenen Christus an. So Meister Eckhart, der von den Gaben Gottes an seinen Sohn Jesus Christus spricht und erklärt, das alles gehöre uns, da es ab jetzt in der menschlichen Natur angesiedelt sei:

„Alles, was er ihm je in der menschlichen Natur gab, das ist mir nicht fremder noch ferner als ihm…Wenn wir so von ihm empfangen sollen, so müssen wir in der Ewigkeit sein, erhaben über die Zeit. In der Ewigkeit sind alle Dinge gegenwärtig… Und alle die Werke, die unser Herr je wirkte, die hat er mir so zu eigen gegeben, daß sie für mich nicht weniger des Lohnes würdig sind als meine eigenen Werke, die ich wirke."[27]

Hier könnte man unter anderem Namen so etwas wie einen Karmabegriff erkennen. Wir müssen unser Heil „verdienen." Aber durch unsere Vereinigung mit Christus wird all das „Verdienstliche", was er jemals gewirkt hat, genauso zu unserem Heil gereichen, als wenn wir es selbst gewirkt hätten. Christus übernimmt unser Karma über Zeit und Raum hinaus. Angelus Silesius[28] beschreibt sehr schlicht die Gleichsetzung eines jeden Menschen mit Christus. Ich betone: Es geht für ihn nicht nur um die Christen.

„Christus ist der erste und letzte Mensch.

Der erst' und letzte Mensch ist Christus selbst allein ,

Weil all' aus ihm entstehn, in ihm beschlossen sein."[29]

Wir sind alle Christus einverleibt; dieses Mysterium überschreitet den Raum. Alle Menschen sind gemeint, vom ersten bis zum letzten; dieses Mysterium überschreitet die Zeit.

Die Mystiker haben es sogar erlebt

Diese Gleichsetzung unseres Leibes mit dem Leib Christi bleibt nicht immer nur Glaubenssache. Sie kann auch nach außen vor aller Augen sichtbar werden. Hier möchte ich einige Beispiele anführen. Ich muß aber zugeben, daß die Dinge nicht immer so einfach sind. Wenn ich Ihnen trotzdem

---

[27] Meister Eckhart Sermon n° 5a, Quint, s.o. S. 174–175.
[28] Deutscher Mystiker aus dem 17. Jahrhundert.
[29] Angelus Silesius: *Der cherubinische Wandersmann.*

diese verwickelten Zusammenhänge darlege, so weil es m. E. um sehr wichtige Hinweise geht.

Die Stigmatisierten

Stigmatisierte sind Menschen, die an ihrem Körper die Wundmale Christi tragen. Diese Tatsache ist unbestreitbar. Der erste sichere Fall ist der des Franz von Assisi im dreizehnten Jahrhundert. Aber seitdem hat es noch zahlreiche andere Fälle gegeben.

Pater Laurentin kennt heutzutage ein paar Dutzende. Mehrere von ihnen wurden medizinisch ernsthaft begutachtet. Über die Interpretation dieser Erscheinung mag soviel diskutiert werden, wie man will, aber die Erscheinung selbst ist unbestreitbar.

Die Fälle sind ziemlich unterschiedlich. Die Wundmale erscheinen manchmal alle zu gleicher Zeit, fast schlagartig; sie können aber auch langsam und nacheinander erscheinen; einige bluten nur in der Osterzeit, andere wöchentlich, andere wieder ständig. Einige Wunden sind sehr tief und bluten stark, andere kaum, wieder andere sind sogar wieder verschwunden, ohne daß der entsprechende Schmerz nachgelassen hätte.

Das Erscheinen dieser Wundmale ist sehr wahrscheinlich etwas, was man so schön „psychosomatisch" nennt. Dieses gelehrte Wort erlaubt es, so auszusehen, als würde man etwas verstehen, wenn man nichts versteht. Es entspricht einer Feststellung, keiner Erklärung. Es wird festgestellt, daß bei leicht beeinflußbaren Menschen oder unter der Wirkung eines psychologischen Schocks Wundmale ohne körperliche Ursache erscheinen können.

Welche „psychosomatischen" Vorgänge auch immer die Wundmale hervorbringen mögen, sie werden niemals alles erklären können, denn die meisten Stigmatisierten erfahren gleichzeitig intensive Visionen der Passion Christi. Diese Visionen sind es wahrscheinlich, die den Vorgang der Wundmalerscheinung auslösen. Aber woher kommen diese Visionen? Wodurch werden sie hervorgerufen?

Leicht könnte man dort eine Wirkung der Selbsthypnose vermuten. Wir wissen ja, daß eine Person unter Hypnose vieles erfinden kann, was dann beeindruckend realistisch klingt. Und das Seltsamste dabei ist, daß sie dabei nicht im mindesten das Gefühl hat, die Quelle des Gesehenen und Gehörten zu sein. Sie hat den Eindruck, ein wirkliches Abenteuer zu erleben.[30]

---

[30] S. dazu z. B. die Experimente d. Professors Ernest R. Hilgard von der Universität Stanford: *Divided Consciousness* (John Wiley, New York 1977).

Diese Erklärung wäre an sich sehr befriedigend. Zunächst, weil so das Märchenhafte vermieden würde und wir nicht abseits von der normalen Erlebniswelt geführt würden. Dann könnte das auch erklären, warum diese „Visionen" der Passion Christi von einer Seherin zur anderen doch sehr unterschiedlich sein können.

Aber jetzt kommt's! Die Menschen, die für gewöhnlich dieser Art psychosomatischer Erscheinungen in solcher Intensität unterliegen, sollen von hysterischer Konstitution sein. Nun, in vielen Fällen weiß man, daß dies bei den Wundmalträgerinnen nicht zutrifft. Ich sage „in vielen Fällen", denn selbstverständlich hat man bei den ältesten Fällen nicht immer das notwendige Material zur Beurteilung zur Hand.

Zwar meinten einige Autoren wahrscheinlich im guten Glauben, Therese Neumann, die 1962 starb, sei hysterisch gewesen.

Wir wissen aber aus zuverlässiger Quelle, warum der Hausarzt, Dr. Seidl, ein Attest geschrieben hat, in dem steht, daß Therese „an schwerer Hysterie mit Blindheit und teilweise Lähmung" litt. Dies erklärte er lang und breit vor mehreren Zeugen. Es ging damals nur um eine junge Bäuerin aus einer armen Familie, in der nie paranormale Erscheinungen stattgefunden hatten. Der Doktor wollte nur die Bewilligung einer Invaliditätsrente erreichen. Aber er hat nie an eine Hysterie Thereses geglaubt. Als Beweis seiner Aufrichtigkeit mag man auch die Medikamente ansehen, die er ihr verschrieb und die auf keinen Fall an Hysteriepatienten verschrieben werden dürfen.

In dem Fall der Therese Neumann gibt es noch andere Probleme, die durch die Hypothese der Hysterie nicht genügend erklärt werden. Während sie die Szenen der Passion Christi wiedererlebte, verlor sie jede Woche mehrere Kilo an Schweiß und Blut. Sie nahm sie innerhalb weniger Tage wieder zu … ohne zu trinken und zu essen. Und das 35 Jahre lang. Sie mögen das bezweifeln, aber Therese Neumann wurde 1927 zwei Wochen lang beobachtet, zwar bei Therese zu Hause, aber unter äußerst strengen Bedingungen. Der Zweck dieser Beobachtung war nämlich gerade der Nachweis eines möglichen Betrugs. Vier Krankenschwestern, die sich zu zweit jeweils ablösten, mußten sie Tag und Nacht beaufsichtigen, ohne sie jemals allein zu lassen. Sie hatten sie zu waschen. Sie durften dabei keinen Schwamm verwenden. Das Mundspülwasser mußte vor Gebrauch abgewogen, ausgespuckt und noch mal gewogen werden…[31] Wie schaffte sie es, wieder an Gewicht zuzunehmen, sie brauchte doch dazu eine Energiequelle, aber welche?

---

[31] Dr. Josef Klosa, s. o.

Therese Neumann hat auf diese Weise die Passion Christi jeden Freitag wiedererlebt, alles in allem mehr als siebenhundert Mal. Desgleichen hat auch Marthe Robin die Passion erlebt, jeden Freitag, vom Ende des Jahres 1930 bis zum Anfang des Jahres 1981, als sie starb. Zwar lebte sie im Liegen und im Dunklen, aber sie bekam jede Woche Besuch von Hunderten von Personen, und sie hörte ihnen zu und antwortete ihnen. Sie aß und trank auch nicht.

Eine andere Tatsache ist, daß Therese Neumann, die ungebildet war und nur ihren eigenen Dialekt sprach, alles in echtem Aramäisch hörte. Sie konnte dann alles wiederholen, und die Professoren befragten sie darüber. Deswegen kann sie auch nicht hysterisch gewesen sein. Es muß sich um ein tieferes Mysterium handeln.

Schließlich ist eine letzte Besonderheit ganz verblüffend, aber trotzdem sehr gut belegt: Oft liegen die Wundmalträger auf einem Bett oder Diwan, in dem Augenblick, in dem sie die Kreuzigung wieder erleben. Das Blut, das aus den Wunden ihrer Füße fließt, müßte also normalerweise in die Richtung ihrer Fersen fließen. Nun geschah es in einigen Fällen, daß Umstehende zu ihrer Überraschung feststellten, daß das Blut zur Fußspitze floß, als hinge der Körper am Holze eines Kreuzes. So z. B. im Falle der Christine von Stommeln im 13. Jahrhundert, bei der wir zum Glück über einen ausführlichen Bericht verfügen. Der Dominikaner Pierre de Dace besuchte 1269 Christine in Gesellschaft von drei anderen Dominikanern. Christine hatte eben sehr viel Blut verloren und lag leblos darnieder. Die drei Patres nützten es aus, um die Wunden zu untersuchen. Sie riefen aus Scham ein anderes Mädchen zu Hilfe, dem sie befahlen, nacheinander die Wunden freizulegen.

„Und wir vier haben gesehen, was ich beschreibe: In der Mitte des rechten Fußes, und zwar sowohl auf dem Fußrücken wie auf der Fußsohle, war eine Wunde, etwas größer als ein Sterling, von der vier ziemlich breite Blutrinnsale nicht zu den Knöcheln, sondern quer über den ganzen Fuß flossen."[32]

Der Fall der Anna Katharina Emmerich ist noch viel aufsehenerregender.

Deutschland befand sich damals mitten in den Unruhen der Napoleonzeit, es gab viel Polemik gegen den Klerus, und die Machthaber in der Kirche fürchteten sich davor, der Lächerlichkeit preisgegeben zu werden, wenn sie vorschnell an ein Wunder geglaubt hätten. Deshalb wurde Anna

---

[32] Johannes Maria Höcht: *Von Franziskus zu Pater Pio und Therese Neumann* (Christiana Verlag, Stein am Rhein, 1974).

Katharina einer medizinischen Untersuchung von drei Ärzten im Beisein eines Generalvikars unterzogen. Sie waren alle schnell überzeugt, daß kein Betrug vorlag, es auch keine natürliche Erklärung gab. Was sie eben besonders beeindruckte, war die Tatsache, daß das Blut dem Schwerkraftgesetz zuwider floß, und das nicht nur an den Füßen, sondern an allen Wunden. Wie Anna Katharina auch liegen mochte, floß das Blut immer so, als ob sie gekreuzigt gewesen wäre: an den Füßen in Richtung der Zehen, an den Händen zu den Oberarmen, und das am Kopf an der Nase und an den Wangen herunter, selbst wenn der Kopf nach hinten gebeugt war.[33]

Vor nicht so langer Zeit stellte Dr.Imbert-Gourbeyre die gleiche Erscheinung an den Füßen der Marie-Julie Jahenny fest, in dem Augenblick, als diese die Kreuzigung wieder erlebte.[34] Aber der religiöse Wert im Erleben dieser Wundmalträgerin bleibt noch sehr umstritten. Ich bleibe also nicht bei ihrem Fall.

Mein Freund Professor André Cuvelier, weltweit anerkannter Neurologe und Psychiater, der oft in heiklen Fällen von Mystikern um Rat gefragt wurde, stellte seinerseits das gleiche Phänomen bei einer zeitgenössischen Stigmatisierten fest. „Donnerstags abends zwischen zwanzig und einundzwanzig Uhr tropft das Blut aus ihren Stirnfalten, dann wird aus dem Sickern ein beeindruckendes Fließen. Das Blut fließt aus der Stirn, den Händen, den Füßen und der Seite. Der Körper ist unseren Reizversuchen gegenüber gefühllos. Während die Mystikerin auf ihrem Bett liegt, den Körper in waagerechter Lage, fließt das Blut rückwärts, an der Nase hoch, entfaltet sich dann auf den Backen und dem Hals wie bei einem Gekreuzigten, der senkrecht am Kreuz hängt."

Ich gehe jetzt auf einige an sich weniger aufsehenerregende Erscheinungen ein, die mich trotzdem interessieren, weil sie das einmalige Mysterium der wirklichen Identität mit Christus in der Tiefe offenbaren.

Wenn Christus sein Gesicht gibt

Die erste Geschichte spielt im vierzehnten Jahrhundert. Die zukünftige Katharina von Siena war damals sehr krank. Deswegen wachte ihr Beichtvater, der Selige Raimund von Capua, an ihrem Bett. Sie hatte ihm soeben von einer mystischen Erfahrung berichtet, die den guten Pater sehr ins

---

[33] Wegener: *Anna Katharina Emmerich, das innere und äußere Leben der gottseligen Dienerin Gottes* (Paul Pattloch Verlag, Aschaffenburg, 1972).

[34] M.J. Jahenny verstarb 1941. Die Erzählung, die ich hier erwähne, steht im Buch von Pierre Roberdel: *Marie-Julie Jahenny, la stigmatisée de Blain* (Résiac, 1972).

Grübeln brachte. Während er so grübelte, schaute er von neuem das Gesicht Katharinas an. Da bekam er den erschreckenden Eindruck, Katharinas Züge würden sich unter seinen Augen in die Gesichtszüge Christi verwandeln. So schrie er voller Angst: „Wer schaut mich so an?" Die Stimme Katharinas antwortete ihm: „Der ist." Dann verschwand die Vision.[35]

In einem anderen Fall verfügt man auch über Details, es handelt sich um die heilige Katharina von Ricci, auch aus Italien, aber aus dem sechzehnten Jahrhundert. Die Zeugenaussage scheint ziemlich vertrauenswürdig, denn sie stammt von einer Nonne, die „sehr verwirrt" war durch das, was ihrer Mitschwester passierte. Diese Nonne bat Gott, er möge ihr ein Zeichen geben, damit sie aus ihren Zweifeln erlöst würde. Eines Tages fiel Katharina in der Kapelle in Ekstase. Die Mitschwester erbat sich Segen für sich und viele andere Personen und bekam ihn. Die heilige Katharina gab ihr auch verschiedene Ratschläge, aber ohne aus ihrer Ekstase herauszukommen. Dann nahm die heilige Katharina ihren Kopf und drückte ihn an ihre Seite und fragte: „Wer, glaubst du, bin ich, Schwester Katharina oder Jesus?" Und die Nonne antwortete: „Jesus." Dies wiederholte sich dreimal. Wir besitzen eine schriftliche Aussage dieser Nonne, die dazu erklärt: „Sie tat dreimal so. Sie fragte mich, und ich antwortete so, weil ich ihr Gesicht als das Gesicht Jesu sah, und so schön, daß ich es nie in meiner Sprache werde beschreiben können: und ich sagte, es wäre nicht das Gesicht Schwester Katharinas, sondern das Gesicht Jesu." [36]

Man könnte leicht zu der Meinung kommen, hier ginge es nur um Augenblicke der Halluzination, die aus einem genauen Zusammenhang erklärbar wären. Aber wir verfügen über einige andere Beispiele, die sich in einem ganz anderen Zusammenhang ereignet haben. In einem Fall geht es sogar um das Gesicht einer Besessenen, das innerhalb weniger Sekunden und für sechs oder sieben Minuten vor dem exorzisierenden Priester und in Gegenwart ihrer Familie sich ganz wandelte.[37]

Wenn Christus sein Herz gibt

Anführen möchte ich auch Beispiele aus einer Gattung, die dem heutigen Empfinden nicht mehr entspricht, aber auch das Mysterium unserer Identität mit Christus auszudrücken vermag. Ich meine damit die Berichte

---

[35] *Vie de Sainte Catherine de Sienne par le B. Raymond de Capoue* (Poussielgue, 1877).

[36] Guglielmo M. di Agresti: *Sainte Catherine de Ricci* (Privat, 1971).

[37] Abbé Schindelholz: *Exorcisme, un prêtre parle* (Favre, Lausanne 1983).

vom Austausch der Herzen zwischen den Mystikern und Christus. Es gibt viele mögliche Spielarten, wie bei den Wundmalen. Gewöhnlich bittet Christus den Mystiker oder häufiger die Mystikerin, in einer Vision, er/sie möge ihm sein/ihr Herz für einen Augenblick schenken. Manchmal begnügt er sich dann damit, das Herz der Mystikerin in sein Herz einzutauchen, damit es in Liebe entflammt. Andere Male gibt er ihr sein eigenes Herz im Austausch. Gewöhnlich, wenn ich so sagen darf, geht es dabei nur um eine Vision, die reich an Symbolik ist, aber ohne daß die Dinge weiter zu gehen scheinen. Aber in einigen Fällen gibt es physische Erscheinungen, die anscheinend beweisen, daß der Austausch konkret, real und physisch stattgefunden hat. So z. B. wenn Christus, nachdem er der heiligen Marguerite Marie Alacoque ihr eigenes Herz wiedergegeben hatte, in der Vision die Worte sagte: „Und damit du weißt, daß die große Gnade, die ich dir eben erwiesen habe, keine Einbildung ist, und daß sie die Grundlage aller Gnaden ist, die ich dir noch erweisen werde, wird, obwohl ich die Wunde an deiner Seite zugemacht habe, der Schmerz immer bleiben." Und in der Tat blieb dieser Schmerz bestehen.[38]

Ich muß aufrichtig bekennen, ich glaube nicht, daß Christus die Brust der Marguerite Marie wirklich geöffnet hat. Was ich aber glaube – und es ist sehr wichtig – ist, daß Christus sie wirklich von etwas überzeugen wollte und uns mit ihr.

Im Leben der heiligen Katharina von Siena passierte eine ähnliche Geschichte, die noch berühmter ist. Es geht diesmal um einen vollständigen Austausch, aber er geschieht in zwei Phasen. In der ersten Vision öffnet Christus ihre Seite und nimmt ihr das Herz heraus. In einer zweiten Vision sieht sie erneut Christus und hört ihn sagen: „Meine geliebte Tochter, ich habe dir vor einigen Tagen das Herz herausgenommen, heute gebe ich dir meines, und es soll in dir ab jetzt schlagen." Und der Bericht ihres Beichtvaters geht weiter: „Nach diesen Worten schloß er ihr die Brust zu; aber als Zeichen des Wunders hinterließ er eine Narbe, die ihre Gefährtinnen mir gegenüber häufig gesehen zu haben bekundeten."[39]

Solche Berichte sind im Leben der Heiligen ziemlich häufig. Ich glaube, daß durch diese symbolische Sprache eine Botschaft spricht und diese Botschaft wirklich von Gott kommt. Wir alle sind der Leib Christi, genauso wie diese großen Mystiker. Nur einige wenige bekamen die Zeichen dieser tiefen Identität, aber sie bleibt wahr für jeden von uns. Übrigens haben es die Mystiker selbst auch so aufgefaßt. Davon jetzt einige Beispiele.

---

[38] *Sainte Marguerite-Marie, oeuvres choisies* (éditions Marcel Daubin, 1947).
[39] *Vie de Sainte Catherine de Sienne par le B. Raymond de Capoue* (s. o.).

Pater Peyriguère

Pater Peyriguère war ein Schüler des Paters Charles de Foucauld. Er lebte lange in El Kbab in Marokko unter sehr armen Berbern. Er war aber nicht nur ein Apostel, sondern auch ein Gelehrter, der die Kontemplation übte. Sein Leben lang verarbeitete er weiter die Intuition des Paters de Foucauld, um alle theologischen Folgen daraus zu ziehen. Gleichzeitig pflegte er voller Liebe auf der Krankenstation, die er gegründet hatte, alle, die zu ihm kamen, und besonders die Kinder. Diese Kinder waren selbstverständlich nicht getauft. Aber er glaubte so sehr an die Gegenwart Christi in ihnen, daß er überhaupt nicht das Gefühl hatte, seine Kontemplation zu unterbrechen, wenn er sie pflegte. Hier einige Zeilen aus seiner Korrespondenz, aus der das wunderbar spricht: „Was mich betrifft, kann ich Ihnen anvertrauen, daß ich nie so sehr in der Kontemplation bin wie mitten im Trubel meiner Krankenstation. „Ich war krank, und ihr habt mich gepflegt" (Anspielung auf Matthäus, 25, 31–46), dann ist das leidende Fleisch dieser Kranken das Fleisch Christi, das ich die unfaßbare Ehre und das unfaßbare Glück habe, berühren zu können. Das nenne ich Realpräsenz erfahren."[40]

In einem anderen Brief kommt er wieder darauf zurück, praktisch mit den gleichen Worten. Es geht nochmals um die kleinen Berber. „Alles ist sehr schön. Sehr schön, will ich sagen, zu sehen, wie in diesen kleinen Körpern Christus friert und sich in diesen kleinen Körpern Christus erwärmt."[41]

---

[40] Père Peyriguère: *Laissez-vous saisir par le Christ* (Le Centurion, 1963). Der Ausdruck „Realpräsenz" spielt auf die „reale Gegenwart" des Leibes Christi im konsekrierten Brot und Wein.

[41] In einem Brief, Zitat von P. Michel Lafon in *Le Père Peyriguère* (Le Seuil, 1963).

Kapitel 7

Das Reich Gottes ist euch innerlich

Neue Horizonte

Wir sind nicht nur ineinander enthalten, Christus ist nicht nur im Mittelpunkt von uns allen. Wir sind auch dynamisch miteinander verbunden, und vor allem mit Christus. Pater Peyriguère z.B. erklärt so in einem seiner Briefe sein Vorgehen beim Schreiben eines theologischen Werkes: „Meine missionarspirituelle Arbeit schreitet voran, aber nur langsam. Es öffnen sich für mich neue Horizonte: jedes Wort will genau abgewogen werden, aber es wirkt sehr begeisternd. Im Grunde ist mein Thema ja Christus und seine Beziehung zu den Nichtchristen sowie die Beziehung der Nichtchristen zu Christus. Ich möchte aufzeigen, wie sie durch die Inkarnation zu Brüdern Christi dem Fleische nach geworden sind und wie diese leibliche Verwandtschaft mit Christus nicht nur rein statisch ist, sondern in ihnen als wirkliche Dynamik wirkt, die eine spirituelle Verwandtschaft schafft."[1]

Ich möchte darauf hinweisen, daß, hätte die westliche Kirche der Lehre Christi nicht in vieler Hinsicht die Würze entzogen, diese „neuen Horizonte" für Pater Peyriguère nicht mehr so neu gewesen wären. Indessen muß auch angemerkt werden, daß er sich in diesem für die Öffentlichkeit bestimmten Werk vorsichtiger ausdrückt als in seinen Briefen. Hier wagt er nur das Wort von „leiblicher Verwandtschaft". Wenn er sich nicht zum „Abwägen jedes Wortes" gezwungen fühlte, ging er viel weiter. Was er wirklich dachte, befindet sich zweifellos in seinen Briefen.

Mein Interesse gilt aber hier vor allem der Vorstellung, die Gegenwart Christi in uns sei „nicht nur rein statisch, sondern wirke in uns wie eine wirkliche Dynamik." Er greift an anderer Stelle diesen Gedanken noch einmal auf:

„Niemals sind wir so sehr Christus, als wenn wir uns ihm überlassen, uns von ihm einnehmen lassen... Daß Sie dies wissen und leben, wünsche ich Ihnen."[2]

---

[1] Père Peyriguère, s.o.
[2] Ibid.

Weil diese Gegenwart Christi auf natürliche Weise in uns dynamisch wird, können die Wundmale seines gekreuzigten Leibs auf unserem Leib erscheinen, wenn wir uns von ihm einnehmen lassen. Die Wundmale der Stigmatisierten sind keine Nachahmungen der Wundmale Christi. Sie sind die Wundmale Christi selbst, die aus dem tiefen Unbewußten des mit Christus vereinten Mystikers bis zur Oberfläche seines Leibes dringen. Natürlich ist dabei unerheblich, ob im einzelnen die Form oder Stellung der Male ganz übereinstimmen oder nicht. Das Wesentliche bleibt ja. Die Passion Christi prägt sich in die Psyche des Mystikers ein und wirkt schließlich psychosomatisch auf den Körper ein. Also läßt schließlich doch die Passion Christi selbst diese Wundmale entstehen.

Zugleich aber ist diese Erscheinung ein Zeichen Gottes, das mehr der Allgemeinheit als dem Mystiker selbst gilt, und das ist der Grund, warum das Zeichen auch märchenhaftes Beiwerk enthalten kann. Zum Beispiel können Blumen aus den Wundmalen sprießen. In mehreren Fällen haben wir darüber reichliche Belege: Yvonne-Aimée de Malestroit, deren Fall von Pater Laurentin[3] untersucht wurde, Symphorose Chopin, die Joachim Boufflet persönlich bekannt war und um die er sich mehrere Jahre kümmerte. Hélène Renard kannte einen anderen Fall in Venezuela. Sie brachte das Blatt einer solchen Blume zur Analyse nach Frankreich, selbstverständlich ohne seine Herkunft zu verraten. Es wurde ihr bestätigt, es handle sich um eine echte natürliche Blume.

Pierre Jovanovic berichtet von einer anderen Variante des Phänomens bei einer Mystikerin, der er in Montreal persönlich begegnete. Georgette Faniel trägt zusätzlich zu den gewöhnlichen Wundmalen (sofern man sich so ausdrücken darf!) auf der rechten Seite ein Mal: die Zahl zwei, die sehr gut gezeichnet ist und aus sieben kleinen roten Punkten besteht. Sie bekam dieses Mal während einer Vision, in der Christus ihr den Sinn dieses Males erklärte: „Es ist meine Unterschrift, die ich in dein Fleisch eingraviert habe: Zwei in einem Fleisch." Doktor Mishriki, der Georgette sorgfältig untersucht hat, erläutert, die Hautverletzung bilde „eine leuchtende 2, deren sieben Punkte von innen beleuchtet scheinen, wie wenn man ihr Dioden unter die Haut eingepflanzt hätte."[4] Ich möchte hier nur Christi eigene Erläuterung betonen: „Zwei in einem Fleisch".

---

[3] René Laurentin u. Dr. Mahéo: *Yvonne-Aimée de Malestroit, les stigmates* (L'OEIL, 1988).
[4] Pierre Jovanovic: *Enquête sur l'existence des anges gardiens* (Filipacchi, 1993).

Die Quelle des Leids

Unser Hologramm ist dynamisch

Jetzt nähern wir uns dem Kern des Mysteriums. Dem Schema des Hologramms zufolge ist das Bewußtsein eines jeden von uns das Spiegelbild der ganzen Menschheit und sogar des ganzen Universums. Aber, wie gesagt, dieses Mysterium führt weiter als das Hologrammbild. Die Beziehung zwischen einem jeden von uns und dem Universum ist nicht statisch, sondern dynamisch. Es geht um eine echte Wechselbeziehung zwischen Ihnen und dem Universum. Alles, was sich in Ihnen ereignet, Ihre Gedanken, Begierden, Ängste, Haßgefühle, Groll, Liebesdrang, das alles wirkt sich auf mich aus, auf alle anderen, auf das ganze Universum, ohne Zeit- oder Raumgrenze. Und auch alles, was in mir geschieht, meine Schwächen, mein Verrat, meine Eifersucht, meine Kleinlichkeit und mein Zorn, das alles lastet auf Ihnen und auf dem ganzen Universum; aber es ist auch so, daß meine Liebesbemühungen Ihnen auf geheimnisvolle Weise helfen.

Diese wechselseitige Beziehung wird weder im Raum noch in der Zeit begrenzt. Sie betrifft nicht nur das Bewußtsein aller Menschen, sondern auch das Bewußtsein auf allen Ebenen, bei Tieren, Pflanzen, vielleicht Mineralien, Elementarkorpuskeln, jeweils nach dem Entwicklungsgrad natürlich. Schließlich betrifft sie alles in der Welt Existierende bis zu den fernsten Galaxien. Und wenn alles physisch, wirklich im fleischgewordenen Christus erschaffen ist, wirkt sie sich auch auf alles aus, was seit dem Weltanfang war und bis zum Weltende sein wird.

Sie sollten an alle Scheußlichkeiten dieser Welt denken: Ein weibliches Baby wurde lebendig ohne Augen auf einer Müllhalde irgendwo in Lateinamerika aufgefunden, weil die Eltern die Augen an Zwischenhändler verkauft hatten, die sie für Kunden aus reicheren Ländern brauchten. Denken Sie an all die Grausamkeiten der letzten Kriege in Europa, wo man sich für zivilisiert hält, an all die Alpträume, die sich aus einem theoretischen Gerechtigkeitsideal ergaben, an all den Haß, der heute in Afrika wütet, an all die mörderische Dummheit, die hinter sogenannten religiösen Überzeugungen steckt usw. All diese Kräfte des Hasses vernetzen sich auch hinein.

Und es geht nicht nur um Nachbarschaftsfehden, um Familienquerelen. Nein! Es geht um einen echten Vernichtungswillen, um Ausrottung des Andersrassigen, Anderssprechenden, Andersglaubenden, des politisch anders Denkenden. Denken Sie an die Religionskriege, die Europa so lange heimgesucht haben und für die es auch in Indien und in islamischen Ländern Entsprechungen gibt. Die legendäre Toleranz des Hinduismus existiert nicht wirklich. Die Shivapriester schreckten nicht davor zurück, Vishnutempel zu zerstören, wenn sie es konnten, und den Klerus „fromm" niederzumachen, oder umgekehrt. Immer, um Gott zu gefallen, wie in jedem Religionskrieg. Die Eroberungskriege islamischer Mächte in Indien waren genauso unbarmherzig, und noch heute ist offensichtlich, wie weit der Fanatismus im Namen des Islams führen kann. Gott, oder Allah, wie Sie wollen, kann dafür selbstverständlich nichts. Aber immer der gleiche Stolz bringt immer den gleichen mörderischen Haß.

Denken sie an die unersättliche Gier einiger Reichen, die immer bereit sind, alles zu kaufen oder zu verkaufen, wenn es nur Gewinn bringt. Denken Sie an die Genußsucht, an den Machthunger usw.

Dann verstehen Sie, daß, wenn meine Hypothese stimmt und das alles durch Raum und Zeit seit dem ersten Augenblick aufeinander einwirkt, das schöpferische Tun Gottes vom ersten Augenblick an gehemmt wurde.

Die Geschichte von der „Urschuld" war keine dumme Mythe

Ich glaube, das ist die tiefere Bedeutung der Geschichte von der „Erbsünde". Die biblische Sündenfallerzählung im Buch Genesis ist symbolisch. „Adam" ist ursprünglich kein Eigenname. Das Wort bedeutet nur „Mensch" im allgemeinen. Es erlaubt auch eine ganze Reihe von Wortspielen, die sehr sinnreich sind, aber in keine unserer modernen Sprachen direkt übersetzt werden können. Man braucht eine Menge erklärender Fußnoten. Der unmittelbar folgende Text zeigt sehr genau, daß es kein historischer Bericht ist. Nach der Sündenfallerzählung folgt die Erzählung des Mordes an Abel durch Kain. Jahwe verflucht Kain dann und verurteilt ihn dazu, auf Erden umherzuirren. Kain jammert und ruft aus: „Aber dann wird mich erschlagen, der mich findet" (Gen. 4,14)! Würde man hier den Text wörtlich auffassen, so dürfte man aber annehmen, die Erde sei damals noch nicht so reich bevölkert gewesen. Es gab erst Adam, Eva und ihre zwei Söhne. Der Text setzt voraus, daß die Erde schon bevölkert ist.

Im übrigen steht nirgendwo im Evangelium, daß der jetzige Zustand der Menschheit sich aus dieser Urschuld Adams ergäbe, wie schon der große deutsche Theologe Karl Rahner anmerkte.[5]

Die griechischen Väter hatten schon vor langer Zeit gemerkt, daß der großartige Text, der im Evangelium eine Parallele zum Genesistext bildet, das Gleichnis des verlorenen Sohnes ist –, das sie gern und aus guten

---

[5] K. Rahner u. H. Vorgrimler: Kleines Wörterbuch der katholischen Theologie.

Gründen lieber „Gleichnis des Barmherzigen Vaters" nennen (Luk.15, 11–32). Was sie besonders beeindruckt hatte, war die Tatsache, daß man diese Erzählung genauso gut auf die gesamte Menschheit als auch auf jeden von uns oder sogar auf jede unserer Sünden anwenden kann.

Das tat auch der heilige Athanasius, der im vierten Jahrhundert Bischof von Alexandrien war. Pater Régis Bernard, der seine Schriften besonders untersucht hat, merkte es, und es gefiel ihm gar nicht: „Die Sünde – Athanasius betrachtet sie mehr in ihrem Wesen als in ihrer Geschichte… Es geht um die Menschheit, oder um die Menschen, oder um den Menschen, oder um die Seele, bald in der Vergangenheit, bald in der Gegenwart. Adam tritt auf, aber mehr als Typus und nicht als erster einer Reihe."[6]

Alles ist in Christus erschaffen, absolut alles, bis zu den fernsten Galaxien, das ist es wohl, was der heilige Paulus behauptet. Im übrigen entzieht sich der Leib Christi den Grenzen der Zeit und des Raumes. Unsere Vereinigung mit diesem Leib oder eher unser Einschluß in ihm, oder noch besser, unsere Gleichsetzung mit Seinem Leib entzieht sich auch allen Begrenzungen. Wenn das alles stimmt, ergibt sich zwingend daraus, daß das menschliche Bewußtsein auf die Schöpfung von Anfang an entscheidend einwirkt.

Was ich bis hierher geschildert habe, ergibt sich aus der christlichen Sicht der Welt, vorausgesetzt, diese wird nicht ausgehöhlt, um mit der Sicht der Wissenschaftler vergangener Jahrhunderte harmonisiert zu werden. So haben es auch die Mystiker gesehen, wie wir immer besser werden feststellen können. Heute übrigens scheinen die Naturwissenschaftler auch langsam in diese Richtung zu weisen. Zum Beispiel schreibt Bernard d'Espagnat: „Also ist es zulässig, in der Gesamtheit der Bewußtseine einerseits und der Gesamtheit der Gegenstände andererseits zwei einander ergänzende Seiten der unabhängigen Wirklichkeit zu sehen. Darunter ist zu verstehen, daß weder das eine noch das andere *an sich* existiert, sondern sie nur durch das jeweils andere existieren, in etwa so, wie die Bilder aus zwei gegenüberstehenden Spiegeln. Die Atome wirken an der Entstehung meines Blickes mit, aber mein Blick wirkt auch an der Entstehung der Atome mit, d.h., er holt die Korpuskeln aus dem Potentiellen ins Aktuelle, aus einer Wirklichkeit, die ein unteilbares All ist, in eine in Raum – Zeit ausgedehnte Wirklichkeit."[7] Wenn unser Blick, unser Bewußtsein die Welt aus dem ursprünglichen unteilbaren All hervorholt, dann ist verständlich, daß

---

[6] Père Régis Bernard: *L'image de Dieu d'après saint Athanase* (Aubier 1952).
[7] Bernard d'Espagnat: *A la recherche du réel, le regard d'un physicien* (Gauthier-Villars, 1979).

die Qualität dieses Blickes einen entscheidenden Einfluß auf das zum Vorschein Kommende hat. Kommen wir zur Ursünde zurück. Es fällt schwer, anzunehmen, das Schicksal der ganzen Menschheit hinge von einem einzigen Menschen ab. In der Theologie, die uns seit Jahrhunderten beigebracht wurde, wurde einer besonderen Sünde, nicht wegen ihrer Schwere, sondern wegen ihres zeitlich frühen Zeitpunktes ein außergewöhnliches Gewicht beigemessen. Das war unbestreitbar ein Hindernis für alle, die intensiver darüber nachdachten. Sie spürten, daß dort am Buchstaben eines mythologischen Berichts festgehalten wurde.

Bei der weiter oben beschriebenen Interpretation ist die Welt das Ergebnis aus dem Spiel zweier Kräfte: einerseits der Schöpferkraft Gottes, andererseits der Energien aller geschaffenen Bewußtseine vom Anfang der Zeiten bis zum „Weltende". Das Aufeinandertreffen beider Kräfte läßt die Welt, in der wir leben, entstehen, auch die Struktur der Zeit und des Raumes, auch die Struktur der Materie, wie sie auch beschaffen sein mag – denn wir kennen sie noch nicht.

Mir scheint, daß die Quelle allen Leids, vom körperlichen Schmerz bis zu der Notwendigkeit des Überlebenskampfes und bis zum Tod auf dieser Ebene zu suchen ist.

Wahrscheinlich ist auch dort die Bedeutung der berühmten Schurze aus Fell zu suchen, mit denen Gott Adam und Eva nach ihrer Vertreibung aus dem Paradies bekleidet (Gen. 3,21). Hierin folge ich der Interpretation des heiligen Gregor von Nyssa im vierten Jahrhundert: Das Paradies auf Erden hat nie wirklich existiert. Es soll nur eine Darstellung der besseren Welt sein, die der Mensch sofort nach seiner Erschaffung hätte erreichen können, wenn wir alle durch vergangene und künftige Zeiten besser zu lieben vermocht hätten. Die Fellröcke symbolisieren unseren Eintritt in das Leibliche, in den Raum, in die Zeit, in die Struktur der Welt, in der wir leben.

In dieser Struktur ist es uns immer zu heiß, zu kalt, sind wir zu hungrig, zu verletzt, zu einsam. In dieser Struktur können wir scheinbar nur überleben, indem wir einander fressen. Wir können bei wunderschönen Dokumentarfilmen (oft spät abends) im Fernsehen die Schönheit der Welt entdecken, aber gleichzeitig wird dort deutlich, was für Gemetzel anscheinend notwendig sind, damit das Leben auf diesem Planeten weitergeht. Man wird mir entgegenhalten, daß es genauso schon vor Millionen von Jahren ablief, bevor die ersten Menschen ihre ersten Sünden haben begehen können. Aber hier zählt die Zeit ja nicht. Es freut mich festzustellen, daß ein Wissenschaftler wie Rémy Chauvin, der sein Leben lang das Verhalten der Tiere untersucht hat, für das Leid der Tiere sehr empfindsam ist und so erkennt, daß das Leid der Tiere ein theologisches Problem ist, das man nicht übersehen darf. Es freut mich ebenso zu lesen, daß er in einem seiner letzten Bücher auch dahin kommt zu meinen, vielleicht hätte unsere Schuld jedes Leid vom Anfang der Welt an verursacht. Am wahrscheinlichsten ist, daß die Welt, so wie sie ist, ohne unsere Sünden nicht einmal existieren würde. Wir wären schon auf der nächsten Stufe, auf der Stufe, die anscheinend schon viele als das Leben nach dem Tod erahnen: eine Welt ohne Dunkelheit, ohne Leid, ohne Haß.

Das hat Virgil Gheorgiu, der orthodoxer Priester und Dichter ist, wunderbar ausgedrückt. Er erzählt, was sein Vater, Pfarrer eines armen rumänischen Dorfes, ihm erklärt hatte, als er noch ein kleines Kind war. In diesem Zusammenhang wendet sich die Rede besonders an die Christen, die sich dessen noch bewußter sein müßten als andere. Aber, es sei bedacht, daß die Überlegung sich immer wieder auf alle Menschen bezieht: „In Wahrheit fängt das Leben jedes Christen, selbst des unwürdigsten, nicht erst am Tag seiner Geburt an, sondern bei der Erschaffung der Welt... Die Weltgeschichte ist ein untrennbarer Teil des persönlichen Lebens eines jeden Individuums, eines jeden Christen. Das Leben eines Menschen kann nicht auf einem einzigen Raum und eine einzige Zeit beschränkt werden. Um die Biographie eines Menschen zu schreiben, muß man zuerst die trennenden Begriffe von Raum und Zeit aufheben. Jeder Christ ist Zeitgenosse des ersten Menschen sowie aller Menschen aus allen Zeiten und allen bewohnten Gebieten. Kein Christ ist allein auf der Welt. Kein Christ lebte, lebt oder wird jemals allein, in einer einzigen Zeit und an einem einzigen Ort leben. Ein Christ lebt zu allen gegenwärtigen und zukünftigen Zeiten gleichzeitig, überall, wo es Menschen gibt. Die Geschichte eines jeden Christen ist die ganze Geschichte der Welt mit den sieben Tagen der Schöpfung und mit dem achten Tag, dem Tag der neuen Schöpfung, die durch die Auferstehung verwirklicht wurde."[8]

Wie wir sahen, erstreckt sich die Vision auf alle Menschen und bezieht selbst die ganze Schöpfung mit ein, schließt sie doch die (symbolischen) sieben Tage der Schöpfung ein.

Unsere Häuser im Jenseits bauen

Ich möchte noch hinzufügen, daß das Zusammenspiel der schöpferischen Energie Gottes mit den Energien aus den Bewußtseinen sich wahrschein-

---

[8] Virgil Gheorghiu, s.o.

lich auch auf den verschiedenen Ebenen des Jenseits auswirkt.[9] Das wurde durch zahlreiche Botschaften aus dem Jenseits in etwa bestätigt. Lachen Sie nicht! Es geht um etwas sehr Ernstes. Ich weiß zwar, daß unter diesen Botschaften alles mögliche an Unsinn kursiert. Niemand weiß das besser als ich. Seit der Zeit, als ich mich für diese Phänomene zu interessieren begann, hat man mir so viele in allen Sprachen gezeigt! Ich weiß, daß sie grundsätzlich manchmal aus dem Unterbewußtsein des „Empfängers" kommen können. Ich weiß, daß es noch viele mögliche Hypothesen gibt.[10] Aus vielen Gründen glaube ich trotzdem, daß einige wirklich aus dem Jenseits und von unseren „lieben Verstorbenen" stammen. Das aber reicht unglücklicherweise nicht aus, alle damit verbundenen Fragen zu lösen. Darüber hinaus muß noch versucht werden, den Absender der Botschaft einer bestimmten Ebene des Jenseits zuzuordnen. Das ist die große Frage bei allen Autoren, die ich bereits erwähnte, von Madame Blavatsky angefangen bis zum berühmten „Cerchio Firenze 77".

Jetzt möchte ich aber gerade auf andere Botschaften hinweisen. Ich hatte sie im 4. Kapitel nicht erwähnt, zunächst einmal, weil sie unglücklicherweise sehr viel weniger bekannt sind, und zweitens, weil sie in meinen Augen von ganz anderer Art sind. Einige sind ganz wunderbar. Ich bin vielleicht der erste, der Sie darauf aufmerksam macht. Indes müßten alle Priester zumindest die Existenz dieser Botschaften kennen. Ich erbitte nicht die offizielle Anerkennung ihrer Echtheit durch die Kirche. Ich glaube, das ist nicht Sache der Kirche. Und im übrigen gilt in der Kirche offiziell noch die Theologie des heiligen Thomas von Aquin, während Meister Eckhart noch gar nicht rehabilitiert ist!

Wenn ich über verschiedene Ebenen des Jenseits und über das ununterbrochene Zusammenspiel der Schöpferkraft Gottes mit der Kraft aus unseren Herzen spreche, stütze ich mich auf das Zeugnis einiger großer Autoren wie Pierre Monnier, Roland de Jouvenel, Paqui, Miss Mortley und Gita Mallasz.[11] An dieser Stelle ist noch einiges von Arnaud Gourvennec zu erwähnen, was hoffnungsvoll stimmt, aber erst beurteilt werden kann, wenn die Botschaften des Autors zum Abschluß gekommen sein werden.[12]

––––––––

[9] In diesem Punkte kann ich mich nicht den Vorstellungen anschließen, die von Vahé Zartarian u. Martine Castello vertreten werden, indem sie im Jenseits keine anderen Welten als die unsere für denkbar halten (s. o.).

[10] Über apparatvermittelte Botschaften s. François Brune u. Rémy Chauvin: *En direct de l'au-delà* (Robert Laffont, 1993).

[11] Gita Mallasz: *Dialogues avec l'ange* (Aubier).

[12] Arnaud Gourvennec: *Vers le soleil de Dieu* (F. Lanore, F. Sornot, 1992–94).

Nun wird in allen diesen Texten erklärt, im Jenseits gäbe es einen Reifeprozeß, und bei jedem Reifegrad würde der Leib sowie das gesamte Umfeld sich noch wandeln. Es fände eine Art allmählicher Verklärung, Spiritualisierung der noch materiellen Schwingung statt. Dann käme eine Zeit, in der unser Leib im Jenseits gestaltlos würde. Roland de Jouvenel erreichte dieses Stadium nach einigen Jahren. Er sagt übrigens nicht, er habe keinen Leib mehr, sondern nur, sein Leib sei gestaltlos, so wie alles in seinem Umfeld. Pierre Monnier war, als seine letzten Botschaften durchkamen, noch nicht so weit. Aber seine Lehrer aus dem Jenseits, die weiter fortgeschritten sind, hatten ihn über diese Entwicklung informiert. Diese Verklärung „von Herrlichkeit zu Herrlichkeit", wie der heilige Paulus sagen würde, geschieht in dem gleichen Maße, wie der spirituelle Reifeprozeß voranschreitet. Das einzige Hindernis, das der Schöpferkraft Gottes entgegensteht und die jenseitige Welt weniger schön macht, ist die geringe spirituelle Stufe, auf der die Seelen stehen.

Das versteht man besser im Lichte all der Botschaften aus dem Jenseits. Unsere Gedanken sind Energie und sogar lebendige Energie. Pierre Monnier – er war ein junger französischer Offizier und fiel an der Front im ersten Weltkrieg – erklärte unsere kosmische Verantwortung wie folgt:

„Satan kann keine Person sein, sondern nur eine Emanation des Bösen mit persönlichem Bewußtsein. Er ist nur ein Zentrum der Auflösung, der Zerstörung. Deshalb sagen die Leute oft, er würde als Persönlichkeit existieren; er kann sogar eine Art Gestalt haben. Mehrere böse Geister können den Menschen gegenüber diese Gestalt annehmen. Er ist eine menschliche Emanation. Das sind Ausdünstungen des menschlichen Geistes, die zusammenfallen, um diese Kraft zu erzeugen. Die Menschen erschaffen ihn, er hat kein konkretes Leben. Nur Gott lebt und kann erschaffen."[13]

An anderer Stelle hatte er bereits ausgeführt: „Satan ist eine spirituelle Wesenheit von hoher Macht, die aus jeder menschlicher Schwäche lebt: Die Überbleibsel der Fehler bilden seine Nahrung, die Sünde ernährt ihn."[14] Und Roland de Jouvenel betont: „Indem ein Teil der Menschheit die Lebensfreude verliert, erschafft er unbemerkt in der kosmischen Struktur des Universums einen feindlichen Ansatz, der ihr Schicksal besiegeln kann. Der Keim einer Gesamtkatastrophe ist bereits in den Unwägbarkeiten eines Super - Universums gesät, in dem alles durch Projektion entsteht... Der Mensch ist nicht nur für sein Schicksal verantwortlich, sondern

---

[13] Jean Prieur: *Les témoins de l'invisible* (Livre de poche, 1972).
[14] *Lettres de Pierre*, s. o.

auf höherer Ebene für das Schicksal des Universums… Jeder Bewußt-seinszustand mündet in ein Jenseits, in dem alles eins ist… Als der Mensch sich von Gott trennte, geriet er in ein Räderwerk des kollektiven Selbst-mordes."[15] Es handelt sich dabei wohl um einen Ausfluß des menschlichen Geistes, der das Schicksal des ganzen Universums bestimmt.

Die Quelle des Bösen

Ich glaube, daß Mängel in unserer spirituellen Haltung die Schöpferkraft Gottes teilweise behindern und die Entstehung einer besseren Welt um uns herum vereiteln. Der Quell allen Leids liegt also letzten Endes in uns selbst. Wir sind für unser Unglück verantwortlich. Hier begegnen wir wie-der dem Karma. Aber es ist ein Gemeinschaftskarma, wie es uns das Hologramm verdeutlicht.

Dann aber geht die Frage weiter. Was ist es, das in uns ein Hemmnis für die Kraft Gottes schafft ? Wenn Gott bereit ist, uns glücklicher zu machen, wir wären auch dafür! Auch wir suchen nur unser Glück, unser Glück und das aller anderen. So böse sind wir ja nicht.

Stammt das Böse aus Irrtümern?

„Niemand will Böses tun", sagte Platon, der alte griechische Philosoph, der für uns alle weiter durch die Jahrhunderte hindurch ein verehrter Meister bleibt. Und es stimmt, daß wir irren oder getäuscht werden können. Schon in der symbolischen Sündenfallerzählung Adams und Evas steht fest, daß sie von der Schlange getäuscht wurden. Manchmal denken wir auch, wir würden jemand durch dieses oder jenes eine Freude machen, aber dann… die große Enttäuschung! Der andere reagiert anders. Wir denken, wir wür-den durch unsere Zielsetzung das Glück erreichen, und dann… die große Enttäuschung! Wir erreichen zwar das Ziel, aber es bringt uns keinesfalls das erhoffte Glück, manchmal bringt es sogar nur Bitterkeit.

Das Böse verkleidet sich oft als Gutes, sagen die Philosophen. Wir woll-ten und erstrebten nur das Gute. Erst nach vollendeter Tat entdecken wir das Böse an ihr, wie den Wurm in der Frucht. Aber dann ist es keine Schuld, es ist ein Irrtum!

---

[15] Marcelle de Jouvenel, t. V *La seconde vie* (F. Sorlot, F. Lanore, 1992). Andere Zitate in *Les morts nous parlent.*

Sind es denn wirklich unsere Irrtümer, die Gott daran hindern, eine bessere Welt zu schaffen? Es wäre doch zu ungerecht!

Ein Zeuge berichtet aus dem Jenseits

Genauso reagierte der junge George Ritchie, als er eine jener seltsamen Nahtod-Erfahrungen machte und Christus im Jenseits begegnete. Während eines zu intensiven Trainings bekam der junge amerikanische Soldat Fieber, spuckte Blut und verließ eines Nachts seinen Körper. Diese Nahtod-Erfahrungen, wir erwähnten es schon, werden seit über zwanzig Jahren sehr ernsthaft untersucht. Ein internationaler Verband bündelt die Forschungsarbeit, die überall auf der Welt auf diesem Gebiet geleistet wird. Es gibt Zeitschriften, Kongresse. Und bei einem solchen Kongreß in Charlottesville in den Vereinigten Staaten hatte ich das Glück, mich ein wenig mit George Ritchie unterhalten zu können. Ich glaube, in seinem Fall war das am Ende des Tunnels angetroffene Lichtwesen wirklich Christus.[16]

Ein außerordentlicher telepathischer Dialog setzte ein, ein direkter Austausch auf der seelischen Ebene: „Was hast du aus deinem Leben gemacht?" fragte ihn das Lichtwesen, das er später als Christus erkannte. George sah sein ganzes Leben wie einen Film vorbeigehen: „Jedes Detail aus zwanzig Lebensjahren mußte überprüft werden. Das Gute, das Böse, die starken Seiten, die Ausflüchte. Bei dieser alles einschließenden Schau stellte sich zu jedem einzelnen Bild eine unausgesprochene Frage, die aus dem lebendigen Licht neben mir zu kommen schien: „Was hast du aus deinem Leben gemacht?"

Da fühlte er, daß nichts in seinem Leben dem entsprach, was das Lichtwesen von ihm erwartet hatte. Es stieg eine Art Entrüstung in ihm hoch, das Gefühl, in der Falle gesessen zu haben: „Jemand hätte es mir sagen müssen!"[17]

Ich glaube tatsächlich, daß viele Menschen auf ihrem Sterbebett plötzlich verstehen, daß ihr Leben nur eine Jagd nach Illusionen gewesen ist. Es fällt ihnen wie Schuppen von den Augen, und sie entdecken voller Entsetzen, wie leer und unnütz ihr Leben war. Jedoch hätten sie auf jemanden, der ihnen, aus dem Totenreich kommend, eine Mahnung übermittelt

---

[16] S. in *Les morts nous parlent* über andere ähnliche Fälle sowie über die Jenseitsbotschaften von Pierre Monnier.

[17] George Ritchie: *Rückkehr von morgen* (Marburg/Lahn, Francke 1990).

hätte, sicher nicht gehört. Genau das erklärt ja Abraham dem reichen Mann im Gleichnis vom armen Lazarus: „Wenn sie auf Mose und die Propheten nicht hören, werden sie sich auch nicht überzeugen lassen, wenn einer von den Toten aufersteht" (Luk. 16, 31).

Aber wenn Gott wirklich unser Glück will, sollte er doch merken, daß Botschaften aus dem Jenseits nicht ausreichen. Dann soll er sich zeigen! Er soll uns große Zeichen am Himmel geben, erscheinen und sich auf unbestreitbare Weise kundgeben. Dann werden wir alle seine Existenz anerkennen, uns seiner Macht beugen und ihm gehorchen müssen.

Aber der christliche Gott ist ein seltsamer Gott. Er bittet uns nicht so sehr um Gehorsam. Wenn man Hunderte Milliarden Galaxien erschaffen hat, braucht man keine Milliarden gehorsamer Sklaven. Nein, die Forderung Gottes, oder besser sein Wunsch, wenn man das in menschlicher Sprache ausdrücken darf, lautet anders: Er möchte geliebt werden!

Und dann ändert sich alles: Damit er geliebt werden kann, darf er uns nicht vorschnell das Glück erahnen lassen, das er uns schenken kann, und auch nicht das Unglück, das uns widerfahren könnte, wenn wir seine Liebe unbeantwortet lassen. Ich möchte dazu ein Märchen erzählen, eine Art Gleichnis, wie sie auch im Evangelium stehen. Ich habe es aus einer alten französischen Tradition entlehnt.

Gott muß sich verstecken

Wie so oft, geht es um einen Prinzen, der in einem nirgendwo lokalisierbaren Fabelreich lebt, das im Grunde in unserem Herzen liegt, und zu einer Zeit existiert, die nicht bestimmbar ist, weil sie stets gleich und immer die unsrige ist.

Der Prinz ist der einzige und geliebte Sohn eines Königs, Erbe eines sehr mächtigen Herrschers, dessen Ländereien und Reichtümer unvorstellbar groß sind. Selbstverständlich ist der junge Prinz von sehr schöner Gestalt und verbindet mit den edelsten Eigenschaften des Herzens eine ausgezeichnete Anmut und Vornehmheit.

Es fehlte am Hofe nicht an Prinzessinnen, eine schöner und anmutiger als die andere. Aber, seltsame Laune des Schicksals, keine von ihnen hatte die Aufmerksamkeit des Prinzen fesseln können, sondern nur eine arme Magd, die in einer armseligen Hütte im Wald lebte. Wahrscheinlich hatte er sie auf einer Jagd erblickt, und seitdem ließ ihm die Liebe keine Ruhe, weder bei Tag, noch bei Nacht. Also sagte er sich: „Wie kann ich das Herz meiner Angebeteten gewinnen? Wenn ich sie in meiner schönen Goldkarosse aufsuche, begleitet von all meinen Lakaien und Pagen, um ihr meine Krone zu Füßen zu legen, dann wird sie wahrscheinlich einwilligen, mich zu heiraten. Um eine Krone zu tragen, nimmt sie meine Liebe in Kauf. Aber wird sie mich selbst wirklich lieben?"

So kam es, daß die arme Magd keinen Prinzen und keine Goldkarosse zu sehen bekam, sondern eines Tages, als sie vor der Tür kehrte, stellte sich ein Bettler ein, der so verunstaltet, so armselig, soviel ärmer und häßlicher war als sie selbst, daß sie fast erschrak und sich ekelte. Da griff sie zu ihrem Besen, um ihn zu vertreiben, und er ergriff die Flucht. Aber kurze Zeit später war er wieder da. Sie vertrieb ihn abermals. Er kam immer wieder. Da fing sie an, etwas Außerordentliches zu erahnen: er war ein Liebesbettler. Noch unglaublicher, er liebte ausgerechnet sie. Gerade sie!

Sie ahnen schon das Ende der Geschichte: Die arme Magd nahm schließlich den Antrag des Bettlers an, und da änderte sich alles auf einen Schlag. Durch ihr Jawort wurde die Magd von einem bösen Zauber befreit und fand zu ihrer fürstlichen Würde zurück. Der Bettler verwandelte sich wieder in einen Prinzen, und es wurde eine prächtige Hochzeit gefeiert.

In den mittelalterlichen Versionen wird die Geschichte noch etwas drastischer erzählt.

Meistens erscheint der Prinz nicht als Bettler, sondern als Tier, und zwar als unreines Tier, als Kröte. Aber, das versteht sich ja, wenn der Prinz einen Ring abzustreifen vergessen oder wenn etwas Spitze unter seinen Lumpen hervorgeguckt hätte, wäre alles verloren gewesen. Damit die Magd erlöst wird, darf sie den Bettler nur aus Liebe zu seiner Liebe akzeptieren. Aus keinem anderen Grund. Denn schließlich muß sie ja von sich selbst befreit werden.

Übertragen wir diese Geschichte auf unsere Beziehung zu Gott. Damit dies möglich wird, muß Gott äußerst diskret handeln. Er muß uns seine Macht verheimlichen.

Kommt das Böse aus unserer Unvollkommenheit?

So lautet ungefähr die Ansicht des heiligen Thomas von Aquin. Damit es hübscher aussieht, hätte Gott bei der Schöpfung mit Absicht das Beste mit Mißlungenem vermischt, damit es nicht zu eintönig wird und das Gelungene auf dem Hintergrund des Mißlungenen um so besser wirkt. Das Schlimmste ist, daß in seinem System dies sogar auf moralischem und spirituellem Gebiet gilt. Gott hätte Heilige geschaffen, die zum Martyrium bereit sind, und Ungeheuer, die als fähige Henker das Heldentum der

Heiligen so richtig hervorheben. Ich erfinde nichts, ich überzeichne nicht einmal!

Pater Teilhard de Chardin, den ich in anderen Punkten bewundere, schloß sich leider dieser Meinung an, indem er lediglich den Gedanken der Evolution hinzufügte. Gott hat nicht aus ästhetischen Gründen das Böse mit dem Guten vermengt, sondern er konnte nicht anders erschaffen als durch den Evolutionsprozeß. Dieser Prozeß aber ist leider ohne Mißerfolge, Sackgassen, Blindgänger nicht möglich, auch hier materiell wie spirituell. Ich habe diese Thesen an anderer Stelle kritisiert und möchte mich hier damit nicht aufhalten.[18]

Ein erster Schlüssel: der heilige Paulus

Nach und nach entdeckte ich durch mehrere Begegnungen andere Perspektiven. Zuerst verstand ich einen sehr berühmten Text des heiligen Paulus neu: das dreizehnte Kapitel des ersten Korintherbriefes. Ich zitiere nicht den ganzen Text, er ist bekannt genug. Ich möchte nur die drei ersten Verse anführen, da sie für mich ein Schlüssel zu einem besseren Verständnis des großen Mysteriums des von uns kommenden Bösen darstellen.

„Wenn ich in den Sprachen der Menschen und Engel redete, aber die Liebe nicht hätte, wäre ich tönendes Blech oder lärmendes Schlagzeug. Und wenn ich prophetisch reden könnte und alle Geheimnisse wüßte und alle Einsicht hätte; wenn ich alle Glaubenskraft besäße und Berge versetzen könnte, aber die Liebe nicht hätte, wäre ich nichts. Und wenn ich meine ganze Habe verschenkte und wenn ich meinen Leib dem Feuer übergäbe, aber die Liebe nicht hätte, nützte es mir nichts."

Sie müssen verstehen, in diesem Text geht es um unendliche, absolute, unbedingte Liebe – wie etwa um die Liebe, die so viele klinisch Tote am Ende des Tunnels durch das Lichtwesen kennenlernten. Achten Sie darauf, am Anfang eines jeden Satzes zählt der heilige Paulus die phantastischsten Gaben und Tugenden auf, die normalerweise zeigen, daß ein Mensch die Vollkommenheit erreicht hat, an denen ein Heiliger zu erkennen ist: den Glauben in höchstem Grad (so daß er Berge versetzt), die Wohltätigkeit im höchsten Grad (so daß die Habe verschenkt wird), das Heldentum eines Märtyrers (so daß der Leib den Flammen übergeben wird). Aber für den

---

[18] S. *Pour que l'homme devienne Dieu.*

heiligen Paulus reicht das nicht. Denn man kann dies alles ohne echte Liebe besitzen oder vollziehen, aus Stolz zum Beispiel oder aus Angst vor Gott oder um sich einen „guten Platz" im Paradies zu sichern. Aber ohne die Liebe ist alles andere nichts.

Dazu eine lustige Geschichte. Ich entlehne sie einer Jenseitsbotschaft, die über „automatische Schrift" übermittelt wurde. Ich erwarte nicht von Ihnen, daß Sie glauben, daß sie wirklich so passierte, denn sie spielt im Jenseits. Sie mögen sie als Gleichnis betrachten.

Nun, der Verstorbene trifft im Jenseits eine Frau wieder, die er während seines irdischen Lebens gut gekannt hatte. „Damals war sie andauernd damit beschäftigt, der Menschheit zu helfen", erklärt er. Und trotzdem war diese Frau in ihrem neuen Leben nicht allzu glücklich. Sie hatte nicht ins Paradies eingehen können, denn die Pforte war zu eng gewesen. (Sie werden vielleicht sagen, daß jemand uns schon einmal davor gewarnt hatte!)

„Die Pforte ist zu eng!" wiederholte sie. „Kommen Sie mit, Sie werden es selbst feststellen." Dann nahm sie ihn zu einem riesigen Tempel mit einer breiten Marmortreppe mit. Durch ein riesiges Tor kamen sie in ein Gebäude, und – in der Tat – ganz hinten war die berühmte Pforte zu sehen. Dort stand in goldenen Buchstaben: „Eingang zum Himmelreich". Und alles in deutscher Sprache!

„Einmal dort angekommen, nimmt die gute Frau in jede Hand einen Riesenkoffer – riesig, sage ich! – und versucht hartnäckig hineinzukommen, ohne das Gepäck auch nur einen Augenblick loszulassen. Es war natürlich unmöglich."

– „Aber wozu brauchen Sie Gepäck im Paradies?" rief ich aus. Sie schaute mich halb überrascht, halb entrüstet an: – „Aber mein Herr, das sind all meine ‚guten Werke'"![19]

Eine gewisse Art, die Vollkommenheit zu suchen, kann sehr wohl lediglich eine Suche nach sich selbst sein. Da zeigt sich der heilige Paulus unerbittlich. Er sagt nicht, ohne die Liebe verlöre alles an Wert. Er sagt nicht, wenn die Liebe fehlt, fehlt das Wesentliche. Er sagt, ohne die Liebe nützt alles andere nichts. Anders gesagt, der heilige Paulus trennt vollkommen zwischen den äußeren Zeichen der Vollkommenheit und der wirklichen Liebe, der Heiligkeit. Ein so ausdrucksstarker und absoluter Text macht deutlich, daß Vollkommenheit und Heiligkeit nicht wirklich identisch sind.

Selbstverständlich setzt Heiligkeit ein Streben nach Vollkommenheit voraus. Aber manche mögen als vollkommen erscheinen, weil sie in einer

---

[19] Albert Pauchard: *L'Autre Monde, ses possibilités infinies, ses sphères de beauté et de joie* (Editions Amour et Vie, 1979).

harmonischen Umwelt geboren sind, gute Beispiele genossen haben, ein glückliches Naturell und seelisches Gleichgewicht besaßen. Aber vielleicht hätten sie in den Augen Gottes noch viel Besseres tun können bei all ihren Gaben. In Menschenaugen mögen sie als vollkommen erscheinen, aber in den Augen Gottes brauchen sie noch lange keine Heiligen zu sein.

Und da man die Vollkommenheit erreichen kann, ohne heilig zu sein, ist es nur logisch, daß man auch heilig sein kann, ohne die Vollkommenheit erreicht zu haben.

Ein zweiter Schlüssel: ein Theologe mit Herz

Ich verdanke auch vieles einem Werk des Paters Louis Beirnaert, der mich in diesen Gedankengängen bestärkte. Hier einige wichtige Sätze: „Kann man die Heiligung so sehr vom Zufall einer glücklichen Psyche oder einer geglückten Entwicklung abhängen lassen? Manchmal genügt eine Kleinigkeit, um ein Schicksal zu lenken!…Verwechseln wir nicht Heiligung und Erreichen der moralischen Vollkommenheit. Für einen Menschen, der ein glückliches Naturell zum Erwerb der Tugend besitzt, ist es nicht leichter, sich selbst aufzugeben und Gott nachzufolgen, als für einen armen Perversen oder Zwangsneurotiker. Vor der Herzensforderung, der Sünde zu sterben, ist das Los aller Menschen gleich."

Der Unterschied, erklärt er, sei, daß für die „psychisch verwundeten" Seelen die Heiligkeit sich niemals bis zur Vollkommenheit entwickeln wird. Deshalb werden die Menschen deren Heiligkeit niemals anerkennen können. Sie wird sich nur in der Ewigkeit offenbaren. „Das sind namenlose Heilige." Und er fügt hinzu, mit Blick auf heiliggesprochene, von der Kirche anerkannte Heilige: „Für uns hienieden sind sie anders… Vor Gott sind sie gleich."[20]

Ein dritter Schlüssel: ein namenloser Heiliger

Nun habe ich persönlich einen Fall gekannt, der dem allen entspricht. Es war ein Freund von mir. Wir waren beide Studenten der Geisteswissenschaften, und am ersten Tag hatte er sich neben mich gesetzt. Er war sehr

---

[20] Louis Beirnaert: *Expérience chrétienne et psychologie* (Epi, 1964). Ich zitiere längere Auschnitte in *Pour que l'homme devienne Dieu*.

begabt, besonders für Philosophie. Nach einigen Jahren trennten uns die Umstände. Ich war ins Seminar des Institut Catholique eingetreten, um Theologie zu studieren, hatte aber trotzdem noch Kontakt zu ihm. Da traten bei ihm Verhaltensstörungen auf. Schon seine Familie hatte viele Probleme gehabt. Seine Mutter war, glaube ich, die erste Person, an der das Medikament Largactyl erprobt wurde, das die berühmte Elektroschocktherapie dann weitgehend ablöste. Er, der sonst so sanft gewesen war, bekam schreckliche Wutanfälle. Bald mußte er zu seiner Großmutter ziehen, die allein imstande war, ihn zu ertragen. Manchmal aber war selbst sie so verängstigt, daß sie mich zu Hilfe rief. Eines Tages mußte ich die Initiative ergreifen, ihn in die Psychiatrie einweisen lassen und es dann seinen Eltern sagen.

Später mußte ich Paris verlassen. Da konnte ich noch weniger den Kontakt mit ihm halten. Ich erinnere mich noch an unsere letzte Begegnung. Ich weiß, in welcher Bar, an welchem Tisch es gewesen ist. Dort erklärte er mir, die Ärzte wüßten angeblich, was ihm fehle, und er wäre unheilbar. Obwohl seine Intelligenz noch unverändert war, würde sie auch nach ein paar Jahren zerstört werden. Dies könne er nur aufschieben, wenn er dagegen ankämpfe; vermeiden könne er es nicht. Er wollte von mir wissen, ob ich nicht der Meinung sei, daß er unter solchen Umständen ein Recht habe, seinem Leben ein Ende zu setzen.

So verstand ich damals schon, was P. Beirnaert so gut formuliert. Wenn bestimmte Eigenschaften fehlen, wird die Ergebenheit in den „Willen Gottes" nur „ein immer wieder ausgefochtener und immer wieder verlorener Kampf" sein. Was dann verfehlt sein wird, ist nicht die wesentliche Heiligung, sondern nur ihr psychischer Ausdruck, die Tugend, oder ihre Entfaltung.[21]

Heilig sein heißt, alles mit allen zur Verfügung stehenden Mitteln zu tun, was möglich ist. Gott ist der einzige Richter. Ein Krimineller kann ein Heiliger sein, und ein Ausbund an Tugend kann ein großer Sünder sein. Alle, die eine Nah-Toderfahrung gemacht haben, bestätigen aus ihrer Erfahrung heraus das Wort des Evangeliums: Richtet nicht! Wir haben niemals das Recht, andere zu richten.

Wenn einige sich an die Hoffnung klammern, nach ihrem Tod auf die Erde zurückzukommen, um die Heiligkeit zu erreichen, so zum Teil, weil sie diesen Unterschied zwischen Heiligkeit und Vollkommenheit nicht ver-

---

[21] Louis Beirnaert, s. o. Ich hatte einen vierten Schlüssel noch in dem Fall eines englischen katholischen Dichters, Francis Thompson, gefunden. Das erwähne ich in *Pour que l'homme devienne Dieu*.

stehen. Es stimmt zwar, daß für die meisten von uns ein einziges Leben nicht ausreicht, um vollkommen zu werden. Aber das ist es nicht, was Gott von uns fordert. Gott fordert von uns nur ein Streben nach Vollkommenheit, bis daß wir Heilige werden.

Und wenn wir unser Hologramm-Modell, nach dem wir ja alle miteinander verbunden sind, wieder als Verstehenshilfe nehmen, dann bedeutet dieses Gebot der Nächstenliebe, daß wir den Nächsten lieben sollen als uns selbst, als wären wir es selbst.

Das Böse besteht darin, sich selbst mehr zu lieben

Alle Psychologen betonen, um andere lieben zu können, muß man erst lernen, sich selbst zu lieben; sich kennenlernen und lernen, sich so anzunehmen, wie man ist. Das ist es nicht, was bekämpft werden muß. Ich weiß sehr wohl, daß ein gewisser moralischer Idealismus zu einem ungesunden und sehr zerstörerischen Schuldgefühl führen kann. Wir sind alle Kinder Gottes, aus Liebe erschaffen. Und da Gott uns liebt, ist es auch Erfüllung seines Willens, wenn wir uns selbst lieben.

Aber das Gebot des Evangeliums lautet:
„Deinen Nächsten sollst du lieben wie dich selbst" (Luk.10, 27). Dies muß buchstabengetreu erfüllt werden. Gott verlangt nicht, daß wir uns nicht selbst lieben. ER verlangt, daß wir die anderen so lieben, wie wir uns selbst lieben.

Meister Eckhart erläutert es so: „Wenn du dich selbst liebst, liebst du alle Menschen wie dich selbst. Solange du einen Menschen weniger liebst als dich selbst, hast du dich nie wirklich selbst geliebt."[22]

In einer anderen Predigt geht es um die Vereinigung mit Gott, das heißt um die Teilhabe an der göttlichen Natur und um das Leben in Gott. Eckhart verbindet diese göttliche Liebe mit der Liebe zu unseren menschlichen Geschwistern und betont, es handele sich um dieselbe einzige Liebe: „Ich füge noch etwas hinzu, was schwerer zu fassen ist. Um unmittelbar in der Blöße dieser (göttlichen) Natur bestehen zu können, muß man herausgegangen sein aus allem Persönlichen, so sehr, daß man einem Fremden, den man nie gesehen hat, genauso viel Gutes will wie dem Nächsten, dem Busenfreund. Solange du dir selbst mehr Gutes wünschst als einem Menschen, den du nie gesehen hast, bist du nicht wirklich gerecht, und du

---

[22] Meister Eckhart, *Sermo n° 12.*

hast auch nicht einen einzigen Augenblick lang in diesen absolut einfachen Grund geschaut."[23]

Solche Texte sind ein wenig schwindelerregend, und man fühlt sich unwohl dabei. Man fühlt zu deutlich, wie weit man noch von einem solchen Ideal entfernt ist. Man müßte wie Gott lieben können. Tatsächlich werden wir es wahrscheinlich nicht auf einmal schaffen. Wir werden sozusagen die ganze Ewigkeit Zeit haben. Aber dieser Zustand wird kommen..

Gott: Hölle, Fegefeuer und Paradies

Da Christus der Hologrammträger ist[24] und da er Gott ist, müßten wir auch jetzt schon in dieser Einheit die Grenzen des Raumes und der Zeit überwinden können. Wenn wir wirklich alle ineinander verschachtelt sind wie die Matrioschkas und Christus die kleine Puppe im Mittelpunkt von uns selbst darstellt, dann müßte sich nicht nur seine Göttlichkeit seiner Menschlichkeit mitteilen, wie der heilige Kyrill von Alexandrien es behauptet, sondern die Göttlichkeit müßte auch in uns lebendig sein. Um die Menschheit zu verwandeln, uns dem Leid und dem Tod zu entreißen, hätte es normalerweise ausgereicht, daß er unsere menschliche Natur angenommen hätte, da er uns alle enthält. Das Kirchenjahr würde nur zwei große Feiertage umfassen: die Inkarnation (Weihnachten) und die Himmelfahrt, der Eintritt in die ewige Herrlichkeit, in das Leben Gottes.

Leider wäre das so, als ob der Prinz in seiner schönen Goldkarosse in den Wald gefahren käme, um die Magd zum Königsschloß zu entführen. Wir wären in Gott, ohne die Liebe gelernt zu haben.

Aber Gott ist Liebe. In der Heiligen Schrift befinden sich nur in den Johannesbriefen direkte Bezeichnungen der göttlichen Natur. „Gott ist Liebe" (I Joh. 4, 8) und „Gott ist Licht" (I Joh. 1,5). Es fügt sich, daß alle Nahtod-Erfahrenen, ohne sich miteinander abzusprechen und ohne die Heilige Schrift zitieren zu wollen, in der gleichen Weise sprechen. Das ist sicher kein Zufall. Sie sagen alle, sie wären von Liebe „überwältigt", „erdrückt" worden. Sie sprechen auch vom jenem Licht am Ende des Tunnels, in das sie kamen. Oft berichteten sie, daß dieses Licht keinen

---

[23] Dieser „absolut einfache Grund" bezieht sich auf die göttliche Natur. Meister Eckhart: *Sermo n° 5 b.*

[24] Ich benutze weiterhin das Bild des Hologramms aus praktischen Gründen, aber vergessen Sie nicht, daß es um viel mehr geht.

Schatten auf den Boden warf. Körper und Gegenstände machen auch auf den Ikonen keinen Schatten.

„Gott ist Licht, und Finsternis gibt es nicht in ihm", sagt der heilige Johannes. In diesem Licht trafen die klinisch Toten auch ein „Lichtwesen", das für gewöhnlich mit ihnen zusammen ihr irdisches Leben einer kritischen Durchsicht unterzog. Dieses „Lichtwesen" kann manchmal Christus selbst sein, wie es für George Ritchie, den oben erwähnten jungen amerikanischen Soldaten, der Fall gewesen ist.

George Ritchie berichtet, daß während dieser Durchmusterung seiner Erdenjahre aus diesem Glanz, der ihn umgab, „weder Tadel, noch Vorwurf, sondern nur Liebe" gekommen ist. Er fügt bewundernd hinzu: „Es erfüllte die Welt mit seiner Gegenwart und war trotzdem aufmerksam mir gegenüber... Die Fragen bezogen sich, wie alles, was aus Ihm kam, auf die Liebe: Wieviel hast du in deinem Leben geliebt? Hast du die anderen so geliebt, wie ich dich liebe? Ganz? Bedingungslos?"[25]

Ich möchte noch eine Aussage unter vielen anderen zitieren. Tom Sawyer[26] war Mechaniker. Eines Tages war er mit einer Reparatur beschäftigt und lag auf dem Boden unter einem Kleintransporter. Auf einmal gab der Boden unter dem Wagen nach, und das ganze Gewicht des Autos drückte auf seinen Brustkorb. Da ging er nach einigen Minuten aus seinem Körper heraus und machte eine außergewöhnliche Nahtod-Erfahrung. Er sah, wie so viele andere, dieses Licht „zuerst wie einen Stern, einen Punkt am Horizont. Dann wie eine Sonne, eine übergroße, riesige Sonne, deren Licht ihn aber nicht blendete... Dieses seltsame Licht schien selbst ausschließlich aus Liebe zu bestehen. Jetzt nahm er die Welt nur noch als „reine Liebe" wahr." Wenn man dieses Licht wahrnimmt, kann man nichts anderes mehr wahrnehmen.[27]

Man muß zugeben, daß dies scheinbar absurd ist. Auf dieser Erde fühlen wir uns nicht von der Sonne geliebt und noch weniger von Scheinwerfern. Und wenn Menschen einander selbst sehr intensiv lieben, sprühen doch keine Funken.[28]

In der Heiligen Schrift finden wir den Begriff „Licht" praktisch immer in Verbindung mit dem Feuer. Denn zu jenen Zeiten mußte man ja ein Feuer entzünden, um Licht zu haben. Christus verkündet, er sei gekommen, um Feuer auf die Erde zu bringen, und er wäre froh, wenn es schon

---

[25] George Ritchie, s. o.
[26] Ja! So heißt zwar auch der Held bei Mark Twain, aber es ist hier kein Scherz. Diesen Mark Twain traf ich mehrmals in den USA.
[27] Dies aus dem Bericht von Patrice van Eersel in *La source noire* (Grasset, 1986).
[28] S. *Les morts nous parlent*, zahlreiche Literaturhinweise.

brennen würde (Luk. 12, 49). Ein Zeichen „wie von Feuer" erscheint beim Kommen des Heiligen Geistes zu Pfingsten (Apg.2,3). Aber das Feuer ist oft auch ein Symbol für die Strafe der Sünder.[29]

Dies erklärt sich aus der Doppeldeutigkeit des Sakralen. Die Heiligkeit Gottes ist so groß, daß sie in gewissem Sinne furchtbar wird. Das erklärt die Reaktion des heiligen Petrus, als er es versteht: „Geh fort von mir, Herr, denn ich bin ein Sünder" (Luk.5,8). Denn das Heilige wirkt wie ein Entwicklungsbad auf das belichtete Papier. Unter den Worten, die außerhalb der Evangelien Christus zugeschrieben werden, gibt es das Wort: „Wer bei mir ist, ist beim Feuer. Wer fern von mir ist, ist fern vom Reich." Gott ist zugleich das Reich und das Feuer.

Den gleichen Gedanken findet man beim heiligen Gregor von Nazianz. 372 wurde er als Bischof von Sasima geweiht. In seiner Predigt erklärt er seine Befürchtung, er könne dann Gott noch näher sein: „Die Sonne zeigt die Ohnmacht des Auges; das Herannahen Gottes die Schwäche der Seele; für die einen ist er Licht, für die anderen Feuer, jedem nach seinem Wesen und seinen Eigenschaften."[30]

Pater De Lubac drückt es sehr gut aus: „Die Hölle ist das Werk des Menschen, des sich verweigernden und verschließenden Menschen, dem die Liebe unerträglich wird… In seinem unveränderten Wesen ist das gleiche himmlische Feuer für jenen eine Folter, für diesen Reinigung und für diesen schließlich Glückseligkeit."[31]

Das haben die westlichen Mystiker dank ihrer Erfahrung genauso gut verstanden wie die östlichen. So sagt zum Beispiel die heilige Katharina von Genua in ihrem berühmten „Traktat über das Fegefeuer":

„Wenn eine Seele unter die Augen Gottes käme und bedürfte noch der Reinigung, so geschähe ihr großes Unrecht, sie fühlte schlimmere Qual als in zehn Fegefeuern… Und wenn nur ein Augenblick der Reinigung fehlte, so wäre es für sie unerträglich. Um dieses wenige an Rost wegzubekommen, würde sie eher tausend Höllen ertragen (wenn sie die Wahl hätte), als daß sie unter die Augen Gottes träte, ohne ganz gereinigt zu sein."[32]

Ich hätte noch viele andere Schriftstellen zitieren können, die das gleiche besagen wie viele Theologen der ersten Jahrhunderte und noch mehr Zeugnisse westlicher Mystiker.[33] Es geht nicht nur um eine intellektuell befriedigende Theorie, sondern um echte Erfahrung. Lassen Sie uns noch

---

[29] Matth. 3, 12, 7, 19. 13, 40. Mark. 9, 48 , Joh. 15, 6, u. in der Apokalypse.
[30] Reden 9, 2 (*Patrologie grecque de Migne*).
[31] De Lubac: *Auf den Wegen Gottes* (Einsiedeln: Johannes 1992).
[32] *Heilige Katharina v. Genua* (Etudes carmélitaines, Desclée de Brouwer, 1960).
[33] S. *Pour que l'homme devienne Dieu.*

den heiligen Johannes vom Kreuz anführen. Nachdem er lange Zeit die Reinigung beschrieben hat, die die Seele auf sich nehmen muß, bevor sie sich mit Gott vereinigt, betont er die Wirkung Gottes auf die Seele, die stets die gleiche bleibt, obwohl ihre Früchte verschieden sind: „Dies muß beachtet werden: Dieses Liebesfeuer, das sich mit der Seele vereint, um sie zu verherrlichen, ist das gleiche, das in sie drang, um sie zu reinigen. Es ist wie beim materiellen Feuer. Es dringt ins Holz ein, aber zuerst umfaßt es die Flamme, trocknet es aus und raubt ihm alle unförmlichen Elemente."[34]

Ein wichtiges Detail: an vielen anderen Stellen wird diese Reinigungszeit ausdrücklich mit dem Fegefeuer verglichen.[35]

Es sei ein letztes Beispiel gestattet. Es geht um Marie de l'Incarnation, eine Ursuline aus Tours, eine bedeutende Mystikerin aus dem achtzehnten Jahrhundert. Nach sehr großen mystischen Gnaden erfuhr sie erneut eine „Reinigungszeit", die ihr „wie ein Fegefeuer, durchdringender als der Blitz", vorkam. Sie beschreibt diese Wirkung Gottes in sich wie „ein sehr intensives und sehr subtiles Feuer" und erklärt: „In diesem Fegefeuer (...) war derjenige, der vorher nur aus Liebe zu bestehen schien und die Seele in seiner göttlichen Umarmung verzehrte, auch derjenige, der sie kreuzigt."[36]

Das ist deutlich. Wahrscheinlich geschieht es aus Barmherzigkeit, wenn wir die Gegenwart Gottes in uns noch nicht fühlen. Wir sind nicht bereit. Um sie in uns als Glückseligkeit, als unendliches Glück, fühlen zu können, müssen wir zuerst lernen, so zu lieben, wie er uns liebt: Unendlich.

---

[34] Heiliger Johannes v. Kreuz: *Llama de amor viva,* strophe 1, vers 4 (Le Seuil).
[35] Ibid. Der gleiche Gedanke findet sich in *Noche oscura.*
[36] *Marie de l'Incarnation: extraits présentés par Paul Renaudin* (Aubier, 1942).

Kapitel 8

Gott ist in unsere Hölle herabgestiegen

Gott ist zur Torheit geworden

Deshalb gab sich Christus nicht damit zufrieden, Fleisch zu werden. Das reichte nicht aus, um uns wirklich zu erlösen. Er ging viel weiter. Der theologischen Tradition des Ostens gemäß sprechen manche vom zweiten Grad der Inkarnation Gottes. Es stimmt, im Vergleich zu allen anderen Religionen ist das Christentum eine Torheit. Was für ein Gedanke, der Schöpfer von Hunderten von Milliarden Galaxien sei zu uns gekommen, um als Kind geboren zu werden! Ich verstehe, daß dies für einige sogar wie eine Blasphemie klingt oder vollkommen verrückt erscheint. Oder aber... dann ist es so: Unsere Gedanken über Gott waren gänzlich falsch, die Philosophen, die Metaphysiker, die allen Ernstes über Gott dozierten, waren Lichtjahre von der Wahrheit entfernt. Wenn nicht die Christen töricht sind, dann ist Gott selbst zur Torheit geworden, gänzlich, jenseits aller Vorstellung. Soviel Macht! Und soviel Demut!

Das ist die echte Transzendenz Gottes. So übersteigt Er uns unendlich. Er zeigt sich als das Gegenteil vom Menschen, der nur von Macht träumt und so wenig demütig ist. Die Demut Gottes! Aber wozu? Aus Liebe zu uns. Aus Liebe zu den Stadtstreichern. Aus Liebe zu den Armen, die wir achtlos auf den Bürgersteigen von Kalkutta oder am Straßenrand krepieren lassen, in so vielen Ländern, in denen die Armen zur Auswanderung gezwungen werden, während die Mächtigen um die Macht streiten. Aus Liebe zu den Kriminellen genauso wie zu ihren Opfern.

Wie schwer fällt es manchmal, an diese Torheit Gottes glauben zu können, zu glauben, einen solchen Gott könne es geben ! Uns lieben, uns! Aber wenn es wahr wäre, wäre es so phantastisch, daß man weinen, schreien könnte vor Freude!

In Wirklichkeit wagen wir es nicht, an die Liebe Gottes zu glauben. Selbst wenn wir mit dem Intellekt daran glauben, öffentlich lehren, er würde uns lieben. Wir glauben fast nie wirklich daran. Sonst würde unser Leben ganz verändert werden. Wir wären schon auf dem Weg, Heilige zu werden.

Der Umsturz aller Gottesvorstellungen müßte total sein. Nur wenige Theologen haben es verstanden. Ich möchte hier einige Zeilen des Paters Varillon zitieren: „Der Liebende sagt zum Geliebten: „Du bist meine Freude", was bedeutet: „Ohne dich bin ich arm an Freude." Oder: „Du bist alles für mich", was bedeutet: „Ohne dich bin ich nichts." Lieben heißt durch den anderen und für den anderen überhaupt existieren wollen. Durch den anderen: Empfangen. Für den anderen: Hingabe. Der am meisten Liebende ist also der Abhängigere. Der unendlich Liebende – Gott – ist unendlich abhängig (was unverständlich ist, wenn Gott nicht reine Liebe ist, will sagen, wenn man der falschen Vorstellung nachgibt, sich die Liebe Gottes als eine Eigenschaft Gottes vorzustellen und nicht als sein Wesen, das unendlich intensiv und unendlich rein ist)...

Der Liebende sagt zum Geliebten: „Ich kann nicht von oben herab auf dich schauen, ohne der Liebe untreu zu werden." Wenn der Liebende in irgendeiner Weise größer ist als der Geliebte, so besteht seine Liebe nur in der Zurückweisung der Überlegenheit und der Herablassung auf die gleiche Stufe mit dem Geliebten. Der am meisten Liebende ist also der Demütigste. Der unendlich Liebende – Gott – ist also unendlich demütig. Deswegen kann man Gott in der Wahrheit seines Wesens nur in Christus betrachten, der die göttliche Demut in der Fußwaschung offenbart. „Wenn die Paradoxie zu stark erscheint und der gläubige Verstand strauchelt, da er sich keine Unendlichkeit der Armut, Abhängigkeit und Demut vorstellen kann, könnte man anders formulieren: Gott ist unendlich reich, aber reich an Liebe, nicht am Haben (Reichtum an Liebe und Armut sind bedeutungsgleich) usw.[1]

Roboter lieben nicht

Um es auf menschliche Weise auszudrücken:

Das „Problem für Gott" bestand darin, uns zur Liebe zu verhelfen. Gott hätte uns mit Leichtigkeit viel intelligenter erschaffen können, als wir es sind. Er hätte uns so rechnerisch leistungsfähig machen können wie Computer, unser Gedächtnis zehnmal besser machen können, uns befähi-

---

[1] F. Varillon: *Un abrégé de la foi catholique* in *les Etudes* Okt. 1967. Die Theologen, die hier von P. Varillon beschuldigt werden, zu verkennen, daß die Liebe nicht nur eine Eigenschaft Gottes, sondern sein Wesen ist, sind auch diejenigen, die ich hasse, die Scholastiker aus dem Mittelalter und die Neo-Scholastiker.

gen können, das Infrarot und Ultraviolett zu sehen, Infra - und Ultratöne zu hören usw. Aber er konnte uns nicht liebender machen. Es gehört zu einer anderen Ordnung. Alle diese technischen Fertigkeiten betreffen sozusagen die Maschine. Gott hätte unsere „Maschine" viel leistungsfähiger machen können. Aber es hätte uns nicht glücklich gemacht. Maschinen sind nicht glücklich.

Der Mensch ist als Ebenbild Gottes erschaffen. Aber Gott ist Liebe. Im Grunde seiner selbst, auch wenn er es oft vergißt, ist es der Mensch auch. Das einzige Glück, wovon er nie genug hat, besteht darin, zu lieben und geliebt zu werden. Aber dieses Glück setzt einen Wandel voraus: Der Mensch muß aufhören, seiner persönlichen, egoistischen Zufriedenheit zu leben; er muß fähig werden, sein Glück im Glück des anderen zu suchen; besser noch, mehr Glück im Glück des anderen zu finden als im eigenen; noch besser, kein Glück mehr zu kennen als das Glück des anderen und darin sein höchstes Glück erfahren, daß man sich selbst nicht mehr als Zentrum der Welt versteht.

Die Liebe Gottes im Herzen des Hologramms

Das war es, was Gott unbedingt tun mußte, um uns zu erlösen: Er mußte in uns eine andere Kraft wecken, eine Liebeskraft, welche die ganze Last der seit dem Weltanfang bis zum Weltende aufgehäuften Egoismen aufwiegen kann. Aber eine Kraft ist nichts Statisches: Es ist kein injizierbares oder oral einnehmbares Pharmaprodukt. Es ist eine Dynamik der Liebe, die Gott in uns wecken mußte, um die Dynamik des Egoismus zu bekämpfen.

Hier liegt, so will mir scheinen, der Sinn der Inkarnation Gottes. Das erklärt es, wieso Gott wahrscheinlich keine andere Möglichkeit hatte, uns zu erlösen, als daß er Mensch wurde: Gott ist gekommen, um mitten unter uns in einem Menschenherzen die einzige Liebe zu lieben, die unendlich sein kann, weil sie die Liebe Gottes selbst ist.

Diese Liebe konnte uns nicht von außen erlösen. Wie groß Gottes Liebe zu uns auch sei, wie absolut und unerschöpflich seine Vergebung, es kann nicht ohne unsere Mitarbeit gehen. Wir müssen auch lieben lernen. Dazu besitzt nicht einmal Gott einen Zauberstab, der uns augenblicklich in großmütige Wesen verwandeln könnte, wie die gute Fee die Kürbisse in eine Karosse.

Hätte er uns aber uns selbst überlassen, wir hätten nie eine Liebesströmung erzeugen können, stark genug, die täglich neu entstehende

Haßströmung aufzuwiegen. Ich kenne einen Dichter, der das sehr gut verstand und wunderbar ausdrückte. Diesen Dichter erkannten schon immer insgeheim die orthodoxen Christen als zu sich gehörig: Charles Péguy.

Wie Dichter es oft tun, läßt er Gott selbst zu Wort kommen und seine Probleme erläutern. Aber diese offensichtliche, fast kindliche Vermenschlichung Gottes vermittelt uns, wie bei *Don Camillo,* einige tiefe Wahrheiten, die sonst reine Abstraktion blieben. Gott erklärt uns also das grausame Dilemma, in dem er steckt, wenn Er dem Menschen helfen soll, besser zu werden:[2] „Wie ein Vater, der seinem Sohn das Schwimmen in der Flußströmung beibringen will, und in dessen Brust zwei Gefühle streiten.

Denn einerseits hält er ihn immer, hält er ihn zu sehr,

verläßt sich das Kind darauf und wird nie schwimmen lernen.

Aber hält er ihn im kritischen Augenblick nicht, wird dieses Kind Wasser schlucken.

So auch ich, wenn ich ihnen das Schwimmen durch die harte Strömung des Lebens beibringe.

Auch in meiner Brust streiten zwei Gefühle…

Das ist die Schwierigkeit, sie ist groß…

Einerseits müssen sie ihr Heil selbst wirken.

So lautet die Regel. Und sie ist unerbittlich. Sonst wäre es nicht interessant. Und sie würden nicht zu richtigen Menschen.

Aber ich will, daß sie zu richtigen Menschen werden und daß sie selbst ihre Sporen verdienen.

Auf der anderen Seite darf ich sie nicht Wasser schlucken und in den Strudel der Sünde geraten lassen.

Da liegt das Mysterium der Freiheit des Menschen, sagt Gott,

Und meiner Haltung ihm und seiner Freiheit gegenüber…

Das ist der Preis für die Freiheit des Menschen.

Weil ich selbst frei bin, sagt Gott, und weil ich den Menschen als mein Ebenbild geschaffen habe…

Ein Heil, das nicht aus freien Stücken erwirkt wäre, das nicht von einem freien Menschen käme, würde uns nicht schmecken...

Die Glückseligkeit von Sklaven, ein Sklavenheil, eine sklavische Glückseligkeit, wie soll mich das reizen? Liebt man es etwa, von Sklaven geliebt zu werden?"

---

[2] Charles Péguy: *Le mystère des saints innocents* (Editions de La Pléiade, 1954).

Gott muß sich versuchen lassen

Die einzige Versuchung besteht darin, nicht zu lieben

Damit wir lieben können, muß Gott also alles überwinden, was uns hindert zu lieben. Gott muß stärker sein als unsere Versuchungen. Bevor ich weiter den Gedankengang fortsetze, muß ich erst den wirklichen Sinn des Wortes erläutern. Statt von einer Liste der Versuchungen zu sprechen, die unvermeidbar künstlich und immer unvollständig wäre, möchte ich vom Wesentlichen ausgehen. Versuchung ist alles, was uns davon abhält, das Leben Gottes ganz zu teilen, alles, was sich gegen die Liebe stellt. Das erkennt man am einzigen göttlichen Gesetz: „Du sollst den Herrn, deinen Gott, lieben vom ganzen Herzen und ganzer Seele, mit all deiner Kraft und deinem ganzen Denken; und deinen Nächsten wie dich selbst" (Luk. 10,27). Da liegt das ganze Problem. Alle Bemühungen der Ethiker sollen uns nur helfen, diesem Gesetz zu genügen. Aber unglücklicherweise kann es auch geschehen, daß die Theoretiker das Wesentliche aus den Augen verlieren und sich weit weg vom Liebesgesetz treiben lassen.

Wie viele Scheußlichkeiten geschahen im Namen des Gottes der Liebe!

Auch hier können uns gewisse Aussagen von klinisch Toten helfen, den Sinn für das Wesentliche wiederzufinden. Ich möchte zum Beispiel Stefan von Jankovich anführen. Ich hatte das Glück, ihn mehrmals bei verschiedenen Kongressen zu treffen. Stefan von Jankovic ist ein ungarischer Architekt, der nach seinen eigenen Worten sehr streng katholisch erzogen wurde. Beim Aufstand in Budapest im Herbst 1956 engagierte er sich ganz für die Befreiungsbewegung. Als die russischen Panzer in Budapest einfielen, floh er mit seiner Familie und erreichte die Schweiz. Bei einem Autounfall zog er sich achtzehn Brüche zu und erlebte dabei eine wunderbare Nahtod-Erfahrung. Er wurde aus seinem Körper geschleudert und sah sein ganzes Leben wie in einem Panoramablick vor sich. Später beschrieb er seine Erfahrung so:

„Meine Seele, oder eher mein Bewußtsein war wie ein Meßgerät. Sofort schätzte es mein Verhalten und meine Gedanken ein und gab mir bekannt, ob diese oder jene Tat gut oder böse gewesen war. Es war sehr interessant, festzustellen, daß Taten, die nach unseren sozialen, moralischen oder religiösen Kriterien als böse, sündhaft oder sogar als Todsünden gelten, sich als harmonisch und positiv erwiesen. Dagegen ließen viele „gute Werke", die bewußt auf dieser Erde gewirkt worden waren, die Waage zur falschen Seite neigen, wenn ihre erste Ursache negativ, kosmisch unharmonisch gewesen war, das heißt, wenn das Ziel egoistisch gewesen war."[3]

Viele Botschaften von vollständig, unumkehrbar Toten bestätigen diese Sicht der Dinge. So z. B. die Botschaften Arnaud Gourvennecs, die von seinem Vater in automatischer Schrift empfangen wurden. Arnaud war ein Junge von dreizehn Jahren, der beim Spielen ums Leben kam. Ich kenne seine Eltern gut. Ich trete seinem Vater gewiß nicht zu nahe, wenn ich behaupte, er wäre sicher nicht fähig, solche Botschaften zu erfinden. Ich weiß nämlich, wie sehr sie ihn manchmal verwirren. Hier also die Worte Arnauds über diesen wichtigen Punkt:

„Die ganze Ordnung der Dinge ist hier durcheinander gebracht. Für unseren Geist sind die Gedanken das Wichtigste, und alles wird relativ: Gedanken, die euch von geringer Tragweite erscheinen, können vor Gott sehr gewichtig sein, und Taten, die bei euch als schlimm gelten, sind es nicht."[4]

Oder eine Botschaft aus Italien, verkündet 1986 durch automatische Schrift: „Man kann unsere katholische Moral als ziemlich gültig ansehen, aber ich versichere dir, ich weiß nicht, wie ich es erklären soll, hier wird anders geurteilt; die Vollkommenheit erwächst eher aus persönlicher Empfindung und hat nichts mit den Gesetzen oder mit der Erziehung zu tun."[5]

Hier sind wir nicht weit vom berühmten Text des Lao-Tse: „Der Mensch von höherer Tugend ist nicht tugendhaft, deshalb besitzt er Tugend. Der Mensch von niederer Tugend verliert niemals die Tugend, deshalb hat er keine Tugend."[6] Man könnte fast mit Blaise Pascal übersetzen: „Echte Tugend schert sich nicht um die Tugend."

Aber in der Weisheit des Tao-te-king fehlt die Liebe. Noch besser würde das Wort des Augustinus passen, das noch weitergeht: „Liebe, und tue, was du willst!" Wenn echte Liebe am Werke ist, kann sie keine schlechte Tat hervorrufen.[7] Aber aufgepaßt! Man kann sich so leicht täuschen, in dem, was echte Liebe sein soll.

---

[3] Stefan von Jankovich: *Ich war klinisch tot: Der Tod, mein schönstes Erlebnis,* (Ergolding, Drei Eichen Verlag, 1995).

[4] Arnaud Gourvennec: *Vers le soleil de Dieu,* Bd. 1 (F. Lanore, F. Sorlot, 1992).

[5] Silvia Gessi: *Voci e pensieri dall'aldilà* (Hermes Edizioni, 1989).

[6] Lao-Tse, *Tao te king* Kap. 38.

[7] Leider hat Augustinus wunderbare Dinge gesagt, wie hier. Wegen dieser wunderbaren Dinge wurden dannn all die Ungeheuerlichkeiten seiner Theologie ernstgenommen. Hätte er nur Unsinn verzapft, so hätte man ihn bald mitsamt seiner Theologie vergessen.

Liebe ohne Leid ist nicht möglich

Lassen Sie mich Klartext reden. Sollten Sie Zahnschmerzen haben, gehen Sie zum Zahnarzt. Danach werden Sie um so freundlicher zu anderen sein können. Ihr Wunsch, die Schmerzen loszuwerden, ist vollkommen berechtigt. Wenn Sie aber in einer Stadt leben, wo der Bürgerkrieg tobt, sollten Sie vielleicht auf schwer zu beschaffende Schmerzmittel verzichten, damit andere sie bekommen, die sie nötiger brauchen. In diesem Falle wird die Schmerzlinderung zur Versuchung, und der Verzicht kann notwendig werden.

Oder wenn beim Essen ein „kleiner Nachtisch" Ihnen zu besserer Form verhelfen kann, um ihre Arbeit zu verrichten, und wenn sich niemand deswegen einschränken muß, so zögern Sie nicht und greifen ohne Gewissensbisse zu. Sind Sie aber körperlich gesund und psychisch stark genug, können Sie vielleicht darauf verzichten und dafür spenden, damit anderen das nackte Überleben gesichert wird.

Vielleicht braucht man gar nicht so weit zu gehen wie der muslimische Meister, der empfahl: „Solange ein Moslem[8] in deiner Nähe sitzt, vertreibe keine Fliege, denn sie könnte sich dann auf ihn setzen."[9]

Wo ist denn die Grenze? Es gibt keine! Das ist die Qual der Christen.[10] Wenn die Liebe Gottes zu mir grenzenlos ist, so kann es auch keine Grenze für die Liebe geben, die er von mir zurückerwartet. Nun, seit Gott zu uns gekommen ist, wissen wir ja, daß Ihn zu lieben und unseren Nächsten zu lieben ein und dasselbe ist. Stellen Sie sich vor, nur zehn Prozent der Menschen würden das verstehen und wirklich lieben. Glauben Sie nicht, das würde die Welt verändern?

Ohne so weit zu gehen, die Fliegen auf sich zu locken, damit sie den Nachbarn verschonen, wäre es wahrscheinlich schon ein beträchtlicher Fortschritt, wir würden nur lernen, uns selbst ein wenig von außen zu betrachten als ein Kind Gottes unter anderen.

Nehmen wir ein einfaches Beispiel. Steigen wir in einen U-Bahnwagen oder in einen Autobus, so könnten wir, statt nur nach einem freien Platz für uns selbst zu schauen, auch darauf achten, ob jemand den vielleicht nötiger hat als wir. Scheint jemand älter oder müder zu sein, könnten wir ihm den

---

[8] Und die nicht-Moslems?

[9] Zitiert von P. S. de Laugier de Beaurecueil, in *Khwâdja 'Abdullâh Ansâri, mystique han- balite* (Imprimerie Catholique, Beirut, 1965).

[10] Oder derjenigen, die auch nur ein wenig intuitiv von der Liebe Gottes spürten. Wie Sie sehen, versuche ich großzügiger zu sein als dieser hanbalistischer Mystiker. Gut, wie?

Platz überlassen. Benötigen wir aber anscheinend den Platz selbst am ehesten, können wir uns beruhigt hinsetzen. Es hieße den Blick eines guten Familienvaters zu haben, der alle seine Kinder in gleicher Weise liebt und lediglich dasjenige am meisten beachtet, das es am meisten braucht.

Sicher ist meine kleine U-Bahngeschichte bescheidener als die andere mit den Fliegen. Es soll nur ein Anfang sein. Zur Weltveränderung gehört mehr, einverstanden. Aber es wäre wichtig, sich selbst nicht mehr in den Mittelpunkt zu rücken, nicht mehr nur das eigene Interesse beim Denken und Handeln im Auge zu haben, das Glück der anderen bewußt einzubeziehen. Hat man erst ein wenig damit angefangen, dann werden nach und nach auch die größeren Veränderungen möglich.

Anders ausgedrückt, Versuchung besteht immer darin, Erleichterung oder Freude auf Kosten anderer zu suchen. Der Versuchung widerstehen bedeutet immer, aus Liebe zu anderen Leid auf sich zu nehmen, wenn es notwendig ist, das heißt, wenn es Not wendet, oder auf eine Freude zu verzichten, wenn ich dadurch einem anderen helfen kann. Deswegen ist auf dieser Welt die echte Liebe auch mit Leid verbunden. Diese geheimnisvolle Verbindung war es wahrscheinlich, die westliche Theologen so beeindruckte, daß sie schließlich glaubten, Christus erlöse uns durch Sein Leiden. Aber wie könnte es uns erlösen, welcher seltsame Zusammenhang sollte hier wirken?

Leider sind die schrecklichen theologischen Theorien nur allzu bekannt, die hierzu erfunden wurden: Ein wütender Gott, der Wiedergutmachung unserer unzähligen Sünden verlangt, weil unsere Sünden den Kosmos aus dem Gleichgewicht bringen, so daß ein Unschuldiger leiden muß, um es wiederherzustellen usw.[11]

Gott ist der am meisten versuchte Mensch

Also erlöst uns nicht das Leiden Christi, sondern seine Liebe, indem er dort liebt, wo wir dazu nicht fähig sind. Vergessen Sie nicht, daß Christus in uns wie die Hologrammplatte[12] oder wie die kleinste Matrioschka enthalten ist und geheimnisvoll in unserer Mitte strahlt. Das bleibt jenseits von Zeit und Raum wahr: „Bevor Abraham war, Bin Ich" (Joh. 8, 18). Es gibt also eine

---

[11] Diese Vorstellungen werden ausführlich in *Pour que l'homme devienne Dieu* untersucht.
[12] Vielleicht sollte man eher sagen: wie der Mittelpunkt der Platte. Aber sei es drum: nochmal gesagt, das Hologramm soll nur ein Bild sein, nicht die wirkliche Erklärung.

geheimnisvolle Osmose zwischen Christus und Abraham oder Moses sowie zwischen Christus und jedem von uns. Wir sind nie allein im Leben und im Erdulden. Alles, was wir erleben, erleben wir mit Christus. Selbstverständlich erleben wir es auch mit der gesamten Menschheit. Und jeder belastet mit seinem Egoismus die ganze Menschheit und fördert mit seinen Liebestaten die Freiheit aller Menschen. Aber im Mittelpunkt der Menschheit befindet sich eine Liebeskraft, die stärker ist als die Haßkräfte, weil sie direkt aus Gott kommt, weil sie Gott ist. Trotz seiner ganzen Liebe kann Gott uns nicht von außen von unserem Karma erlösen. Das wäre willkürliche Großmut. Wie bereits gesagt, ist ohne tiefe innere Bekehrung kein Heil möglich. Diese Bekehrung kann in uns auch keine religiöse Praxis oder magische Formel erwirken, ohne daß wir sie ganz mitvollziehen, das heißt leider, ohne daß sie uns viel abverlangt.

Aber Gott darf uns auch nicht uns selbst überlassen, sonst wären wir verloren. Wir sind unfähig, von selbst vollkommen zu werden wie unser himmlischer Vater vollkommen ist. Dies betonen oft diejenigen, die auf ein zweites Leben auf Erden hoffen, um es besser zu machen. Nach dem Zustand der Welt und der Menschheit zu urteilen, müßten aber auch die Zweit-Versuche wie die ersten gescheitert sein und sogar die Dritt- oder Viert-Versuche. Die Lösung dort zu suchen ist aussichtslos.

Also kommt Gott, um uns zu helfen, uns von unserem planetarischen, kollektiven und individuellen Karma zu befreien, indem er es mit uns teilt. Er befreit uns nicht davon. Er gibt uns die nötige Kraft, damit wir uns befreien können. Das heißt, es gibt eine dritte Lösung. Das Heil kommt nicht von außen. Es kommt auch nicht von uns allein. Es kommt von innen heraus, weil Gott sich uns innerlich gemacht hat.

Damit Gott uns von innen her helfen kann, über unsere Versuchungen zu siegen, muß diese Liebeskraft sie in uns und mit uns spüren. Christus muß unsere Versuchungen teilen, damit wir seinen Sieg teilen können. Und er muß die Versuchungen wirklich und ganz teilen.

Wir treffen also wieder auf ein Dilemma, wie Péguy es in dem sehr schönen oben erwähnten Text angedeutet hat. Handelt es sich hier nicht um echte Versuchungen, könnte uns Christus auch nicht wirklich helfen, darüber zu siegen. Wenn die Versuchung zu stark ist und Christus selbst unterliegt, so würde er uns nicht davon befreien. So wäre er nur ein Sünder mehr, und davon gibt es schon genug! Aber wenn er nur über nicht allzu starke Versuchungen obsiegt, dann hilft er nur denen, die nicht zu stark versucht werden. Um denen wirklich zu helfen, die die schlimmsten Versuchungen, die schwersten Zwangsvorstellungen erleben, die von den Kräften des Bösen ganz besessen und überschwemmt werden, muß Christus unbedingt genau so tief versucht werden, aber ohne dem nachzugeben. Und um den Menschen zu erlösen, der in der ganzen Menschheitsgeschichte am meisten versucht wurde, oder besser gesagt, um ihm die Kraft zur eigenen Erlösung zu geben, muß Christus genau so stark versucht werden wie er. Sonst wäre dieser Mensch nicht von Christus erlöst worden und wäre ohne Christus bestimmt verloren.

Die Theologen hatten wenig verstanden

Ja, ich weiß. Wahrscheinlich wurden Ihnen diese Dinge noch nie so dargestellt. Die westliche Christenheit hat das Mysterium Christi nur über ihre Heiligen und Mystiker wirklich verstanden. Das werde ich zeigen. Aber ihre Theologen waren im allgemeinen sehr viel weniger begabt. Trotzdem fühle ich mich gezwungen, ein wenig darüber zu reden. Aber das wird nicht das Faszinierendste am ganzen Buch. Einige von Ihnen haben vielleicht einen Anfang einer christlichen Erziehung genossen. Zumindest darf ich das bei den Älteren von Ihnen vermuten. Die Jüngeren stehen heute vielfach abseits. Ich entsinne mich, wie überrascht und beinahe entrüstet Abiturientinnen aus einer christlichen Bekenntnisschule aus der Pariser Innenstadt reagierten, als ich ihnen vor einigen Jahren einige Dias von Christusikonen zeigte und dazu sagte, Christus sei Gott, der auf Erden erschienen ist, und Sohn Gottes und selbst Gott. Zeter und Mordio! Es war das erste Mal in ihrem Leben, daß sie so eine Ungeheuerlichkeit hörten. Zum Glück waren die braven Mädchen ehrlich. Eine Woche später sagten sie mir, sie hätten ein Buch von Jean-Claude Barreau zu Rate gezogen, der die gleiche Meinung vertrat. Was soll man von den christlichen Familien halten, die diese Schule ausgesucht hatten? Und von den Lehrern und Verantwortlichen? Zwar hatte ich auch einen lieben Mitbruder, der in diesen Gruppen mitarbeitet und nicht verstand, warum ich diesem Detail so viel Gewicht beimaß. Diese lieben Schülerinnen mußten sich mit Platon und Descartes beschäftigen, sie hatten wahrscheinlich oft das Glaubensbekenntnis aufsagen müssen, aber „Gott von Gott, Licht vom Lichte, wahrer Gott vom wahren Gott", das hatte sie nicht weiter beeindruckt.

Ein Minimum an Erläuterungen über die westlichen Christusvorstellungen scheint mir notwendig, damit das Unerhörte und Skandalöse meiner Theologie besser ermessen wird, die wohl weiß, daß auch sie sich der absoluten Wahrheit nur nähern kann. Aber ich bin sicher, daß sie der Wahrheit näher ist als die bisher übliche Auffassung. Ich versuche also eine

Zusammenfassung der geläufigsten Darstellung des Christusmysteriums in der westlichen Welt für die Dauer von vielen Jahrhunderten zu geben, wobei ich selbstverständlich vereinfachen muß, da ich in wenigen Zeilen einige Jahrhunderte der Überlegung und Debatte zusammenfasse.

Fangen wir mit dem Gemeinsamen an. Selbstverständlich hätte der Sohn Gottes, nach den westlichen Theologen wie nach den östlichen, auch nicht auf Erden in menschlicher Gestalt erscheinen müssen. Da sind sie einer Meinung. Nichts zwang ihn, unter uns ein Menschenleben wie alle Menschen zu leben. Aus Liebe zu uns und um uns zu retten, hat Er freiwillig gewählt, Fleisch zu werden. Bis dahin sind alle einer Meinung. Aber sobald es um das Kommen Christi, oder genauer gesagt, um seine Empfängnis im Schoße Mariä geht, sind die beiden großen christlichen Strömungen schon zerstritten. Das bleibt zu sehr im Dunkeln. Es wird nie erwähnt, weil die meisten westlichen Theologen es nicht einmal gemerkt haben. Ihnen erscheint ihre eigene Vorstellung als allein möglich. Deswegen haben sie nicht gemerkt, daß die Theologie der frühen Kirche ganz anders war, so wie die Theologie unserer Brüder im Orient, die bis heute die gleiche theologische Tradition wie am Anfang gehütet haben.

Christus hat in seinem Körper gelitten

Lange hat man Christus im Westen wie in zwei Teile zerteilt dargestellt. Man könnte vielleicht vermuten, diese Teilung entspräche seiner doppelten Identität: „wahrer Gott und wahrer Mensch", wie es im Glaubensbekenntnis der ersten Konzilien hieß. Aber nein! Es wurde komplizierter dargestellt. Das Menschliche beschränkte sich praktisch auf sein körperliches Erleben und das Göttliche auf sein Seelenleben.

Also heißt das in der Sicht der traditionellen Theologie im Westen, daß, sobald der Sohn Gottes sich aus Liebe zu uns entschieden hat, Mensch zu werden, er selbstverständlich schon im Schoß Mariens ein Leben unter den gleichen physischen Bedingungen wie jedes Menschenleben führt. Er ist zuerst ein Baby, wächst allmählich heran, hat Hunger und Durst, wird müde, verletzt sich beim Spielen, erkältet sich, hat Karies und schlechte Zähne, altert und eines Tages stirbt er. Selbstverständlich war er nicht gezwungen, am Kreuz zu sterben! Denn das steht nicht bei den Lebensbedingungen eines jeden geschrieben. Es ist eine Zugabe, wenn ich so sagen darf; eine Zugabe an Leid, wegen der Bosheit der Menschen, und eine Zugabe aus Liebe von Gottes Seite aus. Es geht darum, uns zu retten, uns besser und sicherer zu retten.

Nichts zwang Gott dazu, Mensch zu werden, aber hatte er es einmal so entschieden, so hatte er das alles mit akzeptiert, denn Mensch zu werden setzte das alles voraus. Zwar hatte er in seinem Erdenleben eigenartige Gaben geoffenbart, man würde heute sagen paranormale Gaben. Er las die Gedanken der Leute wie ein gutes Medium, heilte Kranke und Besessene, wirkte einige Mirakel wie ehemals einige Wundertäter der Antike oder wie heute der berühmte Sai Baba in Indien.

Daher halten ihn die Esoteriker für einen großen Eingeweihten. Christus besaß besondere Kräfte. Er wirkte echte Wunder. Er kannte Naturgesetze, die nur einigen wenigen Eingeweihten bekannt waren und die im geheimen seit Jahrtausenden weitergegeben werden. Diese Gaben waren verlorengegangen, nachdem die Urmenschen sie besessen hatten, und sie dürfen nur denen übermittelt werden, die ohne Fehler eine lange Initiation durchlaufen haben.

Bei den Theologen wurden diese außerordentlichen Ereignisse etwas ernster genommen. Sie vermuteten schon, diese göttlichen Gaben müßten sich aus seiner Gottesnatur erklären lassen. So wie Gott einigen Propheten oder Heiligen das Wirken von Wundern erlaubt hatte, so hatte er um so mehr die Macht, selbst welche zu wirken. Aber die Macht der Heiligen entrückte sie nicht aus ihrem Menschenleben. Die Macht Christi hinderte ihn nicht daran, im Grunde und für gewöhnlich ein Menschenleben wie alle Menschen zu führen. Sein Körper war den gleichen Gesetzen unterworfen wie unsere Körper.

Also betraf die Herrlichkeit Christi seinen Leib erst nach der Auferstehung. Dort geschah ein großer Sieg über den Tod und begann zugleich ein anderes Leben in einer anderen Welt, im Jenseits, unter notwendig anderslautenden Gesetzen. Ab diesem Augenblick der Auferstehung lebte Christus wie ein verherrlichter Mensch, er entging den Gesetzen unserer hiesigen Welt, dem Raum und der Zeit, der Schwere der Materie, er erschien und verschwand, wo er wollte, wann er wollte…

In der westlichen theologischen Tradition:
Christus litt nicht in seiner Seele

Aber dem christlichen Glauben nach ist Christus nicht nur ein „wahrer Mensch", sondern auch ein „wahrer Gott". In ihm sind die zwei Naturen vereint, die menschliche und die göttliche. Wir sahen bereits, daß diese Vereinigung praktisch keine Wirkung auf seinen menschlichen Leib hatte. Aber bei der menschlichen Seele Christi sei es ganz anders, behaupteten alle Theologen. Dort sei es umgekehrt. Seine Seele sei von vornherein ganz verherrlicht. Er wisse alles im voraus. Er sehe alles. Er sei Gott, und also ganz heilig, und daher könne er nur Abscheu für alles nicht Vollkommene, nicht ganz Reine, für alle Kompromisse, alle Schwächen empfinden. Unter diesen Umständen wäre, wie Sie verstehen, die hier vorgeschlagene theologische Interpretation ganz unmöglich. Sie könnte sogar als eine Blasphemie erscheinen. Gott sei versucht worden? Und wodurch denn? Er, der Unendliche, Absolute, sei von irgendeiner der Kreaturen versucht worden, die Er selbst erschaffen hat… Das ist vollkommen lächerlich. Er, der die absolute Großmut, die vollkommene Liebe ist, wie könnte er versucht werden, irgend etwas für sich zu behalten? Man befindet sich in einem Widerspruch.

Jedoch sprechen die Evangelisten selbst von der Versuchung Christi nach der Taufe im Jordan. Aber dann konnte er nicht wirklich tief angefochten worden sein. Ich würde hier übrigens gern anerkennen, daß diese Erzählung vor allem einen symbolischen Wert hat. Die Apostel waren in diesem Augenblick bestimmt nicht anwesend. Sie konnten davon nur aus einigen Worten Christi wissen, die sie wohl interpretiert haben. Diese Erzählung ist sicher das Symbol eines wahren Mysteriums. Es handelt sich nicht nur um ein pädagogisches Lehrbeispiel. Durch die symbolische Erzählung gewinnt man einen Einblick in das Mysterium von Christi Leben. Die Mystiker haben es auch so verstanden, wie wir sehen werden. So sehe ich auch die dreifache Versuchung am Ende seines Lebens im Garten Gethsemane. Jede Interpretation, die den Sinn dieser Versuchung abschwächt, verfehlt sicherlich das Wesentliche am Mysterium Christi. Aber genau so verfuhren die westlichen Theologen. Für den heiligen Thomas von Aquin konnte Christus in diesem Augenblick nur „einen Anfang der Angst", einen „Anflug von Traurigkeit" gekannt haben, den er schnell überwunden hatte.[13]

Selbst das Leiden am Kreuz erschien sehr abgeschwächt. Lediglich ein gewisser physischer Schmerz wurde zugegeben, aber die Seele Christi blieb unberührt. Der heilige Thomas behauptete, „die Seele Christi sei vom Anfang der Empfängnis an verherrlicht gewesen, dank dem vollkommenen Besitz der Göttlichkeit"[14]. Dieser kleine Satz scheint harmlos, aber in Wirklichkeit geht es dabei um ein ganzes theologisches Konstrukt, dem

---

[13] Thomas von Aquin, *Summa theologiae* III a pars, questio 15 Artikel 6 *ad primum* und Artikel 7, ad primum.

[14] *Summa theologiae*, IIIa pars, questio 54, Artikel 2, Antwort 3 (s. o.).

zufolge Christus ständig, selbst noch am Ölberg, die „Visio beatifica", das heißt die Glückseligkeit des ewigen Lebens genoß. Dann ist nicht mehr recht nachvollziehbar, wie ihn das Leid noch tief treffen konnte. Am seltsamsten ist dabei, daß aber trotzdem genau dieses Leid dem Vater die notwendige Genugtuung zur Vergebung unserer Sünden leisten sollte. Im Jahre 1943 machte es Pius XII. noch zur Pflicht für alle katholischen Theologen, den Glauben an die Visio beatifica Christi schon ab Mariä Schoß zu verteidigen.[15] Aber eine Enzyklika überlebt den schreibenden Papst selten. Und manchmal ist es sehr gut so. Seit dem Tod Pius XII. vertritt niemand mehr diese Meinung.

Es sei am Rande die Bemerkung gestattet, wie in der römisch-katholischen Kirche ein Abgrund zwischen offizieller Theologie und Volksfrömmigkeit klafft. Zu der gleichen Zeit nämlich wurden in vielen Exerzitien die Gläubigen aufgefordert, über das Leiden Christi zu meditieren. Einmal mehr erwies sich die Volksfrömmigkeit als wahrscheinlich tiefer als die intellektuellen Konstrukte der Theologen. Die psychischen Reaktionen der Stigmatisierten, über die ich bereits schrieb, hingen bestimmt mit dieser sogenannten „Volksfrömmigkeit" zusammen. Sie litten wirklich.

Die Theologie des „Menschen Jesus"

Seit jetzt ungefähr fünfzig Jahren haben die westlichen Theologen die beiden Hälften der Menschennatur Christi, seine „Seele" und seinen Leib, wieder zusammengefügt. Sie haben es ganz aufgegeben, zwischen beiden zu trennen. Ihnen zufolge war die Seele Christi von seiner Göttlichkeit nicht viel mehr verherrlicht als unsere Seele auch. Christus erscheint nur noch wie ein Mensch wie alle anderen. Die Trennung besteht nicht mehr zwischen seiner Seele und seinem Leib, sondern zwischen seiner Göttlichkeit und seiner Menschlichkeit. Beides kommt erst wirklich nach der Auferstehung zusammen. Dort erst werden Leib und Seele Christi wirklich gleichzeitig verherrlicht. Es muß zugegeben werden, daß viele Theologen kaum noch wissen, was mit seiner Göttlichkeit anzufangen sei. Sie sehen nur noch die menschliche Seite, den „Menschen Jesus". Er ist für sie der mit Gott am engsten verbundene Mensch der ganzen Menschheitsgeschichte; der Mensch, der die göttliche Liebe am besten beantwortet hat; ein vom Wirken Gottes in sich nach und nach vergöttlichter Mensch –

---

[15] In der Enzyklika *Mystici Corporis* aus dem Jahre 1943.

166

obwohl sie dieses Wort „Vergöttlichung", das ihnen schon übertrieben scheint, kaum zu gebrauchen wagen.

Aber dann: So überlegen er jedem von uns gewesen sein mag, wie großmütig er auch war, war er bestimmt nicht göttlich vollkommen. Wenn Christus schließlich nur der größte aller Heiligen gewesen ist, so hat er uns nicht erlösen können, seine Liebe konnte sicher nicht ausreichen, uns alle von der Last, von so vielen Egoismen, so vielem Haß durch die Jahrhunderte zu befreien. Er konnte uns allerhöchstens ein gutes Beispiel geben. Und darauf reduziert sich auch tatsächlich die Theologie vieler Theologen.[16]

Letzten Endes sagen sie hier nichts anderes als die Vertreter der Esoterik, die darin von den „hohen Wesenheiten" des Jenseits unterstützt werden. Christus ist hier nur noch ein großer „Eingeweihter".

Und, als wolle man ihn noch mehr verkleinern, werden ihm Lehrmeister zugewiesen, die belegen sollen, er könne unmöglich allein all das entdeckt haben, was er uns gelehrt hat. Er wird auf einem Spaziergang durch ägyptische Tempelund zu den persischen Weisen mitgenommen, es werden ihm einige Gurus aus Tibet zugewiesen. Bei einigen Autoren wird er sogar von Außerirdischen entführt. Warum nicht? Es werden ja überhaupt keine ernsten Beweise verlangt. Welche Offenbarungen! Es gibt angeblich reichlich mediale Berichte, automatische Schriften, „Astralreisen", Regressionen in frühere Existenzen, usw. Übrigens je mehr, desto besser. Da all diese Offenbarungen sich widersprechen, neutralisieren sie sich gegenseitig.

Über eine solche Theologie möchte ich nicht viel sagen. Vom Christentum bleibt hier nicht viel übrig. Aber sie ist das logische Ergebnis einer langen Entwicklung, die mit Thomas von Aquin begann und bei der die Theologen nur einen einzigen Gedanken hegen: Sie wollen vernünftig reden, damit die Ungläubigen nicht schockiert werden, in der Hoffnung, sie würden dann endlich den christlichen Glauben ernst nehmen. Aber selbstverständlich kommt es genau umgekehrt. Das ist heutzutage offensichtlich.

---

[16] Dies alles viel ausführlicher in *Pour que l'homme devienne Dieu*.

Kapitel 9

Das Mysterium Christi

Ich muß Sie jetzt warnen. Was ich nun darlegen möchte, ist schwer zu glauben. Es wird Sie nicht sehr beeindrucken, wenn ich sage, daß dies mein persönlicher Glaube ist. Aber bedenken Sie, daß auch Tausende von heiligen Christen aus dem Osten wie dem Westen davon überzeugt sind.

So muß auch das Verständnis der Theologen aus den ersten christlichen Jahrhunderten gelautet haben, der Theologen, die „Kirchenväter" genannt werden. Diese Tradition hat sich im christlichen Orient mehr oder weniger lebendig erhalten. Aber es stimmt: Was ich jetzt darlegen möchte, ist Lichtjahre von dem entfernt, was gemeinhin im Westen über Christus ausgesagt wird. Jedes Jahr erscheinen neue Bücher über das Leben Christi, die eine Bestandsaufnahme der jetzigen Kenntnisse versuchen. Ich zitiere niemand, es wäre uninteressant. Aber die Tendenz ist stets die gleiche. Es wird uns erklärt, nicht die faktische Wirklichkeit sei das Wichtige, sondern ihre Deutung. Es sei nicht wichtig zu wissen, ob bei der Hochzeit zu Kana Christus das Wasser zu Wein verwandelt habe oder nicht (im übrigen ist es wenig wahrscheinlich). Wichtig sei, daß wir dank dieser Erzählung verstehen, daß ab jetzt die Hochzeit Gottes mit seinem Volk vollzogen wird. Es sei nicht wichtig zu wissen, ob die Heilige Familie nach Ägypten geflüchtet sei oder nicht (und übrigens ist es nicht wahrscheinlich). Wichtig sei, daß wir auf diese Weise verstehen, daß Christus sich mit seinem aus Ägypten geflüchteten Volk gleichsetzt. Es sei nicht wichtig zu wissen, ob Christus die Brote wirklich vermehrt hat (und übrigens ist es wenig wahrscheinlich). Wichtig sei, daß wir dank diesem Symbol den Sinn des Teilens in der Eucharistie verstehen. Und so weiter: Es sei nicht wichtig zu wissen, ob Christus wirklich von einer Jungfrau geboren sei, ob er Lazarus wirklich auferweckt habe, ob er nach seinem Tode den Aposteln wirklich erschien… Aber so erzählen die Evangelisten doch nicht. Sicher, wenn die Apostel nach und nach zu der Überzeugung gelangten, Christus sei Gott, verdanken sie diese Einsicht seiner Lehre, seiner außerordentlichen spirituellen Haltung, die sie stark beeindruckt haben muß. Aber sie verdanken sie auch zum großen Teil diesen außerordentlichen Zeichen, die Christus vor ihren Augen wirkte. Als die Jünger des heiligen Johannes des Täufers Jesus fragten: „Bist du derjenige, der kommen soll, oder müssen wir auf einen anderen warten?", antwortete Jesus: „Berichtet Johannes, was ihr gesehen und gehört habt: Blinde sehen, Lahme gehen, Aussätzige werden rein, Taube hören, Tote werden auferweckt, und den Armen wird das Evangelium verkündet." Wenn jedesmal, als Christus versuchte, solche Wunder zu wirken, alles scheiterte, dann war die Beweisführung bestimmt nicht sehr überzeugend! Wenn dieser Bericht selbst nur eine Erfindung ist, wenn alle diese in den Evangelien tradierten Zeichen nur eine Art metaphorische Sprache zu unserem Nutzen sein sollen, was sind dann die echten Zeichen, die sie überzeugten? Und warum wurden sie nicht tradiert? Waren sie zu subtil, zu klein, zu subjektiv? Hätten sie befürchten müssen, diese Zeichen wären unzureichend, uns auch zu überzeugen, und hätten sie es für klüger gehalten, andere zu erfinden, auffälligere? Aber was berechtigt uns, zu behaupten oder selbst zu vermuten, daß sie uns nicht die echten Zeichen übermittelt haben, durch die sie zum Glauben an Jesus kamen? Ich sage es Ihnen. Das kommt daher, weil all diese Exegeten es für selbstverständlich halten, eine Jungfrau kann nicht gebären, keiner kann auf Wasser schreiten, und Blinde können nicht durch Speichel wieder sehend gemacht werden, die Toten können den Lebenden nicht erscheinen, weil sie tot sind usw. Das ist der Kern der Frage. Alles andere ist nur Theologenhandwerk.

Die Evangelisten erzählen, das Grab Christi sei von den Aposteln leer vorgefunden worden, die daher zum Glauben kamen. Für viele Exegeten haben die Apostel gefühlt (man weiß nicht wie), daß in einem gewissen Sinne (man weiß nicht welchen) Christus noch am Leben war und damit wir es glauben sollten, haben sie aus freien Stücken diese Geschichte vom leeren Grab erfunden. Was aber ist ihre Überzeugung wert, wenn sie nicht die echten Gründe nannten? Ich vereinfache kaum. Da liegt das ganze Problem.

Aber wie ich schon sagte, im Leben der Heiligen lassen sich viele ähnliche Phänomene nachweisen. Die Zeugen sind manchmal sehr zahlreich und über jeden Zweifel erhaben. In ihrem Fall geht es bestimmt nicht um eine Sprache, die uns etwas anderes zu verstehen geben will als das, was sie sind. Zudem existieren diese Phänomene auch in anderen Religionen und manchmal auch außerhalb jeden religiösen Bezugs.

In einer neueren Doktorarbeit, die an der Fakultät für Rechtswissenschaften der Freien Universität Berlin entstand, erklärt Harald Grochtmann,[1] die überwiegende Mehrheit der heutigen Theologen oder Exegeten

---

[1] Harald Grochtmann, „Unerklärliche Ereignisse, überprüfte Wunder und juristische Tatsachenfeststellung", Verlag Maximilian Kolbe, 1989.

lasse die Wirklichkeit der Wunder nicht mehr gelten. Als Jurist aber, der an die strengen Regeln von Zivilprozessen gewöhnt sei, habe er sich mit Seligsprechungsprozessen befaßt, in denen Wunder eine wichtige Beweiskraft besitzen. Er erkennt die strenge Wissenschaftlichkeit der von kirchlichen Behörden geführten Untersuchungen an, und zieht daraus den Schluß, es könne nicht mehr an der Realität dieser Tatsachen gezweifelt werden. Logischerweise muß er sich dann fragen, warum die Theologen derselben Kirche bei den Wundern Jesu so skeptisch sind. Und da muß er erkennen, daß bei all diesen Theologen von diesen Seligsprechungs- und Heiligsprechungsprozessen nie die Rede ist. Sie versuchen die Existenz dieser Wunder nicht zu widerlegen, sondern sie ignorieren sie einfach und tun so, als hätten sie nie davon gehört. Sie wollen sich mit diesen Phänomenen nicht auseinandersetzen, weil sie sich mit ihren Theorien nicht vertragen, mit ihrer intellektuellen Entwicklung als Gelehrte nicht zusammenpassen. Gott setzt Zeichen, aber die Theologen wollen sie nicht sehen. Sie haben panische Angst vor den Tatsachen. Es ist im Grunde eine neue feindselige Haltung gegenüber jeder Art von Aufklärung (Obskurantismus), aber im umgekehrten Sinne, als dies ursprünglich gemeint war.

Wenn alle „wunderbaren" Elemente aus den Evangelien entfernt werden, werden damit praktisch alle konkreten Elemente entfernt. Ein solcher Gott hat keinerlei Einfluß auf die Welt. Er hat sich in den Ruhestand versetzen lassen, zumindest bis zum Ende der Zeiten. Das führt dazu, daß diese „Glaubenssicht" nur noch eine Philosophie unter anderen ist.

Zurück zu den Quellen

Die Vorstellungen der frühen Christen waren weit entfernt von den rationalistischen Skrupeln moderner Exegeten. Im Westen werden sie nur allmählich in ihrer Gesamtheit dank ziemlich aktueller und überall entstehender Arbeiten bekannt. Ich bin nicht schlauer als andere. Ich habe nichts erfunden. Was ich hier darlegen will, verdanke ich der Forschung von vielen Experten. Aber Sie erinnern sich, ich erwähnte bereits, wie sich einige Fachleute des frühen Christentums wunderten, als sie entdeckten, der griechische Kirchenvater, dessen Werk sie gerade untersuchten, war der Überzeugung, Christus habe nicht nur den Körper und die Seele eines Menschen, eines einzelnen Menschen, angenommen, sondern er sei in gewisser Weise in der ganzen Menschheit Fleisch geworden. Ein solcher Gedanke verblüffte sie. Wie ein Huhn, das eine Zahnbürste findet. Jedesmal dachten sie, es handle sich nur um eine seltsame Anwandlung eines einzigen Autors. Sie versuchten ihn zu entschuldigen und schämten sich für ihn.

Das gleiche gilt für die theologischen Vorstellungen, die ich jetzt darzustellen habe.

Jedesmal wundern sich die heutigen Theologen über das, was sie bei den Theologen der ersten christlichen Jahrhunderte entdecken, so sehr, daß sie versucht werden, bei ihnen nur ungeschickte Ausdrucksweise oder außergewöhnliche, eigenartige Vorstellungen eines einzelnen Autors zu vermuten. Dem ist nicht so. Was ich hier skizziere, ist die gemeinsame Sicht der Gesamtheit der frühen Kirche. Jeder dieser großen Theologen, die oft zugleich Mystiker waren, sagt es in seinen eigenen Worten. Von einem zum anderen können einige Schattierungen anders sein, aber im wesentlichen verstehen sie alle das Mysterium Christi auf gleiche Weise. Ich muß hinzufügen, das wahre Christentum findet man tatsächlich bei den griechischen Vätern und den „östlichen" Vätern.[2]

Bei den ersten sieben ökumenischen Konzilien, d.h. bei denen, die das Wesentliche an unserem christlichen Glauben festgelegt haben, waren unter insgesamt über 3000 Bischöfen nur 25, die Latein sprachen. Jeder Mensch darf selbstverständlich seine eigene Theologie bauen. Aber wer an den Glauben der Urkirche anzuknüpfen vorgibt, muß diesen vor allem in der Theologie derer suchen, die diese Konzilien gestalteten. Aber im Westen wurden zu oft nur die Formeln aus den Konzilien beibehalten, während die Theologie, aus der sie stammten, ignoriert wurde.

Christus, wahrer Gott und wahrer Mensch

Für alle Theologen des christlichen Orients, wie wir schon bei dem heiligen Kyrill von Alexandrien sahen, gibt es bei Christus eine echte Vereinigung der göttlichen und der menschlichen Natur. Zwar weiß niemand, was die „göttliche Natur" sein soll, und wir wissen auch nicht wirklich, was die menschliche Natur ist. Wir wissen weder, was Geist ist, noch was Materie ist. Die Naturwissenschaftler sprechen nicht mehr von Materie und nicht einmal mehr von Teilchen. Sie sprechen eher von Wellenfunktionen. Aber die Zeit ist nicht mehr weit, in der sie dann diesen Ausdruck doch lieber aufgeben werden, um eine neue Ausdrucksweise zu wählen, die sich

---

[2] Diejenigen, die in anderen Sprachen schrieben als in griechisch: in armenisch, syrisch, koptisch, georgisch usw.

dann als genauso vorläufig erweisen wird. Wenn Theologen über die Union beider Naturen in Christus sprechen, meinen sie damit nicht die physische oder chemische Zusammensetzung dieser Union. Sie gebrauchen eine normale Sprache. So spricht man auch über „Leben" , obwohl niemand weiß, was Leben ist; man spricht über „Liebe", und die Liebe bleibt ein Geheimnis usw.

Alle diese Wörter sind nur praktische Bezeichnungen, aber sie können ausreichen, sehr wichtige Dinge auszusagen.

Also war für die Theologen aus den ersten christlichen Jahrhunderten Christus zugleich wahrer Gott und wahrer Mensch, und das schon bei der Empfängnis im Schoße Mariä. Dadurch wurde seine Menschennatur schon bei seinem Erscheinen auf dieser Erde verherrlicht und vergöttlicht.

Das geht so weit, wie wir beim heiligen Kyrill von Alexandrien sahen, daß Christus sich auf diese Weise in seinem Leib selbst, wie in seiner Seele, den Grenzen der Zeit und des Raumes entzieht. Was in gewisser Weise von den Theologen des Westens Christus nur für die Zeit nach der Auferstehung zugestanden wird, dachten die Theologen der Urkirche schon über Christus als Kind, ja als Baby im Schoße seiner Mutter.

Die Verklärung erhellt alles[3]

Am deutlichsten wird diese Interpretation des Mysteriums Christi bei der außerordentlichen Verklärungserzählung. Sie erinnern sich an diese wunderbare Textstelle (Matth. 17, 1-8. Mark. 9, 2-8. Luk. 9, 28-38).

Christus nahm Petrus, Jakobus und Johannes mit sich, um etwas abseits auf einem Hügel zu beten. Dort wurde er vor ihnen „verklärt", d.h., sein Gesicht wurde heller als die Sonne und sein Gewand strahlend weiß. Moses und Elia erschienen an seiner Seite, und eine Stimme ertönte im Himmel: „Dieser ist mein geliebter Sohn, auf ihn sollt ihr hören."

So wie die Meditation der Kirche über das Mysterium Christi tiefer wurde, wirkte mehr und mehr diese Episode wie ein Entwickler in der Phototechnik, so daß dort klar wurde, wer Christus wirklich ist. Die Kirchenväter verstanden, dieses Licht, diese Herrlichkeit, fiel nicht wie von einem Scheinwerfer auf Christus herab. Es war nicht nur ein Zeichen, das Gott von außen gab, um die Sendung seines Sohnes zu beglaubigen. Denn dann hätte das Zeichen nur für einen Augenblick aufgeleuchtet. Nein, die mysti-

---

[3] Mit oder ohne Wortspiel.

schen Theologen verstanden diese Herrlichkeit in Wirklichkeit als das Strahlen der Göttlichkeit Christi durch sein Fleisch und selbst durch seine Kleidung hindurch: „Heute wurde gesehen, was dem menschlichen Auge unsichtbar ist : ein irdischer Leib, der vor göttlicher Herrlichkeit strahlt, ein sterblicher Leib, der die Herrlichkeit der Gottheit verströmt... denn die Herrlichkeit kam nicht von außen in den Leib, sondern von innen, aus der übergöttlichen Göttlichkeit des Wortes Gottes, dem Leib war sie einverleibt gemäß der Hypostasis, auf unsagbare Weise."[4]

Und da diese Herrlichkeit „von innen" kommt, da sie das Strahlen der Göttlichkeit durch die Menschennatur hindurch ist, muß sie Christus schon immer besessen haben.

Daraus zieht der heilige Johannes Damascenus alle Konsequenzen: Nicht ist diese Herrlichkeit für einen Augenblick über Christus gekommen, sondern die Apostel wurden für einen Augenblick befähigt und würdig gemacht, die Herrlichkeit zu sehen, die er schon immer besaß.

„In der Verklärung ist Christus nicht zu dem geworden, was er vorher nicht war, sondern er erschien seinen Jüngern, so wie er war, öffnete ihnen die Augen, schenkte den Blinden das Augenlicht."[5]

Christus inkarnierte in all seiner Herrlichkeit

Dann ist alles anders! Durch diese Herrlichkeit transzendiert die Menschlichkeit Christi notwendigerweise Zeit und Raum und befindet sich also gleichzeitig jenseits der Gesetze des Universums, zumindest des materiellen Universums. Hier war das Denken der griechischen und orientalischen Väter ganz zusammenhängend. Sie dachten ihre Gedanken zu Ende. Da durch die Union der beiden – göttlichen und menschlichen – Naturen die menschliche Natur verherrlicht wurde und auf ihre Art an den Eigenschaften der göttlichen Natur teilhatte, hätte Christus normalerweise nie altern dürfen. Er hätte sich nie erkälten dürfen, auch nicht mitten im Luftzug. Er hätte sich nie am Knie verletzen dürfen, selbst nicht beim Hinfallen, und er hätte den Tod nie erleiden dürfen. Denn die Herrlichkeit des auferstandenen Christus, der jetzt in der Ewigkeit lebt und dessen Rückkehr wir geheimnisvoll erwarten, diese Herrlichkeit besaß er schon im Schoße Mariens, seine Menschlichkeit bekam diese Herrlichkeit direkt

---

[4] Heiliger Johannes Damascenus. *Patrologie grecque* de Migne.
[5] Ibid.

von seiner Göttlichkeit.[6] Wenn er trotzdem wie wir lebte, so, weil er es wollte, und um unseres Heiles willen. Ich bringe hier nicht zuviel Zitate. Sie sind oft ein wenig schwer zu verstehen, denn sie müssen in ihrem Zusammenhang gelesen werden, der Wortschatz eines jeden Autors muß berücksichtigt werden. Aber ich habe schon an anderer Stelle sehr viele Zitate aus allen Gegenden der Christenheit, aus allen Jahrhunderten und in vielen Sprachen gebracht.[7] Im Folgenden werden einige davon zitiert.

Eine kleine Auswahl unglaublicher Behauptungen

Also, es stimmt, Christus ist aufgewachsen und hat allmählich viele Dinge wie ein Kind gelernt. In Wirklichkeit hätte er sehr wohl „in der Gestalt eines Kindes eine erstaunliche Weisheit zu Tage treten lassen können. Aber es wäre etwas ungeheuerlich und der „Heils-Ökonomie" schlecht angepaßt gewesen… diesem Plan gemäß erlaubte er den menschlichen Begrenzungen, über sich zu bestimmen."[8]

„Ökonomie" bedeutet hier nicht das, was wir gewöhnlich darunter verstehen. Es geht nicht um Wirtschaft oder Budget. Aber so, wie ein guter Ökonom oder selbst ein Finanzminister eine Wahl treffen muß, Prioritäten setzen und an anderer Stelle einige Zugeständnisse machen muß, so muß auch Gott und manchmal die Kirche einige Maßnahmen ergreifen, die ein wenig vom Normalen abweichen, damit ihr Plan aufgeht. In der theologischen Tradition des Orients gebraucht man dieses Wort oft. Wir werden ihm nochmal begegnen.

Es stimmt zwar, daß Jesus gegessen hat. Aber es wäre „lächerlich" zu behaupten, daß er essen mußte, um am Leben zu bleiben. Er wollte nur beweisen, daß er einen echten Körper hatte und kein Gespenst war.[9] Andere Autoren würden etwas weitergehen und zugeben, daß er manchmal Hunger und Durst verspürte wie andere Menschen, aber nur weil er wollte und wann er wollte. Nachdem er vierzig Tage in der Wüste gefastet hatte, verspürte Christus Hunger. Dies kam, weil er „der Natur die Gelegenheit gab, das, was ihr eigen ist, zu vollziehen." Selbst am Kreuz, als Christus einen Trank erbat, „wäre es dem Wort Gottes, das alles kann, nicht schwer gewe-

_____

[6] Über die Theologie der Verklärung Christi, s. *Pour que l'homme devienne Dieu.*
[7] S. *Pour que l'homme devienne Dieu.*
[8] Kyrill v. Alexandrien, gest. 444. In griech. Sprache.
[9] Klemens v. Alexandrien, gest. etwa 211–215. In griech. Sprache.

sen, so zu wirken, daß das sein eigenes Fleisch nicht betrifft. Aber da er es das andere erleiden ließ, erleidet er auch dies nach seinem Gutdünken."[10]

Normalerweise war Christus „von Geburt an von Leidenschaften, Krankheiten, Hunger und Durst, Schlafbedürfnis, Angst und Furcht frei." Aber vor allem war er natürlich unsterblich. Wenn Christus all unsere Bedürfnisse empfand, so war es nicht „auf natürliche Weise", „notwendig", sondern „willentlich" und nicht nur, weil er Fleisch geworden war, sondern weil er jeden Augenblick so wollte.[11]

„Auch wir erkennen an, daß seine Leiden willentlich waren, und daher sagen wir nicht, daß er sie wie wir erleiden mußte; sondern wir sagen, daß er sich willentlich den Naturgesetzen unterwarf und willentlich seinen Leib dem Leiden unterwarf, das ihm wie dem unsrigen eigen ist."[12]

„Denn er gab, wann er es wollte, der menschlichen Natur Gelegenheit, das zu wirken und zu erleiden, was ihr eignet… denn nicht gezwungenermaßen ertrug er diese Dinge, obwohl sie naturgemäß und menschlich geschahen und er sie durch menschliche Bewegung tat und wirkte… Und dies, wenn er selbst sich dazu entschieden hatte, als Mensch zu leiden, zu handeln und zu wirken… und nicht wenn die natürlichen und fleischlichen Bewegungen zu der Wirkung gedrängt wurden… Denn er war für sich selbst der Regler der Leiden und der menschlichen Taten, und nicht nur der Regler, sondern der Leiter und Schiedsrichter, obwohl er eine natürlich leidensfähige Natur angenommen hatte", und er nahm diese Dinge an. „Nicht durch Zwang und Notwendigkeit, nicht gegen seinen Willen, wie wir es tun, sondern so oft und soviel er wollte, und er stimmte zu, denjenigen zu Willen zu sein, die ihn peinigten, oder den Leidenschaften, die der Natur gemäß wirken."[13]

Christus hat wirklich Durst und Hunger verspürt. Nicht aus Not, wie wir, sondern „willentlich". Er hat sogar Angst gehabt, aber auf eine Weise, die über uns ist. „Denn im Herrn gebietet die Natur nicht über den Willen wie bei uns." Warum? „Weil wir Christus nicht als vergöttlichten Menschen verkünden, sondern als vollkommen inkarnierten Gott."[14]

Wir befinden uns also hier in einer theologischen Tradition, die genau das Gegenteil aussagt wie die westliche Theologie, wobei diese letzte sich

---

[10] H. Gregor v. Nyssa, gest. 394. In griech. Sprache.
[11] Philoxen v. Mabbog, gest. 523. In syrischer Sprache.
[12] Theodor v. Raithu, nach 553. In griech. Sprache.
[13] Heil. Sophron v. Jerusalem, gest. 639. In griech. Sprache.
[14] Heil. Maximus Confessor, gest.662; in griech. Sprache.

sogar scheuen würde, von „Vergöttlichung" der menschlichen Natur Christi zu sprechen.

Zwar kannte Christus Hunger, Durst, Müdigkeit und Schlafbedürfnis, aber „sie haben sich ihm nicht mit Gewalt aufgedrängt, wie es bei uns ist. „In gleicher Weise wurde Christus nicht gedrängt zu weinen, weder von der göttlichen, noch von der menschlichen Natur."

Jedoch sollte nicht der Schluß gezogen werden, er habe unsere Prüfungen nicht „wirklich und wahrhaftig" mit uns ertragen. Wenn er es wollte, „gewährte" er seiner Natur, den Gesetzen zu folgen, er „erlaubte" seiner Menschennatur das, was ihr natürlich ist.[15]

Es stimmt zwar, daß Christus in seinem Fleisch alle Schwächen der menschlichen Natur mit ertrug, das, was im griechischen und orientalischen Wortschatz „die nicht strafbaren Leidenschaften" genannt wird.[16]

„Diese Leidenschaften bilden keine Korruption, und sie existieren bei Jesus Christus, aber willentlich, und sie sind willentlich, nicht wegen der willentlichen Inkarnation, sondern weil in jedem Augenblick seines Lebens Jesus Christus sich den Naturgesetzen unterwarf.[17]

Diese Theologie ist im Westen unbekannt

Ich hoffe, Sie verzeihen mir, wenn ich diese ganze Reihe von immer gleichen Zitaten anbringe. Ich wollte zeigen, daß ich nichts erfunden habe. So glaubt die Gesamtheit der „Väter"; es ist die Gesamtheit derjenigen, welche die christliche Dogmatik erarbeitet haben. Wir können sie heute nicht mehr verstehen, wenn wir die Hintergründe ihrer Sicht des Mysteriums Christi nicht kennen oder nicht akzeptieren. Da hätte ich jedesmal die überraschten Kommentare der westlichen Übersetzer oder Kommentatoren zitieren können, als sie diese Theologie entdeckten. So hätten Sie besser verstanden, wie fremd solche Begriffe der westlichen theologischen Tradition sind. Die Kommentatoren denken übrigens oft, der Autor, den sie untersuchen, sei ein Ausnahmefall. Sie sehen nicht ein, daß dies der traditionelle normale Glaube der Gesamtheit der östlichen Christenheit ist. Deswegen zeigen sie oft eine deutliche Mißbilligung all dieser Theorien, die ihnen nicht nur seltsam, sondern mehr oder weniger häretisch vorkom-

---

[15] Nonnos v. Nisibe, gest. nach 862; in syrischer Sprache.
[16] Das Wort „Leidenschaft" bedeutet alles, was man fühlt, vom natürlichen Bedürfnis bis zur leidenschaftlicher Liebe.
[17] Heil. Nerses Chenorhali, gest. 1173; in armenischer Sprache.

men. Sie sehen also, wie tief der Abstand ist. Die hier vorgestellte Theologie ist für die einen traditionell und normal und für die anderen unbekannt oder gar falsch. Daher mußte ich mit der ersten Auflage meines Buches „Damit der Mensch zu Gott wird" zu einem orthodoxen Verleger.[18]

Die Wahrheit kann manchmal unwahrscheinlich sein

Ich kann sogar verstehen, wenn auch Ihnen eine solche Auffassung der Inkarnation seltsam erscheint. Verwerfen Sie sie aber nicht vorschnell. Ich hatte Sie ja gewarnt. Aber die Wirklichkeit einer Inkarnation Gottes ist ja selbst phantastisch, nicht meine Darlegung. Denken Sie einmal an all die Zeugenaussagen der Heiligen und Mystiker, die jahrelang leben oder arbeiten konnten, ohne zu trinken und zu essen. Wenn sie es versuchten, um unbemerkt zu bleiben, oder weil sie auf Besuch waren, machte es sie krank. Sie übergaben sich.

Denken Sie auch an alle Heiligen, die viele Male an vielen Orten gleichzeitig zu sehen waren, an die Phänomene der Bilokation, an die Menschen, die sich vom Boden abheben, phantastisch hell erscheinen, usw.[19]

Im Fernsehen wird Desinformation betrieben

Ich flehe Sie an, lassen Sie sich nicht beeindrucken, wenn Sie im Fernsehen verschiedene Sendungen sehen können, in denen direkt oder indirekt diese Art von Erscheinungen angezweifelt wird. Die Verantwortlichen aus dem Sender haben vielleicht sehr viel Angst davor, Tausende von wütenden Protestbriefen von seiten der „Wissenschaftler" zu bekommen. Deshalb müssen sie sich vorsehen und für Widerspruch sorgen. Am besten arbeiten sie vor, indem sie, koste es, was es wolle, andere Meinungen vertreten lassen. Am besten eignen sich Universitätsprofessoren mit vielen Titeln, die

---

[18] Ymca-Press, 1983. Der Name dieses Verlegers soll Sie nicht irreführen. Es geht tatsächlich um einen russischen Verleger in Paris.

[19] S. das oben erwähnte Buch von Joachim Boufflet: *Encyclopédie des phénomènes extraordinaires dans la vie mystique* (F. X. de Guilbert, 1992) S. auch Herbert Thurston: *Les phénomènes physiques du mysticisme* (Le Rocher, 1986) Aimé Michel: *Metanoia, phénomènes physiques du mysticisme* (Albin Michel, 1986) Hélène Renard: *Des prodiges et des hommes* (Philippe Lebaud, 1989); Evelyn Underhill: *Mystik. Eine Studie über die Natur und Entwicklung des religiösen Bewußtseins im Menschen. Unveränderter Nachdruck von 1928* (Bietigheim, Turm Verlag 1974).

sich aber auf diesem besonderen Gebiet nicht auskennen. Diese Unwissenheit erlaubt ihnen, um so selbstsicherer gegen alle Aussagen aufzutreten. Ich habe dies bei Sendungen immer wieder festgestellt, an denen ich teilnahm, zum Beispiel ging es dabei um Nahtod-Erfahrungen. Und jedesmal konnte ich nach der Sendung nachprüfen, was ich vermutete: Diese Wissenschaftler von hohem Rang hatten zugesagt, mit Autorität und wieviel Autorität! über ein Thema zu reden, das sie nicht kannten. Sie hatten a priori viele „kleine" Erklärungen aufgebaut, ohne zu wissen, daß andere Universitätskräfte mit gleicher Kompetenz und mit den gleichen Titeln sie schon seit Jahren untersucht hatten und beweisen konnten, daß sie nicht stichhaltig waren. Solche Wissenschaftler sind selbstgefällig und uneffizient. Es muß auch gesagt werden, daß bei solchen Sendungen in manchen Ländern die anwesenden Zuschauer nicht nur eingeladen werden. Sie werden bezahlt. Sie müssen an einigen Stellen applaudieren und an anderen Stellen ihre Mißbilligung bekunden. Es geschieht so ähnlich wie bei den Sendungen, in denen durch vorgespeicherte Lacher die Stellen gekennzeichnet werden, die als lustig zu gelten haben. In der Welt, in der wir leben, ist so vieles falsch und vorgefertigt! Wenn dies nicht durch Firmen geschieht, die nur Geld verdienen wollen, dann wird es durch staatlichen Einfluß geschehen, das ist noch schlimmer.

Herrlichkeit und Leid in Christus

Aber lassen Sie mich wieder auf das Mysterium Christi zurückkommen. Wenn Christus in seiner Menschennatur schon im Schoß Mariens vergöttlicht war, könnte man denn nicht befürchten, die westlichen Abweichungen von der rechten Lehre wieder zu vertreten, wonach Christus selbst am Kreuz eine „visio beatifica" genoß?

Nein! Die Theologie der christlichen Brüder im Orient ist sogar sehr weit davon entfernt. Das kommt daher, weil sie eine ganze Theologie des Leidens Christi entwickelt haben, die ganz anders ist, als wir sie kennen.

Für den Westen, so sahen wir bereits, war Christus sozusagen in zwei Hälften zerschnitten. Seine Seele lebte schon in der Seligkeit der Glückseligen, während sein Leib leiden konnte, damit sein Vater weniger wütend war. Abgesehen von den Schwierigkeiten, die sich ergeben, weil die Liebe Gottes dann in seltsamem Licht erscheint, ist es schwer einsehbar, warum man zwischen Seele und Leib trennen muß.

Die Tradition der frühen Kirche, die unsere Brüder im Osten aufrechterhalten haben, macht lieber einen anderen Schnitt. Es ist mir durchaus bewußt, daß jedes schematische Erklärungssystem von vornherein wenig vertrauenerweckend ist.

Aber das Schema der lateinischen Theologie widerspricht direkt dem Evangelium. Dagegen ist das Schema der Orthodoxie vollkommen evangeliumgerecht. Dazu kommt, wie wir noch in den folgenden Kapiteln sehen werden, die Tatsache, daß die Heiligen genau dasselbe Mysterium erlebt haben. Der Schnitt, den ich vorschlage, wird nicht mehr zwischen Leib und Seele ausgeführt, sondern er zerschneidet beides, Leib und Seele. Es geht darum, sowohl in der Seele als auch im Leib Christi zwei Momente oder zwei Aspekte zu unterscheiden: einen Aspekt der Herrlichkeit und einen Aspekt der Prüfung. Diesmal wird die Einheit Christi, Leib und Seele, nicht mehr bedroht. Der Leib wie die Seele, wir sahen es, haben Teil an der Vergöttlichung, die sich aus der Union der Schöpferkraft Gottes in Christus ergibt. Aber die Seele – wie der Leib – kann auch den Bedingungen unserer Welt überlassen werden, und sich fern von Gott befinden. Die Teilungslinie geht durch Leib und Seele hindurch. Diese beiden Aspekte des Lebens Christi sind keine Erfindung der Theologen. Man kann darüber auch in den Evangelien Spuren finden. Die „Kirchenväter" zogen daraus alle Konsequenzen. Die Art des Ausdrucks ist ein wenig abstrakt. Aber hinter den Worten steckt eine geheime Offenbarung.

Die Zeugenberichte

Also, auf der einen Seite schreitet Christus auf dem Wasser (Matth. 14,22–23), er befiehlt dem Wind und dem Sturm (Matth. 8,23–27), das Schiff, in das er steigt, befindet sich plötzlich auf der anderen Seite des Sees, ohne daß es ihn überquerte. Eine Kraft geht von ihm aus, als die blutflüssige Frau ihn gläubig berührt (Matth. 9,20–22). Er liest im Herzen der Leute und erzählt ihnen ihr eigenes Leben (Joh. 4,16–18). Er kündigt den Untergang Jerusalems an (Luk. 21,5–7). Sein Gesicht wird auf einmal leuchtender als die Sonne.[20] Schließlich vergibt er die Sünden mit der Autorität Gottes selbst (Luk. 5,20).

Auf der anderen Seite ißt er, trinkt er, leidet, ist „traurig bis zum Tode" (Matth. 26,38 und Mark. 14,34), und schließlich stirbt er. Aber es wird noch phantastischer, noch unglaublicher von der göttlichen Seite aus. Er

---

[20] Ich versuchte, diese Episode der Verklärung zu erhellen (ohne Wortspiel) im Lichte gewisser NTE. Siehe. *Les morts nous parlent.*

wird auf mysteriöse Weise in der Wüste am Anfang seines öffentlichen Lebens versucht, kurz nach der Kundgabe aus dem Himmel bei seiner Taufe. Und dort wird er dreimal versucht, wobei drei eine symbolische Zahl darstellt. So geschieht es, daß er noch einmal am Ende seines irdischen Lebens wieder dreimal versucht wird, nämlich im Garten Gethsemane, vor seiner Leidenszeit.

Die Versuchungen Christi

Drei Versuchungen am Anfang, drei Versuchungen am Ende. Es geht hier um eine wohlbekannte, festgelegte Sprache. Wenn es in der Schrift heißt, Gott schuf Himmel und Erde, so heißt das nicht, er schuf die Wolken oder die Vögel nicht, die zwischen beiden sind. Es heißt, Gott schuf alles, vom Himmel bis zur Erde. So auch, wenn Christus in der Akopalypse als Alpha und Omega vorgestellt wird (ApG: 1,8 und 21,6), in unserem Alphabet also entsprechend A und Z, so heißt das nicht, er ist kein M oder R. Es heißt, er ist alles, von Anfang bis zum Ende.

Also ist das ganze Leben Christi unter dem Druck der Versuchung zu betrachten. In seiner Erzählung der Versuchung Christi in der Wüste findet der heilige Lukas starke Worte: „Und da der Teufel alle Versuchung vollendet hatte, wich er von ihm eine Zeitlang" (Luk. 4,13).

Im Garten Gethsemane, bevor er festgenommen wurde, fing Jesus an zu beten. Was ist dann wirklich zwischen ihm und seinem Vater passiert? Die Apostel sollen ja geschlafen haben, Petrus, Jakobus und Johannes hatten die Erlaubnis bekommen, mit ihm zur Seite zu gehen. Es waren dieselben, die der Verklärung Christi beigewohnt hatten. Aber sie waren etwas abseits geblieben. Christus hatte sich noch weiter entfernt und blieb vor dem Angesicht Gottes mit seinem Vater in der Ewigkeit. Hat Christus wirklich laut gebetet? Konnten die drei Apostel wirklich hören, was er sagte? Es ist wenig wahrscheinlich. Die von den Evangelisten tradierten Worte sind wahrscheinlich eher eine Art Rekonstruktion, eine Zusammenfassung des Dramas, das die Apostel später erahnten.

Aber Christus schwitzte wie im Todeskampf, und sein Schweiß „tropfte wie Blut zur Erde". Das haben die Apostel wirklich gesehen. Wahrscheinlich jedesmal, wenn er wieder zu ihnen ging. Dieses Detail gibt das Maß der Intensität des Dramas wieder. Dieses Phänomen des Blutschwitzens soll relativ bekannt sein. Es kann bei intensivem physischem Schmerz auftreten, z.B. bei Amputationen ohne Anästhesie. Aber hier geht es bei Christus nicht um körperlichen Schmerz. Es geht um die Intensität, mit der die Situation ihn psychisch belastet, so daß eine gleiche Wirkung eintritt. Die Bedeutung dieses Dramas wird uns in einem Satz klar, in dem Christus sich an seinen Vater wendet: „Nicht mein sondern dein Wille geschehe" (Matth. 26,39; Mark. 14,36; Luk. 22,42). Hier ist das ganze Problem der notwendigen Entsagung, wodurch der andere in die Mitte des eigenen Selbst gerückt wird, die eigene Person verdrängt, damit der andere den ganzen Platz hat. Das ist die Bewegung der Liebe.

Christus wurde für uns „zur Sünde gemacht"

Der Ausdruck kann phantastisch scheinen, ja man kann ihn für eine Blasphemie halten. Aber er stammt nicht von mir, sondern vom heiligen Paulus, aus dem zweiten Korintherbrief (2 Kor. 5,21). Eben hat er uns angefleht, wir möchten uns mit Gott versöhnen lassen, durch und in Christus. Und er fügt sofort hinzu: „Den (Christus), der die Sünde nicht kannte, hat er (Gottvater) für uns zur Sünde gemacht, damit wir in ihm Gerechtigkeit Gottes würden." Außerordentlich interessant ist es festzustellen, wie verlegen die Theologen sind, wenn sie diesen Ausdruck deuten. Keine Angst, ich versuche hier keine genaue Textuntersuchung. Aber ich möchte auf ein kleines Detail hinweisen, das den tiefen Unterschied zwischen meiner, den „griechischen Vätern" treuen Theologie, und der im allgemeinen im Westen vertretenen verrät.

In der „Jerusalemer" Bibel wird der Text zunächst korrekt Wort für Wort übersetzt, wie ich es eben tat, aber dann wird ein Kommentar als Fußnote hinzugefügt: „Jesus wurde juristisch mit der Sünde gleichgesetzt, und deshalb lastet auf ihm die Verfluchung, die die Sünde nach sich zieht."

Die ökumenische Übersetzung ist sogar noch „besser". Der Kommentar wurde in den Textkörper aufgenommen: „den, der die Sünde nicht kannte, hat er für uns mit der Sünde gleichgesetzt."

In dieser Interpretation wurde Christus nicht zur „Sünde" gemacht, zu keiner Zeit. Sondern der Vater tut so, als sei sein Sohn Sünde, damit wir gerettet werden. Durch die Einführung dieses juristischen Tricks wird die Verfluchung, die unsere Sünde verdient hat, nicht mehr auf uns lasten, sondern auf Christus. Daher können schreckliche theologische Konstrukte der Gerechtigkeit oder der Rache entstehen, die wir nur zu gut kennen und bei denen uns das Heil zufällt, ohne daß unsere Herzen bekehrt werden. Aber bei dieser Interpretation wurde die seltsame Ausdrucksweise des heiligen Paulus auch nicht berücksichtigt. Der heilige Paulus sagt ja nicht, Gott hätte Christus zum „Sünder" gemacht, sondern zur „Sünde", was etwas ganz anderes ist. Und Gott hat nicht nur entschieden, so zu handeln, „als ob" sein Sohn „Sünde" sei. Sondern er hat ihn wirklich zur „Sünde" gemacht. So sagt zumindest der Text.

Solche Texte und noch mehr die lange Meditation des ganzen Lebens Christi durch die Jahrhunderte hindurch brachten die griechischen oder orientalischen Väter dazu, das Mysterium Christi in der Tiefe zu verstehen. Dann geht es für Gott nicht mehr darum, so zu tun, „als ob", was nur zu einem von außen aufgezwungenen Heil führen könnte. Es geht darum, daß der Sohn unsere „Sünde", unsere Revolte, auf sich nimmt, um sie in sich zu überwinden, damit wir sie auch zugleich in ihm und in uns überwinden können, da wir alle in ihm sind.

Der heilige Maximus Confessor meint zum Beispiel, Christus habe sich „aus Mitgefühl" die Opposition und den Widerspruchsgeist, die in uns sind, „angeeignet", so daß man ihn selbst als „ungehorsam" betrachten kann. Er handle wie ein Arzt, der die Krankheit seines Patienten auf sich nimmt.[21]

In der Tat muß Christus, wie wir sahen, unseren Widerspruchsgeist wirklich auf sich genommen haben. Selbstverständlich darf er nicht ungehorsam bleiben. Denn dann würde er uns nicht erlösen. Aber er muß diesen Ungehorsam wirklich in sich spüren, sonst würde er ihn nicht in uns zurechtrücken können. Auch hier haben die westlichen Theologen zu vereinfacht gedacht: Je mehr ein Heiliger in seinem Leben auf dem Weg der Heiligkeit voranschreitet, um so mehr verabscheut er gewöhnlich die Sünde. Nun, da Christus Gott ist, muß er notwendigerweise noch heiliger sein als die Heiligsten unter den Heiligen und muß also auch die kleinste Unvollkommenheit absolut verabscheuen.

Aber das ist ja nur die normale Vorgehensweise eines jeden, der sich nach und nach heiligt, um sich mit Gott zu vereinen.[22]

Es geht bei der Heiligung um das Schema einer langsamen Steigerung, einer allmählichen Vergöttlichung. Aber bei Christus müssen wir das gegenteilige Schema zugrunde legen. Es geht darum, daß die ganze Macht Gottes in unser Elend absteigt. „Denn wir verkünden Christus nicht als vergöttlichten Menschen, sondern als vollkommen inkarnierten Gott."[23]

---

[21] S. Bezüge in *Pour que l'homme devienne Dieu*.
[22] Wir werden dann später feststellen, daß für viele Heilige die Dinge in Wirklichkeit viel komplizierter waren.
[23] Heil. Maximus Confessor, s. o.

Das Wort schwieg in ihm

Also muß Christus unsere Versuchungen wirklich auf sich nehmen. Ich komme noch einmal darauf zurück, auf die Art Charles Péguys, der immer wieder auf seine Themen zurückkam, indem er sie, wie in einer spiralförmigen Bewegung, wieder tiefer aufgriff.

Christus darf nicht so zum Schein versucht werden, denn dann würde er uns nur scheinbar erlösen. Er muß die Versuchung wirklich erleben, und das von innen her, wie eine wirkliche Versuchung. ER muß sich versucht fühlen, damit es auch für ihn zur Versuchung wird.

Dazu muß er sich sozusagen von den Privilegien der Göttlichkeit lossagen. Er als der unendlich Heilige und unendlich Reine muß in all das Elend unserer elenden Empfindungen eintreten. Oh ja, es ist natürlich nicht notwendig, daß er in jeder Einzelheit jede Versuchung kennenlernt. Es ist nicht notwendig, daß er Wodka, Whisky, Calvados, Cognac trinken will und all die Schönheiten an unseren Stränden begehrt. Nein, es genügt, wenn er an sich und in der Tiefe das fühlt, was an der Wurzel jeder Versuchung, wie wir sahen, steckt, nämlich jenen schrecklichen Wunsch, glücklich zu werden, ohne das Glück anderer zu berücksichtigen, nur sich zu lieben und die anderen aus seiner Liebe auszuschließen.

In diesem Punkt sind die Evangelien diskret. Wir haben nur eine Anspielung auf dreifache Versuchung am Anfang und am Ende des irdischen Lebens Jesu. Aber der Text in seiner Knappheit faßt das Wesentliche des Dramas zusammen: „Mein Vater, wenn es möglich ist, gehe dieser Kelch an mir vorüber! Aber nicht wie ich will, sondern wie du willst!" (Matth. 26, 39) Weiter in die Seele Christi schauen? Wer könnte es? Wer sollte es wagen?

Wir haben nur die Tropfen des Blutschweißes am Ölbberg, in Gethsemane. Und schließlich den vorletzten Schrei am Kreuz: „Mein Gott, mein Gott, warum hast du mich verlassen?" (Mark. 15, 34, Matth. 27, 46).

Menschliche Schwäche und göttliche Kraft

Die „Kirchenväter", also die Theologen der ersten christlichen Jahrhunderte, stützten sich auf diese Andeutungen, um das ganze Mysterium vom Leben Christi verstehen zu können. Sie stützten sich auch, davon bin ich überzeugt, auf eigenes Erleben, das auch das Erleben zahlreicher Mystiker im Westen wie im Osten gewesen ist, von den ersten Jahrhunderten bis in unsere Tage.

Sie alle zogen den Schluß, daß sozusagen die Heiligkeit Gottes, die absolute Reinheit Gottes sich aus Christi Menschennatur, aus seinem menschlichen Körper und aus seinem menschlichen Herzen zurückgezogen haben muß, um ihm zu erlauben, wirklich und in der Tiefe das zu erleben, was der Armseligste unter uns erlebt haben mag. Vielleicht habe ich in meinem Leben einem bestimmten Triebimpuls zu sehr nachgegeben, einer bestimmten, seit langem erstarrten Gewohnheit, einem bestimmten Prinzip, das mein Leben bis jetzt regiert hat, mich zu sehr überlassen, habe ich mich wegen geheimer Verletzungen zu sehr verschlossen, habe die Haltung anderer Personen nicht akzeptieren können usw. Das alles bildet das Karma, um es in der fernöstlichen Sprache auszudrücken, das mich heute gefangen hält, und wovon ich manchmal nicht einmal mehr befreit werden möchte. Das alles muß Christus in mir, mit mir fühlen, damit ich befreit werde. Und er muß es zumindest genauso stark fühlen wie ich. Aber damit ich befreit werde, muß er es natürlich besser machen als ich. Deshalb darf seine Göttlichkeit seine Menschennatur nicht ganz verlassen. Denn wenn er mich retten kann, und nur er allein, so gerade, weil er allein so lieben kann, wie ich es nicht mehr kann, unendlich, wie Gott, als Gott.

Das alles kann als sehr subtil erscheinen und man könnte es für ein theologisches Gedankenspiel halten. Aber ich möchte darauf hinweisen, daß Bücher oder gute Fernsehsendungen über die Funktionen des menschlichen Körpers oder die Entstehung des Universums auch nicht einfach sind. Wie soll da das Eintauchen Gottes in unsere Welt ein ganz einfaches Phänomen sein, das schematisch abläuft?

Nein! Das ist nicht möglich. Übrigens möchte ich bald zeigen, daß viele Heilige, die nicht von Anfang an Theologen waren, durch ihr eigenes Erleben dazu kamen, das Mysterium des Lebens Christi auch auf diese Weise zu verstehen.

Es muß also schließlich zwischen der göttlichen Natur Christi und seiner Menschennatur eine Art subtilen Spiels geben: Die göttliche Natur durchdringt die menschliche, und dann wieder bricht die Verbindung. Der Bruch erlaubt es seiner menschlichen Empfindung, unsere Schwächen wirklich kennenzulernen. Die Durchdringung gibt seinem menschlichen Herzen die Liebeskraft Gottes selbst und erlaubt ihm auf diese Weise, über unsere Schwächen zu siegen.

Besonders das Erleben der Mystiker läßt die Einsicht zu, daß dieses noch sehr einseitig verstandesmäßige Schema der Wirklichkeit entsprechen muß. Die Theologen der ersten Jahrhunderte waren zu bescheiden, als daß sie über eigenes Erleben vieles berichtet hätten. Daß diese Heiligen aber das gleiche erlebt und erlitten hatten wie die westlichen Mystiker, errät man erst, wenn man ihre Texte mit den anderen vergleicht.

Die Kirchenväter sprachen nur über Christus, um uns zu sagen, wie sie das Mysterium seiner Existenz verstanden. Aber diese Interpretation des Mysteriums verdanken sie ihrem eigenen Erleben.

Wie Christus uns unsere Freiheit zurückschenkte

Auch hier möchte ich beweisen, daß ich nichts erfinde. Ich werde keine langen und zahlreichen Zitate anbringen. Das habe ich bereits an anderer Stelle getan, und ich bin sicher, man könnte noch viel mehr finden, da es sich um das gemeinsame Gut aller Theologen der frühen Kirche handelt. Ich beschränke mich also auf wenige wichtige Stellen, die im Laufe der Jahrhunderte geschrieben wurden.[24]

Ich lege nur Wert darauf, hier zu betonen, daß bei den meisten Autoren hauptsächlich folgende Etappen zu finden sind:

1. Es gibt eine Art „Abkoppelung" der menschlichen Natur Christi von der göttlichen, so daß die göttliche Macht in ihm ihn nicht hindert, unsere Prüfungen und Versuchungen sehr tief in seinem Fleisch und seinem Herzen zu erfahren.

2. Diese „Abkoppelung" ist nicht wirklich vollständig. Sie ist, wenn man so will, selektiv, so daß zugleich beide Naturen einander durchdringen. Die Macht Gottes in ihm verleiht seinem menschlichen Willen die nötige Großmut, damit er sich bei Versuchungen beherrschen kann.

3. Christus ist in uns und wir in ihm, jenseits von Zeit und Raum. Das ist das Hologrammschema. Von da an kann sich die Dynamik der Liebe in uns entwickeln, wenn wir es wollen, und uns den Sieg über unsere eigenen Versuchungen schenken.

Wir werden später die gleichen Elemente bei einer großen Zahl von westlichen Mystikern sehr klar wiederfinden. Das gilt durch die Jahrhunderte hindurch, trotz verschiedener Kulturen, Temperamente und spiritueller Werdegänge. Aber lassen Sie mich erst einige Beispiele aus der ältesten Tradition erwähnen. Sie drücken sich nicht so systematisch aus, wie ich es eben tat. Die verschiedenen logischen Stufen, die ich unterschied, werden

---

[24] Damit es keine Fülle von Fußnoten gibt, für die sich nur Fachleute interessieren, zitiere ich hier niemand. Der Leser kann die Zitate bei Bedarf in meinem ersten Buch samt Kommentaren wiederfinden. Im folgenden beziehe ich mich also auf *Pour que l'homme devienne Dieu* (Dangles).

oft miteinander vermischt oder gleichzeitig ausgedrückt. Jeder Autor hat einen eigenen Wortschatz. Aber wenn man ganz scharf aufpaßt, kann man doch die großen Stufen, auf die ich hinwies, wiedererkennen.

Kapitel 10

Zeugenaussagen

Die Tradition der östlichen „Väter"

Sie wissen vielleicht, daß Jesus oft „Wort Gottes" genannt wird. Dieser Ausdruck bezieht sich offensichtlich auf Christus als Gott. Er stammt aus dem Prolog des Johannesevangeliums. Christus war für uns wie ein Wortführer Gottes, ein äußerer Erweis der Macht und der Liebe Gottes (Joh. 1, 14)[1]. Der heilige Irenäus[2] fragte sich, wie es möglich war, daß der Christus - Gott das Leid und die Versuchung gekannt hat, und daraufhin machte er ein wunderbares Wortspiel: „Das Wort schwieg, während er versucht, beleidigt und gekreuzigt wurde und während er starb."[3]

Die Macht Gottes hörte auf, auf ihn einzuwirken, nicht nur, damit er leiden konnte, sondern auch, damit er „versucht" wurde. Er war „abgekoppelt". Die Verbindung war in diesem Augenblick aufgehoben, außer Kraft gesetzt. Umgekehrt wird der Triumph Christi über das Leid und die Versuchung von dem heiligen Irenäus so ausgedrückt, als sei seine Menschennatur in der Gottesnatur „absorbiert". Das ist eine andere Art, das auszudrücken, was ich „Durchdringung" nannte.

Christus hat uns übrigens kein Heil von außen vermittelt. ER hat uns in sich einverleibt, wie der heilige Irenäus sagt. Dieser Gedanke der Einverleibung der Menschheit in Christus ist zentral für seine Theologie. Aber ich muß versuchen, eine moderne Ausdrucksweise anzuwenden, daher das Hologramm. Dieser Vorgang der Einverleibung erlöst uns nicht automatisch, nicht ohne unser Mittun oder gegen unseren Willen. Sondern Christus in sich selbst „gab dem Menschen, der nach und nach immer mehr

---

[1] Für mich muß man beim griechischen Wort *logos* den Sinn des ursprünglichen hebräischen Wortes *dâvar* beibehalten. Christus ist die Offenbarung Gottes im vollen Sinne des Wortes. Jedes Grübeln über die andere Bedeutung des Wortes *logos* (Gedanke, Begriff) scheint mir der christlichen Offenbarung fremd.
[2] Bischof von Lyon im 2. Jahrhundert. Er war in Kleinasien geboren und kannte als Kind einen Jünger des heiligen Johannes: Polykarp, Bischof von Smyrna.
[3] *Pour que l'homme devienne Dieu.*

verdarb, seine eigene Kraft wieder und brachte ihn auf den Weg der Unverderbtheit zurück." Das war die Möglichkeit, die uns von Christus zurückgeschenkt wurde. Jetzt sind wir auf dem rechten Weg und in einen Vorgang eingeführt, der uns bis zur Unsterblichkeit führen kann.[4]

Ein anderer Vater betont: „Da er mich als Verweigerer sieht, übernimmt er diesen Fehler ... deswegen, solange ich ungehorsam und rebellisch bin ..., sagt man, Christus sei auch ungehorsam."[5] Das ist die „Abkoppelung". An anderer Stelle wird diese Wahrheit noch weiter ausgeführt, da es gleichzeitig um die „Abkoppelung" und um das Hologramm geht: „Er macht sich zum Juden für die Juden, damit die Juden bekehrt werden ... er macht sich schwach für die Schwachen, damit sie gerettet werden ... vielleicht akzeptiert er auch den Schlaf, damit der Schlaf gesegnet wird; vielleicht weint er auch, damit die Tränen ihren Wert bekommen."[6] Oder „er nimmt die Gestalt eines Sklaven an, steigt ab zu seinen Sklavenbrüdern, seinen Sklaven, nimmt eine Gestalt an, die ihm fremd ist, und trägt mich in sich selbst, trägt mich ganz mit all meinen Schwächen. So läßt er das in sich verschwinden, was an mir schlecht ist, wie Feuer das Wachs schmelzen läßt oder wie die Sonne den Nebel vertreibt; und ich darf dank dieser Union an dem teilhaben, was er ist."[7]

Die westlichen Kommentatoren schwächen den Text ab, weil sie in ihm nur ein Bild, ein Symbol im schwachen Sinne erblicken. Sie schaffen es nicht zu verstehen, daß für die griechischen Väter wie für den heiligen Paulus oder den heiligen Johannes Zeit und Raum auf dieser Ebene der Wirklichkeit keine Rolle mehr spielen. Wenn man diesen unentbehrlichen Schlüssel nicht besitzt, haben Ausdrücke wie „er trägt mich ganz in sich selbst, mit meinen Schwächen" keinen Sinn mehr. Im guten Glauben beziehen sich diese Kommentatoren auf ein westliches Modell: Christus übernimmt Verantwortung für mich , er ist mein Stellvertreter, mein Anwalt bei Gottvater!

Zum Glück haben einige Theologen den tiefen Sinn einer solchen Theologie besser verstanden. Ich bin nicht der einzige, wie sie in meinem ersten Buch nachlesen können. Aber es fehlt eine Synthese, und die wollte ich versuchen.

Dann fährt der heilige Gregor fort: „Deswegen ehrt er den Gehorsam durch seine Taten und erfährt ihn durch sein Leid: Die innere Haltung

---

[4] S. vollständiges Zitat und Kommentar in *Pour que l'homme devienne Dieu*.
[5] Heiliger Gregor von Nazianz, 4. Jahrhundert. S. *Pour que l'homme devienne Dieu*.
[6] *Pour que l'homme devienne Dieu*.
[7] Ibid.

genügt ihm nicht und uns auch nicht, wenn wir keine Taten folgen lassen, denn die Taten offenbaren die innere Haltung." Um uns wirklich zu helfen, wäre die allgemeine Haltung der Liebe Christi als Gott nicht ausreichend. Sie muß zu Taten führen, damit in uns eine Dynamik eingeführt wird, die in uns wirken kann.

„Er hat das Holz dem Holz entgegengehalten[8] und die Hände gegen Hände entgegengestreckt: seine Hände öffneten sich zum Verschenken, während andere unter der Last entmutigt sich senkten, seine Hände umfaßten die ganze Erde, während Adams Hände die verbotene Frucht nahmen."

Ein anderer Gregor[9] erklärt, wie Christus „die ganze Natur des Bösen in sich vertrieb". Durch die Vereinigung unserer Menschennatur mit seiner Gottesnatur ergab sich „nicht, daß die Unverderblichkeit der göttlichen Natur verderblich geworden ist, sondern umgekehrt, daß das Veränderliche und Verderbliche durch die Verbindung mit dem Unveränderbaren unverderblich geworden ist"[10]. In einem moderneren Wortschatz könnte es heißen: in der Vereinigung der beiden Naturen entstand keine Schwächung der göttlichen Natur, sondern die Menschennatur wurde zurechtgerückt und gestärkt. Der Aspekt der Durchdringung und der des Hologramms werden hier beide gleichzeitig ausgesagt.

Etwas später beschreibt der heilige Dionysios den geistigen Kampf, den wir alle führen müssen, wie eine Art Lanzenkampf: „Christus sitzt dem Lanzenkampf als Gott vor; als Weiser hat er die Regeln festgesetzt; als Großartiger wird er den Siegern exakten Lohn zahlen; was noch göttlicher ist, er hat sich wegen seiner Güte in die Kämpfenden hineinversetzt und kämpft heilig mit ihnen um ihre Befreiung und ihren Sieg ..."[11]. Also kämpft Christus zugleich mit und in uns.

Und so drückt sich ein anderer Theologe[12] aus, der aus vielen Gründen des theologischen Streites, wie es ihn in der Geschichte vielfach gab, jetzt erst wiederentdeckt wird: „Wir mußten den Leidenschaften überlegen werden, ... und dies war unmöglich, ohne daß für uns derjenige, der ihnen von Natur aus überlegen ist, zum Bild wurde und mit unseren Leidenschaften fühlte."

---

[8] Eine klassische Anspielung bei den Vätern. Der Heilige Gregor fügt nichts zur Erläuterung bei. Hier soll das Holz des Kreuzes mit dem Holz des verbotenen Baumes im Garten Eden in Beziehung gebracht werden.
[9] Der Heilige Gregor von Nyssa, auch 4. Jahrhundert.
[10] *Pour que l'homme devienne Dieu.*
[11] Ibid.
[12] Philoxen von Mabbog. Ibid.

Christus mußte unsere Leidenschaften „fühlen". Das ist der Aspekt der „Abkoppelung". In einem anderen Text gibt derselbe Autor Christus das Wort: „Ich habe die Natur in mir geheiligt und habe sie der Leidenschaft, den Bewegungen der Sünde überlegen gemacht ... Vor mir hatte niemand die Welt überwunden, aber nach mir überwindet sie, wer will." Christus hat also durch die göttliche Kraft seiner Liebe (Durchdringung) in die Menschennatur (da ist das Hologramm wieder) eine neue Dynamik gegen die „Bewegungen der Sünde" eingeführt.

Derselbe Autor betont übrigens die Dynamik: „Jede Krankheit wird mittels ihres Gegenteils geheilt ... Wir müssen also gegen jede Leidenschaft ein gegenteiliges Medikament bereithalten: gegen den Zweifel den Glauben; gegen den Irrtum, die Wahrheit, gegen..."[13]

Diese Dynamik hat Christus in die ganze menschliche Natur eingeführt. Der Autor betont unmißverständlich diesen Punkt: Christus hat nicht die Menschennatur eines besonderen Menschen angenommen, sondern die gesamte menschliche Natur.[14]

Schließlich zeigt derselbe Autor, der behauptet hatte, Christus sei durch seine göttliche Geburt „von Leidenschaften und Krankheiten, von Hunger und Durst, Schlafbedürfnis, Angst und Furcht" befreit, mehr als andere vielleicht, wie sehr Christus, dank einer Art „Abkoppelung" zwischen seinen beiden Naturen, unsere Leidenschaften in sich gefühlt hat: „Er mühte sich mehr als alle ab und ermüdete... damit er mehr als jeder andere Arbeit und Müdigkeit kennenlernte. Seine Furcht war größer als die eines jeden, so daß er in seinem Gebet keinen gewöhnlichen Schweiß schwitzte, sondern einen, wovon es heißt, er sei geronnen und zu Blutstropfen geworden. Er erlebte mehr als irgend jemand sonst die Angst, die Traurigkeit und die seelische Verwirrung ... in seinen Leidenschaften litt er mehr als irgend jemand sonst und drang tiefer als jeder in die Schwäche der Körperlichkeit."[15]

Verzeihen Sie mir, wenn ich jetzt einige Zitate anbringen muß. Ich weiß, sie sind ziemlich schwer zu verstehen, denn wir denken heute nicht mehr so wie in dieser fernen Zeit. Deshalb habe ich diese Gedanken freier zusammengefaßt. Aber da ich beweisen muß, daß ich nichts Neues gefunden habe, bin ich gezwungen, buchstabengetreu zu zitieren. Die Beweisführungen sind übrigens natürlich viel vollständiger und genauer in dem

---

[13] Ibid.
[14] Ibid.
[15] Ibid.

Werk zu finden, worauf in den Fußnoten hingewiesen wird. Hier gebe ich nur einige Elemente.

Also stelle ich hier einen sehr bedeutenden Theologen vor. Es ist der heilige Maximus Confessor, den ich schon oft zitiert habe. Er spielte eine beträchtliche Rolle in schrecklichen Fehden der Christen untereinander. Manchmal war er, so will mir scheinen, in einigen Punkten vielleicht etwas zu unversöhnlich. Aber man kann die Aufrichtigkeit seines Engagements nicht bestreiten. Sein Beiname „Confessor" kommt daher, daß er an den Folgen der Mißhandlungen starb, die er von seiten anderer Christen erduldete, als er schon ein Greis war. Er wurde wie Christus gegeißelt, und ihm wurde die Zunge abgeschnitten, um ihn zum Schweigen zu bringen!

Aber seine Schriften blieben erhalten, und so kann er noch heute zu uns sprechen.

Nachdem er schrieb, Christus habe sich unseren Ungehorsam „zu eigen gemacht", sowie „das Unwürdigkeitsprinzip", das in uns ist, „wie ein Arzt, der die Krankheit seines Patienten auf sich nimmt", fügt der heilige Maximus hinzu: „Damit, wie das Feuer das Wachs schmelzen läßt oder wie die Sonne den Nebel vertreibt, er in den Stand versetzt wird, alles Unsrige zu zerstören und uns das Seine mitzuteilen."[16]

Sie kennen diese Bilder schon. Der heilige Maximus verdankt sie über Jahrhunderte hinweg dem heiligen Gregor von Nazianz. Es ist eine Fortführung der gleichen Tradition.

Aber der schönste Text ist ein Kommentar des berühmten und entscheidenden Wortes Christi nach Matthäus, 25, 41: „Was ihr für einen meiner geringsten Brüder getan habt, das habt ihr für mich getan". Der heilige Maximus schreibt: „Und wenn der Arme Gott ist, durch die Wirkung der Herablassung Gottes, der für uns arm wurde[17] und der das Leid eines jeden durch sein eigenes Leid auf sich nimmt und so auf mystische Weise bis zum Ende der Jahrhunderte leidet, in Beziehung zum Leiden aller…"

Das Leiden Christi befindet sich „in Beziehung" zu unserem Leiden, zu dem Leiden eines jeden von uns über Jahrhunderte hinweg. Und die Beziehung führt so weit, daß Christus durch sein Leiden unser Leiden mitleidet. Über Jahrhunderte hinweg finden wir all dies genauso exakt ausgedrückt bei allen unseren Mystikern im Westen wieder, ohne die Möglichkeit einer „literarischen" Beeinflussung. Ich füge hinzu, die Fortset-

---

[16] Ibid. Anfang des 7. Jahrhunderts.
[17] Der heilige Maximus faßt die Worte Christi: „Was ihr dem Geringsten meiner Brüder getan habt…" wörtlich auf: der Arme, dem ein Almosen gereicht wird, ist Gott, weil Christus ihn tief in sich selbst hat aufnehmen wollen.

zung des Satzes zeigt, daß der Almosengeber Gott gleichgestellt wird, denn wenn er dazu fähig ist, die Liebe Gottes nachzuahmen, indem er seinen Brüdern beisteht, so deswegen, weil in ihm die Macht Gottes ist.[18]

Ich beschließe die Reihe, indem ich noch einen Autor vorstelle: den heiligen Johannes Damascenus (d. h. aus Damaskus stammend) aus dem achten Jahrhundert. Er ist ein sehr großer Theologe, der die Anbetung der Ikone verteidigt hat, und ein großer Theologe der Verklärung. Aber Sie werden sehen, seine Theologie der Verherrlichung Christi hinderte ihn nicht, auch das Mysterium seines Leidens zu verstehen. Hier also ein Text, in dem der heilige Johannes Damascenus diese „Abkoppelung" zwischen den beiden Naturen Christi betont. Es geht um die Ölbergszene.

„Als er im Gebet darum bat, der Tod möge an ihm vorbeigehen, so geschah es durch seinen göttlichen Willen, der gemäß der göttlichen Natur es wollte und erlaubte, daß er um die Entfernung des Todes bat, kämpfte und erschrak." Dann kam sofort eine zweite Stufe, die Durchdringung, in der die Kraft der göttlichen Liebe sich seinem menschlichen Willen mitteilte und ihm den Tod die Stirn bieten ließ: „Und als sein göttlicher Wille entschied, daß sein menschlicher Wille den Tod wählen sollte, dann wollte auch sein menschlicher Wille die Passion. Denn er wollte sich nicht nur als Gott dem Tod ausliefern, sondern auch als Mensch."[19]

Schließlich kommt auch eine dritte logische Stufe hinzu, die Erweiterung dieser Haltung Christi auf die ganze Menschheit, von den Anfängen bis zu dem heiligen Johannes selbst. Wir würden heute sagen: bis zu uns selbst. „Denn den ersten Adam[20], so wie er vor der Übertretung war, frei von Sünde, du hast ihn, o Meister, wegen deiner unendlichen Barmherzigkeit ganz übernommen, Leib, Seele, Geist, mit allen seinen natürlichen Fähigkeiten, damit mein ganzes Wesen das Heil genießt, denn es ist wahr, ‚Was nicht übernommen wurde, wurde nicht geheilt'…"

„Den Verurteilten, der in die Hölle sollte, … hast du auf dem königlichen Thron Platz nehmen lassen, in dir selbst."[21] Das „in dir selbst" ist offensichtlich ganz entscheidend.

Leider war dies nur ein sehr schneller Überblick. Es gibt noch viele andere Autoren, deren Untersuchung zuviel an Kommentaren verlangt, als

---

[18] S. Zitat in *Pour que l'homme devienne Dieu.*
[19] Ibid. Ich habe neu übersetzt.
[20] Hier steht Adam als Symbol des ersten Menschen nur, um die Ausstrahlung der Erlösung vom Anbeginn der Schöpfung zu evozieren und um die Parallele mit Christus als neuem Adam zu betonen.
[21] S. *Pour que l'homme devienne Dieu,* dort andere Zitate u. weitere Ausführungen.

daß ich sie hier zitieren könnte. Man müßte diese theologische Strömung bis in unsere Zeit durch die Jahrhunderte zurückverfolgen. Schließlich müssen theologische und psychologische Probleme der Beziehung zwischen verschiedenen Bewußtseinsebenen Christi erörtert werden. Davon handelt mein erstes Buch. Ich konnte hier nicht darüber schreiben. Aber dies wenige, das ich hier erwähne, müßte schon eine Vorstellung vermitteln, wie sehr diese theologische Tradition bei unseren östlichen Brüdern konstant geblieben ist.

Die Tradition der westlichen Mystiker

Wir müssen jetzt Texte anführen, die für diese Theologie Zeugnis geben. Sie spiegeln die Erlebnisse und Meditationen unserer westlichen Mystiker wider. Bei diesen Autoren ist es sehr wichtig, sich bewußt zu machen, daß ihre Tradition nicht auf diese Theologie vorbereitet war. Wir sahen bereits, daß sie von einer anderen Tradition geprägt waren. Trotz dieser theologischen Tradition kam schließlich jeder von ihnen auf die Spur dessen, was schon immer die Tradition unserer Brüder aus dem Osten war. Dieses Zeugnis ist selbstverständlich um so überzeugender. In diesen Zitaten werden wir die verschiedenen Stufen wiederfinden, die wir „Abkoppelung", Durchdringung und Hologrammschema genannt haben.

Durch die erste kann Christus unsere Prüfungen wirklich übernehmen; durch die zweite obsiegt die Kraft der göttlichen Liebe in ihm über diese Prüfungen; durch die dritte kann dieser Sieg in unserem gemeinsamen Wesen zu unserem Sieg werden, wenn wir es wollen. Selbstverständlich drücken viele dieser Texte mehrere Aspekte zugleich aus. Die Autoren brauchen nicht ins Detail der logischen Analyse einzudringen. Je nach Temperament und eigener Erfahrung legt jeder auch mehr Gewicht auf den einen oder anderen Aspekt.

Die heilige Mechthild von Hackeborn

Ein gutes Beispiel davon liefern die „Offenbarungen", die die heilige Mechthild von Hackeborn empfing. Die heilige Mechthild ist eine große Mystikerin, die noch zu wenig bekannt ist. Sie wurde 1241 geboren und trat mit sieben Jahren in eine Klosterschule ein, in der schon ihre ältere Schwester lebte. Diese wurde schnell zur Äbtissin des Klosters und empfing Mechthild als Nonne, um ihr bald darauf die Unterweisung der jungen

Novizinnen anzuvertrauen. So wurde die heilige Mechthild zur Novizenmeisterin einer anderen großen Mystikerin: der heiligen Gertrud von Helfta. Mechthild hatte eine wundervolle Stimme, die sie in den Dienst Gottes als „Kantorin" (Vorsängerin) des Klosters stellte. Was aber an ihr am anziehendsten war, war ihre Demut.

Sie wurde bald von Gott mit außerordentlichen Gnaden belohnt, wovon sie lange Zeit nichts verriet. Mit fünfzig Jahren wurde sie von einer ernsten, sehr schmerzhaften Krankheit heimgesucht, die sie bis zu ihrem Tode 1299 nicht mehr verließ. Ihre vertraulichen Mitteilungen wurden von zwei anderen Nonnen erst ohne ihr Wissen und dann, so Gott wollte, mit ihrer Erlaubnis niedergeschrieben.

Schnell verbreitete sich durch ganz Europa der Ruf dieser „Offenbarungen", besonders aber in Florenz, und Mechthild war es ohne Zweifel, die Dante in der göttlichen Komödie unter dem Namen Matelda verewigte.

Während Mechthild also krank war und furchtbar litt, „kam der Herr Jesus Christus zu ihr, angetan mit einem weißen Gewand, das von einem gewebten Gürtel aus grüner Seide mit goldenen Rauten zusammengehalten war; die Gürtelschlaufen reichten ihm bis zu den Knien hinunter." Sie war ganz überrascht und begehrte zu wissen, was das bedeutete, als es ihr der Herr erklärte. „Siehe, ich ziehe deine Leiden an, sagte er. Der Gürtel zeigt, daß du von Schmerzen umzingelt bist: sie reichen bis zu deinen Knien. Ich werde all diese Schmerzen in mich selbst aufnehmen und sie in dir ertragen…" Und er fügte etwas weiter unter den gleichen Umständen hinzu: „Fürchte nicht, sei nicht verwirrt, denn ich bin es, der ich wirklich alles ertrage, was du leidest."[22] Vergessen wir nicht, daß der Christus, der ihr erschien, jetzt nach unserem Zeitmaß verherrlicht ist und nicht mehr leiden kann. Wenn Christus die Prüfungen der Mechthild auf sich nimmt, so geschieht das auf eine Weise, die sich den Grenzen der Zeit wie des Raumes entzieht.

Es gibt wirklich eine „Abkoppelung", damit Christus diese Schmerzen „ertragen" kann. „Fürchte nicht, sei nicht verwirrt", zeigt ganz klar, daß der Sieg feststeht, was dem Triumph der göttlichen Kraft der Liebe entspricht. Schließlich und vor allem tritt das Hologrammschema klar hervor: das „in mich selbst" ist identisch mit dem „in dir". „Ich werde all diese Schmerzen in mich selbst aufnehmen und sie in dir ertragen."

---

[22] *Le Livre de la grâce spéciale*, 2. partie, Kap. 39 u. 41 (Mame, 1948).

Die selige Juliana von Norwich

Kommen wir von Deutschland nach England und aus dem dreizehnten Jahrhundert ins vierzehnte. Juliana war eine „Rekluse", d. h. sie lebte in einem Nebenhäuschen der St. Julian-Kirche in Norwich. Dort ging ein Fenster nach außen und ein anderes in den Altarraum, damit sie die Kommunion empfangen und das Allerheiligste betrachten konnte. Die „Klausur" konnte aus einer einzigen Zelle oder aus mehreren Zimmern bestehen. Manchmal gehört auch ein kleiner Garten dazu. Die Rekluse wurde immer von einer Magd bedient, welche ausgehen durfte, um für ihre Herrin Besorgungen zu machen. Die Kosten für den Unterhalt wurden ganz von den Gläubigen oder von den benachbarten religiösen Ordensgemeinschaften übernommen. Der Einschließungsritus ahmte den Beerdigungsritus nach. Die Postulantin wohnte der Messe bei, die manchmal sogar ein Requiem war. Während sie am Boden ausgestreckt lag, wurden Gebete rezitiert, um ihre Seele Gott in die Hände zu legen wie die Seele einer Verstorbenen. Wenn sie dann die Tür der Zelle hinter sich geschlossen hatte, war sie der „Welt" wirklich „gestorben".

Man hat Juliana die „erste englische Schriftstellerin" genannt. Sie bekam ihre Visionen im Alter von dreißig Jahren im Mai 1373. Sie scheint fast sofort eine Niederschrift angefertigt zu haben. Daher stammt wohl die Kurzfassung des Berichtes über ihre sechzehn Visionen. Aber, so sagt sie, sie habe beinahe zwanzig Jahre des Gebets gebraucht, um den Sinn der Visionen wirklich zu verstehen. Die Frucht dieser Meditationen war dann wahrscheinlich später die längere Fassung.

Wenn man die Berichte liest, fällt zunächst auf, daß der Beschreibung ihrer Erfahrung das Hologrammschema zugrunde liegt, indem alle Zeiten ineinander fallen, d. h. die Vergangenheit vollzieht sich in dem gegenwärtigen Augenblick. In ihren Augen sind wir im Augenblick mit Christus zusammen am Kreuz. Die Auferstehung Christi fällt mit seinem Tod zusammen, so daß auch unsere Auferstehung mit seiner zusammenfallen wird sowie mit unserem Tod. „Zwischen dem einen und dem anderen Zustand wird es keinen Abstand geben, und alles wird zur Wonne"[23].

---

[23] *Révélations de l'Amour divin à Julienne de Norwich, recluse du 14e siècle,* Kap. 21 (2. Auflage, Mame 1925). S. auch als Kurzfassung, Julienne de Norwich: *Une révélation de l'Amour de Dieu* (Editions de l'Abbaye de Bellefontaine, série „Vie monastique, n° 7, 1977). Schließlich die sehr tiefe Studie v. Roland Maisonneuve: *L'Univers visionnaire de Julian of Norwich* (L'OEIL, 1987).

Auch finden sich die Aspekte der Durchdringung und der „Abkoppelung" wieder. „ So sah ich unseren Herrn Jesus lange Zeit am Kreuz verschmachten, denn seine göttliche Natur gab seiner Menschennatur die Kraft, mehr Leid zu ertragen, als es alle Menschen könnten." Aber diese Kraft erspart ihm das Leiden nicht. Sie erlaubt ihm nur, mehr an Leid zu ertragen! „In dieser Vision entdeckte mir unser Herr zum Teil die erhabenen Vorrechte und den Adel seiner göttlichen Natur; dann die ganze Zartheit des heiligen Leibs, der mit ihr vereinigt war, und den natürlichen Abscheu eines jeden Menschen vor dem Leid. Er war um so leidensfähiger, als er zarter und reiner war."[24] Die Worte vom „heiligem Leib", der mit der göttlichen Natur vereinigt ist, lassen wiederum an Durchdringung denken. Aber Christus fühlte „natürlichen Abscheu" vor dem Leid, was eine gewisse Art der „Abkoppelung" nahelegt. Daß sein „heiliger Leib" „zarter" und „reiner" war, als wir es sind, kann man nur aus der Vereinigung mit der göttlichen Natur und also aus einer Art Durchdringung erklären. Wir treffen also hier auf ein Paradox. Die Verklärung der menschlichen Natur Christi durch seine göttliche Natur befähigt ihn dazu, mehr an Leid ertragen zu können. Aber das Paradox ist bei näherem Hinsehen nur scheinbar. Das Wort „zart" deutet darauf hin, daß das Wort „Leib" hier im hebräischen Sinne aufzufassen ist, d.h., es bedeutet die ganze Person, Seele wie Körper.[25]

Sie kehrt dann zum Hologrammschema zurück: „Und er litt wegen der Sünden eines jeden Menschen und sah die Schmerzen und den Kummer eines jeden, die er aus Güte wie aus Liebe teilte." Etwas weiter versucht Juliana dann die paradoxe Situation zu erläutern, in der das Leben Christi gleichzeitig zur Zeit gehört und sich den Begrenzungen der Zeit entzieht: „Solange er zu leiden fähig war, litt er und kümmerte sich um uns. Jetzt, wo er auferstanden ist und nicht mehr leiden kann, leidet er trotzdem mit uns weiter."[26] Die Dinge liegen bei ihr auch nicht anders als bei Meister Eckhart, den sie wohl gekannt hat: Das Hologrammschema begründet sich durch die Gegenwart Gottes in allen Dingen. „Die Menschheit, so wie sie erlöst werden wird, umfaßt alles: die Geschöpfe und den Schöpfer; denn Gott ist im Menschen, und alles ist in Gott; wer so liebt, liebt also alles."[27] Dann muß noch hinzugefügt werden, daß diesen Offenbarungen zufolge

---

[24] Ibid. Kap. 20.
[25] Im Neuen Testament hat das griechische Wort *sarx* oft auch diese Bedeutung behalten.
[26] Ibid.
[27] Ibid. Kap. 9. Merken Sie sich, daß es hier nicht heißt, wie bei heutigen Esoterikern, daß „alles Gott ist", sondern „daß alles in Gott ist", was etwas ganz anderes ist.

das Heil alle Menschen erreichen wird. „Alles wird ein gutes Ende nehmen. Alle Dinge, wie sie auch sein mögen, werden zu einem guten Ende kommen."

Als gute Christin ihrer Zeit hielt sie Christus entgegen, daß die Kirche lehre, Heiden und Sünder würden der ewigen Hölle anheimgegeben. Etwas später, im fünfzehnten Jahrhundert, erklärte das Konzil von Florenz sogar gegen die von Rom getrennten Christen, daß alle, die der heiligen römischen Kirche nicht angehört haben, nicht gerettet werden können, „selbst wenn sie ihr ganzes Gut den Armen geschenkt haben, selbst wenn sie ihr Blut um Christi willen vergossen haben."

Aber augenscheinlich drückte sich Christus gegenüber Juliana von Norwich ganz anders aus. Er behauptete schlicht: „Was dir unmöglich erscheint, ist es für mich nicht. Meine Worte sind Wahrheit; ja, ich werde alles heilen."[28] Genau das sagt heute der neue Katechismus. Ich sage Ihnen doch, für Gott existiert unsere Zeit nicht!

Aber das Beeindruckendste an Juliana ist ihr Sinn für die göttliche Liebe. Sie sieht Christus niemals einen Vorwurf wegen unserer Fehler aussprechen, genauso wenig, wie es in den Nahtod-Erfahrungen der Fall ist. Er zeigt nur Liebe und ein unendliches Mitgefühl. Sie sah auch, daß Christus bereit gewesen wäre, seine Passion jeden Tag und für jeden von uns neu zu erleiden, wenn dies in irgendeiner Weise zu unserem Heil hilfreich gewesen wäre. Deswegen geht sie so weit, Christus als unsere wirkliche Mutter anzusehen, die ihre ganze Freude daran setzt, uns glücklich zu machen. Lesen sie all diese Texte. Wunderbar! Hier befinden wir uns im Herzen des Christentums. Welch ein Unterschied zu all den abwegigen Theorien mancher mittelalterlicher Theologen, die bis zum heutigen Tag noch nachwirken!

Die „französische Schule" der Spiritualität

Entschuldigen Sie, wenn ich Sie auf einen Spaziergang durch die Jahrhunderte mitnehme und nur einige wenige typische Fälle erwähne. Es scheint mir besser, nur einige Autoren zu zitieren, sie aber dafür vorzustellen und ihre Texte zu analysieren. Ich wende mich also jetzt dem 17. Jahrhundert zu, in dem Kardinal de Bérulle lebte (1575–1629). Die Religionskriege, die Frankreich verwüsteten, hatten ihn sehr geprägt, und er

---

[28] Ibid. Kap. 32.

verstand, daß die wirkliche Antwort darauf in einer vertieften spirituellen Suche und in einer Rückkehr zu den Quellen bestand. Deswegen gründete er die Kongregation des Oratoriums nach dem Modell des heiligen Philipp Neri in Italien und wandte sich an die Karmelitinnen der heiligen Theresia von Avila in Spanien. So weit seine spirituelle Bemühung.

Was die notwendige Rückkehr zu den Quellen angeht, suchte er bei den griechischen „Vätern" und besonders beim heiligen Kyrill von Alexandrien. In seinem Werk sind die Anfänge dessen, was man die „französische Schule" der Spiritualität genannt hat, zu finden.[29] In seinem Fall ist also nicht allein die persönliche mystische Erfahrung die einzige Quelle der Theologie. Die Autoren der französischen Schule waren mit der Haltung der Kirche zu ihrer Zeit unzufrieden, suchten und fanden die alte Tradition, in der sie sich wiedererkannten. Der Stil ist der des siebzehnten Jahrhunderts, die Sätze lang und ein wenig pathetisch.

Die Union der beiden Naturen Christi wird hier als eine echte Vergöttlichung der Menschennatur durch die Gottesnatur aufgefaßt. Daher muß eine gewisse „Abkoppelung" angenommen werden, damit Christus unser Leid kennenlernen konnte. Hier ein Zitat, aus dem diese theologische Aussage klar hervorgeht: „Wer zeigt uns die Wirkungen der Gottesnatur, wie sie zum Teil entwickelt, zum anderen für eine Weile in diesem Menschen aufgehoben waren? Denn der Lauf des sterblichen Pilgerlebens[30] des Gottessohnes zeigt zwei ganz verschiedene Zustände, die einander widersprechen. Der eine Zustand besteht in der Mitteilung und Vermittlung mehrerer Gnaden, Wirkungen und Eigenschaften, die hervorragend und göttlich sind und welche die Menschennatur aus der in ihr versteckten Gottheit empfängt. Der andere Zustand besteht in der Aufhebung und Entbehrung von mehreren anderen Gnaden und Wirkungen, welche die Gottheit gemäß ihrer Größe und engen Bindung zur Menschennatur und in ihr und durch sie wirken sollte und die ihr im Himmel in Fülle mitgeteilt werden, aber trotzdem oft zu unserem Heil zurückgehalten und aufgehoben wurden bis zur Zeit seines verherrlichten himmlischen Lebens."[31]

Auch hier wird beschrieben, wie die Menschennatur durch „Durchdringung" vergöttlicht wird, während die „Abkoppelung" es Christus erlaubt,

---

[29] Alles wäre bestens bestellt gewesen, wenn nicht später der schreckliche Pessimismus des Augustinus dazu gekommen wäre.

[30] „Pilgerleben" steht für das Leben Christi auf Erden, da dieses Leben als eine Reise angesehen wird.

[31] „Discours de l'état et des grandeurs de Jésus" II, 9 in *Oeuvres complètes du cardinal de Bérulle* (Maison d'Institution de l'Oratoire, Monsoult).

all unsere Prüfungen kennenzulernen. In vielen Texten folgt der Kardinal den „Vätern", indem er das Fleischwerden Christi so real versteht, daß man es bei ihm wie bei den Vätern als Aufnahme aller Gläubigen in die heilige Menschennatur ansehen und von einem „Gattungsrealismus" sprechen könnte.[32] An diesem Hologrammschema werden die Zusammenhänge dieser ganzen Theologie deutlich.

Schwester Katharina von Jesus (1589-1623), eine Karmelitin und Jüngerin von Bérulle, wendet es sehr bewußt auf das Mysterium des Heiles durch Christus an: „O Jesus, es möge Dir gefallen, mich nach Deinem Willen mit Dir und Deinen Wegen zu Ehren der unaussprechlichen Verbindung Deiner Göttlichkeit mit unserer Menschennatur[33] und Deiner Menschennatur mit Deiner Göttlichkeit und der wunderbaren Heiligung, die daraus entsteht, in dieser geheiligten Menschheit und durch sie mit allen Menschen zu verbinden."[34] Alle Etappen sind in wunderbarer Knappheit dargestellt.

Eine einfache Lehrerin: Theresa-Helena Higginson (1844–1905)

Theresa – Helena Higgginson ist die einzige englische Stigmatisierte, die offiziell anerkannt wurde. Sie lebte in einem kleinen Dorf als Lehrerin ein unglaubliches Dasein aus mystischen Freuden und kaum faßbaren Leiden. Sie hat eine mystische Hochzeit erlebt sowie dämonische Attacken, Bilokationsphänomene, unzählige Visionen usw. gekannt... Aber zu ihren Lebzeiten bemerkte niemand etwas. Nur ihre Schwester und eine Freundin waren bei ihrer Beerdigung zugegen!

Sie kannte auch Zeiten schrecklicher Verlassenheit und verstand, daß auch sie so etwas erlebte wie Christus im Todeskampf. Sie lebte und beschrieb auf ihre Weise diese „Abkoppelung": „Die Sonne verlor ihre Helligkeit und die Blumen ihre Schönheit, denn Er hat sein süßes Antlitz versteckt, alles ist mir Traurigkeit und Ermattung, alles, was ich sehe, erscheint mir leer. Wenn ich etwas höre, scheint es mir vor allem zu sagen, Er ist weggegangen und ist nicht hier. Oh! Was für ein Grab die Seele ohne

---

[32] Jean Orcibal: *Le cardinal de Bérulle, évolution d'une spiritualité* (le Cerf, 1965).
[33] Katharina von Jesus geht schnurstracks auf das Ziel zu. Es handelt sich wohl letzten Endes um die göttliche Kraft zum Lieben, die uns so mitgeteilt wird.
[34] In einer zweiten Stufe analysiert Katharina die verschiedenen Phasen: Erst geht es um die Union beider Naturen, der göttlichen und der menschlichen, in Christus. Durch diese Union wird die Menschlichkeit Christi geheiligt.

Ihn ist, ihre einzige Liebe, ihr Licht, ihre Stütze, ihr einziger Schatz! Mein Gott, mein Gott, warum hast Du mich verlassen? Oh, ich weiß, daß auch Du diese grausame Trennung erduldet hast. Du hast diesen unaussprechlichen Todeskampf ertragen und darunter noch mehr gelitten als ich, aber ich bin nur Staub und Asche, und Du bist der allmächtige Gott. Dein heiliger Wille möge sich an mir vollkommen vollziehen…"[35]

Sie fühlte auch, daß ihr die Liebeskraft aus Christus in seiner Göttlichkeit kam:

„In der Seele wohnt auch der Wunsch, Gott eine Liebe und Verehrung entgegenzubringen, die sozusagen der Liebe und Gunst entspricht, die er ihr erwies, und unser Herr gibt mir zu verstehen, daß ich diese Schuld begleichen kann, denn mir kommt es vor, als sei meine Liebe seine Liebe; aber ich drücke mich nicht gut aus. Ich will damit sagen, sein heiliges Herz und mein Herz sind wie ein einziges Herz… Es ist etwas Wirkliches und kein Gefühl und keine Vorstellung." An anderer Stelle schreibt sie:

„Mir kommt es vor, ich besitze seine Liebe und schenke sie ihm zurück."[36]

Sie drückt also gleichzeitig die Mitteilung der göttlichen Liebe dem menschlichen Herzen Christi und die Weitergabe an das Herz Theresa Helenas in diesem heiligen Herzen aus.

Eine Mystikerin, die Ehefrau und Mutter war: Lucie Christine

Lucie Christine war eine Mutter von fünf Kindern, und sie hat wirklich aus einer großen Liebe heraus geheiratet. Sie genoß die außerordentliche Gunst Gottes. Christus erschien ihr nach und nach, zunächst als Umriß, manchmal nur sein Gewand, einmal erschienen ihr seine Augenbrauen, andere Male sein Blick, ohne daß sie seine Augen wahrnahm, dann sein ganzes Gesicht. Sie erlebte die „spirituelle Hochzeit", die oft ein Höhepunkt mystischen Lebens ist.

Ihr blieben aber auch Belastungen nicht erspart, denn ihr Mann, den sie sehr liebte, und eines ihrer Kinder verstarben. Vor allem aber kannte sie jene bei großen Heiligen so häufigen Ängste, den Eindruck, verdammt zu sein, von Gott verlassen und unfähig, ihn zu lieben. Trotzdem heißt es, sie

---

[35] Lady Cecil Kerr: *Theresa Helena Higginson, servante de Dieu, épouse du crucifié* (Desclée de Brouwer, 1935). Texte dieser Art sind unzählig.

[36] Ibid.

verstarb in einem Augenblick der Liebessehnsucht am Karfreitag, dem 17. April 1908, im Alter von 64 Jahren.[37] Ihr verdanken wir eine der genauesten Beschreibungen mystischer Erlebnisse, die ganz und gar der „Vätertheologie" entsprechen:. „Ich sah, daß unser Herr Jesus Christus sich uns selbst ganz widmet, um uns zu erneuern. Er wendet seine heilige Menschennatur, der die Göttlichkeit innewohnt, auf uns an, sein Herz auf unser Herz, sein Geist auf unseren Geist, seinen Willen auf unseren Willen, sein Gedächtnis auf unser Gedächtnis, seine Leidensfähigkeit auf unsere leidende Natur, sein sehr reines Fleisch und sein vergöttlichtes Blut auf unser bösartiges und unser perverses oder verwirrtes Blut. Da er aus Liebe seine Menschennatur mit der unsrigen verbindet, erneuert er uns, reformiert uns und läßt uns auf einfachste und erhabenste Weise wieder zum Leben kommen, durch die Übertragung und sein Verschenken von allem, was Er ist, auf alles, was wir sind."[38]

In diesem Text kommt die „Abkoppelung" nur indirekt vor. Sie läßt sich nur aus der Tatsache herleiten, daß Christus wirklich „leidensfähig" war, während doch seine Göttlichkeit seiner Menschennatur „innewohnt" und sein Blut „vergöttlicht" ist. Diese beiden Ausdrücke bezeugen klar die „Durchdringung" beider Naturen. Schließlich ist diese Beschreibung ein Hinweis aufs Hologrammschema.

In einem anderen Text, in dem es um ihre Prüfungen geht, scheint sie sich dem Unterwerfungsdrang Christi anzuschließen: „Meine Seele hat das Mark des Kreuzes gekostet. Sie hat Gott auf dem Grund der Bitternisse gefunden, wo selbst die Erinnerung an Gott uns verboten scheint; sie sah sich umzingelt von allerlei natürlichen und übernatürlichen Unzulänglichkeiten, und der Himmel war verbaut."

Auch sie erlebte also dort eine Art „Abkoppelung". Sie schrieb weiter: „Aber die Seele kann trotzdem immer sagen: „Herr! Dein Wille geschehe!" und nach dem Gang auf diesen so rauhen Wegen, auf denen sie sich hundertmal zu verirren geglaubt hatte, in Liebe erkennen, daß auch dort Derjenige sie noch trug, den sie nicht sah, daß der versteckte Freund an und in ihr mit jenem schneidenden Werkzeug arbeitete, das Leid heißt, daß er für sie kämpfte, und Er allein durch sie es vermochte, die Attacken und die List des Feindes zurückzuschlagen..."[39]

---

[37] M. Savigny-Vesco: *Lucie-Christine, l'ostensoir sous le voile* (Casterman, 1948).
[38] *Journal spirituel de Lucie-Christine,* publié par Auguste Poulain (Communauté de l'adoration réparatrice, Paris, 1920).
[39] Ibid.

Eine große Mystikerin aus dem Laienstand: Adrienne von Speyr

Wie Theresa-Helena und Lucie-Christine gehörte auch Adrienne von Speyr (1902–1967) keinem religiösen Orden an. Sie lebte ein sehr gewöhnliches Leben in der „Welt". Sie war Ärztin und heiratete nacheinander zwei berühmte Professoren. Ihre Kindheit war ziemlich schwierig. Da ihre Mutter sie nicht liebte, suchte sie Zuflucht in dem Gebetsleben und in einer ständigen vertrauensvollen Beziehung zu ihrem Schutzengel. Ihre Familie war schweizerisch und protestantisch, aber sie fühlte sich früh in ihrer Konfession unzufrieden. Entscheidend war ihre Begegnung mit Pater Urs von Balthasar, dem damaligen Jesuiten und späteren Kardinal. Sie konvertierte zum Katholizismus und unterwarf sich seiner geistlichen Leitung, und er gewann wiederum aus dem Austausch mit ihr Wesentliches zur Erneuerung seiner Theologie. Sobald sie konvertiert war, kannte sie, wie Urs von Balthasar berichtet, eine Fülle von mystischen Gnaden: Erscheinungen der Heiligen Jungfrau, vieler Heiligen, angefangen von den Aposteln, den Kirchenvätern bis zu der heiligen Thérèse von Lisieux oder dem Pfarrer von Ars. Visionen, Dialoge, plötzliche und unerklärliche Heilungen ihrer Patienten, Wundmale."

Jedesmal, wenn man das Leben einer Mystikerin oder eines Mystikers untersucht, gewinnt man den Eindruck, jede/jeder sei noch außerordentlicher als die anderen.

Eines Tages also, als sie von ihrer Praxis nach Hause zurückfuhr, wurde sie plötzlich von einem grellen Licht gestoppt und hörte eine Stimme sagen: „Du wirst im Himmel und auf Erden leben."

Eine ihrer besonderen Fähigkeiten bestand darin, nicht nur Visionen der Vergangenheit zu haben, sondern vor allem Einsicht in die psychische und spirituelle Befindlichkeit der Akteure des Vergangenen. Daher möchte ich ihre Vision des inneren Erlebens Christi während seiner Passion zitieren. Ich lasse die Texte unerwähnt, die betonen, Christus sei wahrer Gott und wahrer Mensch. Darauf spielt noch der Anfang des folgenden Abschnitts an:

„Gewiß hat der Sohn auch am Ölberg die Schau des Vaters. Aber die Hauptsache ist für ihn jetzt, ganz Mensch zu sein und mit seinen menschlichen Kräften auszukommen. Und wenn jetzt der Wille des Vaters sich für den Sohn ganz darauf richtet, daß der Sohn leide, so sollen die menschlichen Kräfte das Fremde daran empfinden: „Nicht mein Wille". Und nachdem diese Entscheidung ausgesprochen ist, bleibt der Sohn im Gehorsam, Traurigkeit und Angst. Er wählt den Willen des Vaters, weiß aber, daß dieser Wille leiden heißen wird, und das Leiden wird nicht dadurch gemildert werden, daß es Gehorsamsleiden ist, im Gegenteil; denn der Sohn kennt die Größe, die Unnachgiebigkeit des väterlichen Willens, in den hinein er seinen eigenen Willen übergeben hat. *Wenn* er will, was der Vater will, so will er das Ganze, Unabgeschwächte; als Mensch aber weiß er, wie übermäßig menschliches Leiden werden, wie vielseitig, wie langsam und unerbittlich es sein kann. Und da er das Je-Mehr des väterlichen Willens, die Göttlichkeit seiner Ausführung ebenfalls kennt, so weiß er, daß er das Äußerste wird leiden müssen. Und dieses Äußerste wird nicht durch die Grenzen des Menschseins bestimmt sein, sondern darüber hinaus gestreckt und gespannt werden, als reiche die menschliche Substanz, die menschliche Haut nicht aus, es zu decken."[40]

Und dann gibt es eine Stelle, die bis ins Herz des Dramas reicht, wie einige der „Väter" es gesehen hatten, wie viele Mystiker es in der Nachfolge Christi erlebten:

„Der Sohn verzichtet aus Liebe zum Vater auf die Erfahrung seiner Liebe. Er verzichtet zugleich auf das Verstehen der Entbehrungen. Er läßt sie an sich geschehen, ohne Schau, ohne Einsicht, ohne die Beziehung zum Vater zu fühlen… Er ist jetzt nur noch Objekt eines Gehorsams, der sich nicht mehr kennt, der nicht einmal mehr reflektieren kann, weil der Gegenstand der Reflexion entzogen und die Verlassenheit vollkommen ist. Die Verlassenheit erklärt sich nicht nur durch die Abwesenheit des Vaters, sondern ebensosehr durch das Fehlen aller Zeichen der Annahme, ja von Dasein und Inhalt des Willens des Vaters."[41]

Adrienne von Speyr zeigt uns auch, wie Christus so auf mehreren Ebenen zugleich lebte und die Sünden auf jeder dieser Ebenen erlebte:

„Als Mensch empfindet der Sohn die Sünde richtig, nämlich so, wie Gott sie aus der absoluten Reinheit heraus empfindet. Zudem besitzt er die Unversehrtheit Adams vor dem Sündenfall, empfindet also die Sünde auch aus der menschlichen Reinheit, die nie gesündigt hat. Aber es ist ihm, wie eine „Fischhaut", eine dritte Sündenempfindung eng angelegt für die Zeit seines irdischen Menschseins: eine Innenerfahrung der Sünde. Er fühlt und kennt die Veränderung, die die Sünde im Menschen bewirkt. Er erfährt die Differenz zwischen Reinheit und Sündenzustand. Er weiß, wie denen zumute ist, die gesündigt haben. So ist diese „Fischhaut" nicht bloß Ausdruck einer Potentialität (wie es *wäre*, wenn man gesündigt hätte), sondern eine Realität und Aktualität (wie es *ist*).[42]

---

[40] Zitat Urs v. Balthasar in Barbara Albrecht, „Eine Theologie des Katholischen, Einführung in das Werk Adrienne von Speyrs, Johannes Verlag, Band 1, Durchblick in Texten, S. 89-90.
[41] Ibid. S. 93-94.
[42] Ibid. S. 90-91.

Das ganze Hologrammschema liegt auch ihrer Theologie zugrunde. Wenn Sie folgenden Text lesen, beachten Sie bitte die Wortwahl:

„Die Glaubenden werden eingeladen, sich nicht bloß von Christus abhängig und mit ihm verbunden zu fühlen, sondern sich in ihm zu erkennen, mit ihm zusammen Leib zu sein, ihren Leib ihm anzubieten und entsprechend von ihm seinen Leib als Geschenk zu erhalten. Die Vertikale der Menschwerdung von oben herab in den Schoß der Jungfrau wird jetzt zur Horizontalen, da der einzige Sohn des Vaters, in die gewöhnliche Menschenform eingegangen, wie namenlos und unkenntlich, sogar dem Vater in einem jeden verborgen erscheint... In diesem Geheimnis des Mit- Leib-Seins liegt das Geheimnis des Mitwirkens des Gliedes mit dem Leib zusammen, eines Mitwirkens, das zuhöchst wird zu einer „Miterlösung", und zwar nicht nur bei Maria, die hierin eine Sonderstellung einnimmt, sondern in jedem Akt lebendigen Glaubens." [43]

Es ist wirklich so, denn in der Tat ist unser aller Gegenwart in dem einzigen Leib dynamisch. Wir sind dazu aufgerufen, an der Arbeit Christi mitzuwirken und so zu Miterlösern zu werden füreinander, d.h., nicht nur erlöst, sondern Erlöser zu sein.

---

[43] Ibid. S. 232.

Kapitel 11

Die Gemeinschaft der Heiligen

Auch Heilige steigen in die Hölle hinab

Jetzt möchte ich zeigen, wie sich alles bestätigt, was wir über Christus entdeckt haben. Wir sind nämlich alle dazu aufgerufen, unser Kreuz mitzutragen, damit wir wieder zu Gott finden. Oh! Selbstverständlich gibt es einen riesigen, entscheidenden Unterschied zwischen dem Schritt des Gottessohnes und unserem! Ich habe es sogar betont. Christus ist kein Mensch, der nach und nach in das göttliche Leben kam, kein vergöttlichter Mensch. Er ist Gott, Gott, der zum Menschen wurde. Wir müssen zu Gott „emporsteigen." Gott für sein Teil ist zu uns „hinabgestiegen".

Aber in einer zweiten Etappe wird der Unterschied weniger deutlich. Nachdem er zu uns hinabgestiegen war, nachdem er so sehr Mensch geworden war, daß er zur „Sünde" für uns wurde, ging auch Christus wieder hinauf zu Gott. Er hat sich nur zum Menschen gemacht, er ist nur bis in unser Elend hinabgestiegen, damit wir in ihm bis zum Vater wieder hinaufsteigen können. Aber, genug davon. Christus kann diese Arbeit nicht ohne uns vollenden. Er kann uns nicht ohne unser Mittun erlösen. Er kann uns nur wieder nach oben bringen, wenn wir es wollen, wenn wir es akzeptieren, daß er in uns wirkt und in eine Mitarbeit an unserem Heil einwilligen.

Alles geschieht in der Tat so, als ob es eine Art Koppelung zwischen der Liebesbewegung Christi und unserer eigenen gäbe.

Weil Christus im Hologrammschema oder im Schema der Matrioschkas mitten in uns, in der Tiefe eines jeden von uns ist, jenseits von Zeit und Raum, so kann sein Liebesdrang in sich und in uns auf unseren Willen einwirken und uns die Liebeskraft zurückgeben, so daß wir über alle Versuchungen siegen, wenn wir es wollen. So ist auch jeder von uns auf einer höchsten Ebene mit allen verbunden. Jeder kann mit seinen kleinen Mitteln ein wenig zum Miterlöser werden.

Das Paradox „mystischer Nächte"

Das behauptet zum Beispiel die eben zitierte Adrienne von Speyr. Sie erklärt, unter den möglichen Gaben Christi an uns sei auch eine gewisse

Teilnahme an seinem Erlösungswerk: „Er kann uns erlauben, an seinem Leid teilzunehmen, uns seinen intimsten Leiden anschließen, sogar für Augenblicke die Grenzen zwischen seinem eigenen Leid und dem unsrigen verwischen, so daß wir in diesem Übermaß an Leid wirklich in seinem Namen, durch ihn, in seiner Kraft und in der Liebe leiden, die ihn mit dem Vater verbindet."[1]

Diese Teilnahme an dem körperlichen Leiden Christi zeigte ich schon ein wenig an dem Fall der Stigmatisierten. Wir trafen auch schon in einigen Fällen auf die Erfahrung der Verlassenheit, die so viele Heilige kannten. Dieser Aspekt des mystischen Lebens wird oft falsch verstanden. Man sieht in diesen Prüfungen einen Ausdruck der letzten notwendigen Reinigung vor der endgültigen Vereinigung mit Gott. Tatsächlich spielt es sich so etwa in dem Leben des heiligen Johannes vom Kreuz oder der heiligen Theresia von Avila ab.

Aber in sehr vielen Fällen kommt es später zu diesen „mystischen Nächten", zu diesen Todesängsten, zu einem Zeitpunkt, an dem die Reinigung des Mystikers fast vollzogen ist. Oft wird ihm sogar die Vollendung dieser Reinigung durch eine innere Stimme oder durch die symbolische „unio mystica" bestätigt. Diese Veränderung der Perspektive ist ganz entscheidend. Ich erinnere mich noch an den Unterricht von Pater Louis Cognet im Institut Catholique in Paris und wie er uns auf dieses seltsame Phänomen aufmerksam machte.

Es wäre verständlich, wenn der Mystiker am Ende einer langen, immer intensiveren Reinigung schließlich durch eine Art totaler Finsternis geführt würde, um zur letzten Lossagung und Selbstverleugnung zu kommen. So geschieht es in den ersten „mystischen Nächten". Dieses Phänomen ist bekannt. Es existiert übrigens auch bei moslemischen Mystikern. Aber bei vielen Heiligen oder großen Mystikern trifft man auf ein Phänomen, das beim ersten Hinsehen befremdend ist: Die Reinigung des Mystikers ist abgeschlossen, Christus selbst verkündet es und zelebriert symbolisch eine gänzliche und endgültige Vereinigung; aber wenig später stürzen neue Prüfungen und neue Versuchungen, oft noch schlimmer als die ersten, auf denjenigen ein, dessen Vermählung mit Gott vollzogen schien. Sie werden verstehen, daß diejenigen, die dieses seltsame und schreckliche Abenteuer erlebten, als erstes ratlos waren. Mehrere von ihnen haben den Sinn dieser neuerlichen Prüfungen geahnt. Einige haben ihn sogar vollkommen richtig ausgedrückt. Bei ihnen fand ich die Lösung, die ich Ihnen vorschlage.

---

[1] Hans Urs von Balthasar, s.o.

206

Die Heiligen wirken am Werk Christi mit

Wenn der Heilige oder Mystiker am Ende seiner Reinigung angekommen ist, wenn er heilig geworden ist durch die Heiligkeit Gottes in sich, dann hat er sich der Situation Christi angenähert, der die Quelle aller Heiligkeit ist.

Von diesem Augenblick an wird er dazu aufgefordert, am Werk Christi mitzuwirken und also der gleichen Bewegung zu folgen. Nachdem er also langsam und mühsam zu Gott „hinaufgestiegen" ist, wird er aufgefordert, Christus bei seinem „Abstieg" in den Abgrund unserer Sündhaftigkeit zu folgen, sich für uns zur „Sünde" zu machen, genau wie Christus, damit er mit ihm das Karma all seiner Brüder teile.

Wenn es so steht, gibt es selbstverständlich keinen Grund, wieso der Mystiker nicht auch genauso wie Christus selbst leiden sollte, da ja in beiden Fällen, bei Christus wie beim Mystiker, die Prüfungen, denen sie unterworfen sind, ja nicht wirklich ihnen selbst gelten, sondern den zu errettenden Sündern. Wenn aber der Mystiker die Prüfung bestehen, die Versuchung zurückweisen kann, so deshalb, wie Adrienne behauptet, weil er sie „in seinem Namen erlebt, (im Namen Christi) durch ihn, in seiner Kraft und in der Liebe, die ihn mit dem Vater verbindet." Weil die Liebe Christi die Liebe des Mystikers mitreißt, werden beide Liebesenergien wirksamer, um die Liebe des Sünders zu wecken. Oder möchte Christus vielleicht nur den Mystiker im gleichen Liebesdrang mitreißen?

Wir können uns jetzt mit einigen dieser Texte beschäftigen, in denen dieser Vorgang ganz oder teilweise beschrieben wird, und ich hoffe, Sie werden auch hier erkennen, daß ich nichts erfunden habe, sondern nur Zeugenaussagen ernst nahm und sammelte.

So wie Sie aber nach und nach merken, daß tatsächlich die Dinge im Leben vieler Mystiker so geschehen sind, werden Sie auch einsehen, daß ihre Erfahrung die Sicht der griechischen und orientalischen Väter vom Mysterium Christi bestätigt.

Lucie. Christine z. B. sieht eine Verbindung zwischen dem Leben Christi und dem Leben derer, die mit ihm vereinigt sind:

„Es wurde mir gesagt, daß Gottvater Jesus mit den Seelen nur vermählt, damit Er in ihnen und durch sie das Leben weiterlebt, das Er persönlich auf Erden leben wollte und das mit seiner jetzigen Verherrlichung nicht mehr harmoniert."[2]

---

[2] *Journal spirituel de Lucie-Christine* (s. o.).

Ein anderes Mal wird ihr die gleiche Lehre bildhaft vorgestellt: „Ich sah eine Blume, die in meinem Herzen stand und sich im Herzen Jesu öffnete, und Jesus zeigte mir liebevoll, daß der hohe Blumenstiel nie abgebrochen worden war; (…) Und durch diesen geheimnisvollen Stiel strömte das gleiche Leben durch Jesu Herz und durch meines, das alle Regungen dieses anbetungswürdigen Herzens miterlebte…"[3]

Von einem großen, noch sehr verkannten Mystiker

Abbé Augustin Delage (1877–1947)[4] ist bestimmt einer der Autoren, die am besten verstanden, was zwischen Christus und dem irdischen Mittler, dann zwischen diesem und der hilfebedürftigen Seele innerlich geschieht. Abbé Delage ist einer der ganz großen Mystiker. Er ist praktisch unbekannt, denn er war zeitlebens unauffällig. Bei ihm traten keine augenfällige körperliche Phänomene auf. Es geschahen keine Wunder wie bei Mutter Yvonne-Aimée aus dem Konvent Malestroit, und trotzdem war auch sie eine sehr große Mystikerin. Aber jedes dieser Leben ist eine Welt für sich. Jedes hat viele Eigenheiten.

Abbé Delage war ein Konfrater von mir. Er war also „Sulpizianer" und über zwanzig Jahre Professor der Theologie am Priesterseminar in Limoges. Bei seinem Unterricht bemühte er sich, dem streng treu zu bleiben, was die damalige Kirche ihm zu lehren befahl, also auch der Lehre des heiligen Thomas von Aquin. Diese Bemühung verleiht seiner Aussage um so mehr Gewicht, denn wenn er von dem heiligen Thomas von Aquin abweicht, geschieht das nicht aus intellektuellem Antrieb, sondern unter dem Druck seiner Erfahrung und ganz unwillentlich seinerseits.

Auch Abbé Delage hatte ein schweres Leben, was sich zunächst körperlich zum Ausdruck brachte: „Man fand ihn am Tisch sitzend, seinen Rosenkranz in der Hand oder mit einem geöffneten Buch vor sich. Aber er gab zu, daß seit dreißig Jahren dort ein Buch liegen mußte, damit niemand zur Faulheit ermutigt wurde, aber er litt so sehr an Kopfschmerzen, daß er nachmittags keine Arbeit verrichten konnte, die Schmerzen waren mehr oder weniger heftig, aber ununterbrochen.[5] Er litt auch seelisch: Die Höhepunkte seines religiösen Lebens fielen immer mit inneren Prü-

---

[3] Ibid.
[4] Bekannter unter seinem Pseudonym Robert de Langeac.
[5] S. die anonyme biographische Note am Anfang des Buches unter dem Namen Robert de Langeac: *Vous … mes amis* (Lethellieux, 1953).

fungen zusammen: Er hatte den Eindruck, Gott verraten zu haben, lau zu sein und unfähig zur Liebe. Sein ganzes Leben lang litt er auch unter Skrupeln.

Trotzdem sagte er eines Tages: „Man betet nur in der Ekstase ganz gut." Ich könnte Ihnen nichts Besseres empfehlen!

Jetzt einige Zitate des Abbé Delage zu dem Problem, womit ich befaßt bin. Ich gehe stufenweise vor:

Jemandem, der verzweifelte, weil er Gott nicht zu lieben wußte, schrieb Abbé Delage:

„Ich spüre anscheinend innerlich auch Ihre geringsten Anstrengungen. Ich bekomme sofort die Erlaubnis zu beten und benutze sie. Das ist so etwas wie ein kleines Mysterium."[6] Hier bemerkt man bereits diese Kommunikation von Seele zu Seele. Das Wort „anscheinend" ist für mich sehr wichtig. Abbé Delage theoretisiert nicht. Er spricht aus Erfahrung und drückt sich so genau wie möglich aus, ohne zu übertreiben. Beachten Sie auch die Vorgehensweise. Er kann nur dann beten, wenn er die Erlaubnis dazu bekommt, und er bekommt erst die Erlaubnis, wenn die hilfebedürftige Seele sich bereits bemüht hat. Alles bleibt unter Gottes Führung.

An anderer Stelle erklärt er, wie dieses Gebet wirksam sein kann: „Es scheint mir, meine Seele ist in ihrem Grund wie ein Treffpunkt anderer Seelen - manchmal mir bekannter, manchmal unbekannter Seelen - mit dem lieben Gott.[7] Dort vereinigt er sich mit ihnen. Warum? Wie? Ich weiß es nicht. Oft erkenne ich das durch eine innere Sicht, die reine Erkenntnis ist. Aber es kommt auch vor, wenn Jesus es will, daß ich seine Freude als Bräutigam teile.[8] Was geschieht in der Seele, der sich Jesus in mir vermählt? Gibt es eine Harmonie zwischen ihrer Empfindung und dem, was ich in der Tiefe meines spirituellen Herzens feststelle?"[9]

Abbé Delage stellt sich hier noch Fragen, aber er ist schon auf dem richtigen Weg. Zwischen seinem Eifer und der Seele der Person, für die er betet, entsteht Harmonie.

---

[6] Ibid.

[7] Lassen Sie sich nicht durch den Ausdruck „lieber Gott" stören, der uns heute ein wenig gekünstelt vorkommt. Bei Delage ist es echte Liebe und Zärtlichkeit.

[8] Manchmal erfährt er nur verstandesmäßig von der Hilfe, die er gebracht hat, ohne Freude zu empfinden. Aber manchmal darf er das Glück Gottes teilen, wenn eine Seele zu Ihm zurückfand. Das Wort „Bräutigam" gehört einer langen christlichen Tradition an und drückt die Liebesbeziehung zwischen Gott und der Seele aus.

[9] Ibid.

Die Heiligen wirken in uns

Der echte Sinn der Fürbitte

Es ist absolut phantastisch! Hier ist der volle Sinn des Gebetes für andere. Und es geht überhaupt nicht um eine Rückkehr zu der mythologischen Auffassung, in der das Gebet auf Gottes Herz einwirkt, als müßten wir ihm größere Liebe beibringen. Das Gebet wirkt auf das Herz des Sünders. Und das nicht auf die Art eines Mirakels, das ihn gegen seinen Willen, unter Umgehung seiner Freiheit verwandeln würde, sondern durch eine Harmonisierung von Seele zu Seele, und die Hilfe kommt aus dem Inneren, quillt aus dem Mittelpunkt des Sünders, aus dem Tiefsten seines Herzens. Wenn wir für jemanden zu Gott beten, so nehmen wir in Wirklichkeit die Haltung an, die er haben müßte, um der Liebe Gottes zu erlauben, in sich zu wirken: eine Haltung der Öffnung für Gott, der Unterordnung, des Wartens, des Vertrauens und, wenn die Person zustimmt, kann diese Haltung auch ihr Herz beeindrucken, so daß sie auch in ihr entsteht.

Wenn wir zur Mutter Gottes oder zu den Heiligen beten, so fordern wir sie in Wirklichkeit auf, nicht für jemanden „einzutreten" bei Gott, sondern die Öffnung für Gott in ihrem Herzen zu entwickeln, denn ihr Herz ist auf geheimnisvolle Weise – aber real – mit dem der hilfebedürftigen Person in Kommunion.

Wenn wir für den Frieden, für unser Land, für die Wiedervereinigung der Kirchen beten... ist es unser Ruf zu Gott, der im Herzen aller anderen Menschen erklingt.

Dieser Vorgang kann sicher auf gleiche Weise für die „Lebenden" (auf Erden Lebenden) wie für die „Toten" (im Jenseits Lebenden) gelten. Hier auf Erden wirkt unser Gebet direkt im Herzen derjenigen, für die wir beten, sogar jenseits ihres Todes. Ihre Freiheit wird nicht verletzt, aber sie werden innerlich angesprochen. Machen wir uns das bewußt.

An anderen Stellen ist Abbé Delage noch selbstsicherer: „Wenn die Versuchung noch einmal kommt, bitten Sie den lieben Gott, Ihren Willen in meinen einzuschließen." Oder in einer anderen Angelegenheit: „Ihr Wille ist in meinem eingeschlossen wie das Kind im Mutterschoß. Es geht wirklich um Entbindung, um ein langsames Gebären... Wie schön wird Ihre Seele sein, wenn ich sie werde geboren haben!"[10]

Hier geht es nicht um Harmonisierung, sondern um Geborgenheit im Mutterschoß, aber der Gedanke bleibt der gleiche.

---

[10] Ibid.

Der Prozeß des Helfens, den Abbé Delage erlebt, ist für ihn so konkret, daß er sich schließlich die Frage des „Wie" noch dringender stellt: „Man wohnt mit Ihm (d.h. Gott) in der Seele, die Hilfe erfahren soll. Man arbeitet in ihr mit himmlischem Frieden und himmlischer Freude. Das Instrument (d. h. er selbst) und Gott sind eins; und sie müssen doch beide auf irgendeine Weise dort sein, wo sie wirken. Kommen sie in die Seele, oder kommt sie auf irgendeine Weise zu ihnen? Ich weiß es nicht. Vielleicht geschieht es eher auf diese zweite Weise."[11]

Ich erlaube mir nur die Bemerkung, daß, wenn man im Hologrammschema oder beim Matrioschkamodell bleibt, diese Frage sich nicht einmal stellt. Wir sind alle bereits in Christus und also schon ineinander gefügt.

Die Hilfe, die geleistet wird, beschränkt sich übrigens nicht aufs Gebet, zumindest nicht in dem Sinne, in dem man gewöhnlich von Gebet spricht. Abbé Delage schreibt eines Tages an eines seiner Beichtkinder: „Ich kann Ihre Prüfung nicht auf mich nehmen, da ich nicht großmütig genug bin und weil der liebe Gott es von mir nicht verlangt. Ich kann nichts ohne seine Verfügungen tun."[12]

Dieses Thema der Prüfung, die nicht „an jemandes Statt", sondern „in Verbindung mit jemandem" ausgestanden wird, ist absolut entscheidend. Man trägt das Karma eines anderen nicht an seiner Stelle. Man trägt es mit ihm zusammen. Jetzt werden wir das bei anderen Mystikern näher untersuchen. Es kann um allerlei körperliche oder spirituelle Prüfungen gehen.

Körperliche Prüfungen für andere ertragen

Hierfür gibt es zahlreiche Beispiele. Übrigens darf ihre Bedeutung nicht heruntergespielt werden. Ein intensives und langes körperliches Leiden wirkt sich immer spirituell aus. Es kann Gelegenheit zum Fortschritt, aber auch zum Abfall bieten. Sogar ein relativ erträglicher Schmerz oder ein einfaches Unwohlsein bedeutet immer eine zusätzliche Schwierigkeit, die unsere Geduld und unsere Hilfsbereitschaft beeinträchtigen kann. Betrachten wir also den Fall zweier Mystikerinnen, die ich bereits erwähnte. Sie hatten Wundmale bekommen.

Anna Katharina Emmerich „mußte Krankheiten und Schmerzen eines jeden ertragen". Die Übertragung soll so weit gegangen sein, daß sie die

---

[11] Ibid.
[12] Ibid.

Gesichtszüge, Gesten und den Ausdruck derjenigen übernahm, denen sie half.[13]

Solche Episoden sind auch aus dem Leben der Therese Neumann bekannt. Eines Tages übernahm sie die Rheumaschmerzen ihres Pfarrers, der sofort schmerzfrei wurde. Ein andermal zeigte sie alle Symptome der Wassersucht und litt unter Schmerzen bis hin zu denen des Todeskampfes, während die wirkliche Kranke gar nicht mehr litt und in Frieden sterben konnte. Als ein junges Kind fast nackt unvorsichtigerweise in die Nähe eines Bienenstockes kam und mit Bienenstichen übersät wurde, fing Therese an zu beten, schwoll dann schnell an und litt fürchterlich, während das Kind von den Schmerzen befreit wurde. Es kam so weit, daß „meistens, wenn sie krank zu werden schien, man den Arzt nicht mehr rief, denn man hatte sich daran gewöhnt, sie plötzlich genesen zu sehen, sobald die Person, für die sie litt, die erbetene Gnade erlangt hatte."[14]

Es ist bekannt, daß besonders empfindsame Personen eine so starke Form des Mitgefühls für die Leidenden empfinden können, daß sie schließlich die gleichen Schmerzen fühlen. Aber da wird der ursprünglich Betroffene deswegen nicht von seinem Leiden befreit. Es geht eher um eine Art Ansteckung. Ich würde zwar nicht ausschließen, daß eine gewisse wirkliche Teilnahme geschieht und der ursprüngliche Patient erleichtert wird, aber diese Erleichterung ist jedenfalls unauffällig.

In den eben zitierten Fällen ist das Phänomen mächtiger: Die Leidenden fühlen sich sofort erleichtert. Die Anteilnahme geht so weit, daß sie wie eine echte Übertragung wirkt.

Spirituelle Prüfungen für andere ertragen

Dieses Phänomen der Übertragung ist bei Versuchungen noch wichtiger. Die Autoren, die Mystiker selbst, betonen es am häufigsten. So heißt es, Anna Katharina Emmerich übernahm nicht nur die Schmerzen anderer Personen, sondern auch „ihre alten Laster und Seelenzustände".[15]

So erging es auch Therese Neumann. Ich bitte, nur auf das Wesentliche der Aussage zu achten, ohne sich durch das Wort „abbüßen" irritieren zu las-

---

[13] Thomas Wegener: *Anna Katharina Emmerich, das innere und das äußere Leben der gottseligen Dienerin Gottes* (Paul Pattloch Verlag, Aschaffenburg 1972).

[14] Ennemond Boniface: *Thérèse Neumann la crucifée, devant l'histoire et la science* (P. Lethellieux, 1979).

[15] T. Wegener, s. o.

sen, das auch aus einer Theologie stammt, die ich ablehne. Ich komme später darauf zurück. Es heißt also, daß „Therese oft, wenn sie unter Schmerzen abbüßen mußte, symbolische Zeichen des gewöhnlichen Lasters der Person, für die sie litt, zeigte. Es wurde oft erzählt, sie schiene im Rausch zu sein, wenn sie für einen Alkoholiker büßte, sie phantasiere und erbräche sogar Schleim, der einen scharfen Alkoholgeruch verströme. Ihr Zimmer sei wie vom Alkoholgestank erfüllt, so daß ihre Umgebung sich belästigt fühle und man die Fenster öffnen müsse.“[16]

Richtige und falsche Interpretationen

Falsche Interpretationen: Abbüßung, Bußwerk...

Um zu verstehen, was wirklich geschah, muß zunächst ganz von der hier implizit vorgeschlagenen Interpretation abgerückt werden, die wie selbstverständlich vorausgesetzt wird: Therese nimmt die Versuchung einer Person auf sich, um ihr zu helfen, über ihre Schwäche zu siegen. Diese Versuchung zu überwinden bedeutet für sie, in einen Kampf, in ein gewisses Leid einzuwilligen. Aber in diesem Leid eine „Buße“ zu erblicken, wie es der oben zitierte Autor tut, heißt den wirklichen Vorgang unserer Heiligung überhaupt nicht verstehen. Denn dann käme das Heil von außen. Bei den eben erwähnten Fällen geht es nicht darum, einen schon begangenen Fehler durch Leid abzubüßen, sondern jemandem zu helfen, nicht mehr in den gleichen Fehler zurückzufallen, was nichts mit der Wirkungsweise eines angeblichen Abbüßens zu tun hat. Trotzdem wollte ich dieses Zitat anbringen, weil es gleichzeitig den Abgrund zeigt, der zwischen der gewöhnlichen Theologie des Westens und der Theologie klafft, die hier dargestellt wird. Ich muß im übrigen zugeben, daß Therese selbst spontan die schrecklichen Bußvorstellungen teilte. Aber manchmal sprach sie auch von ihren Prüfungen.[17]

Wenn man von Buße spricht und besonders von der berühmten Bußauflage, die bei dem Beichtsakrament zusammen mit der Absolution erteilt wird, hat man immer den Eindruck, es ginge um eine Art Strafe, die dem Sünder auferlegt wird, damit er nicht wieder sündigt, oder um eine Kompensation, die der göttlichen Gerechtigkeit gewährt würde. Aber dar-

---

[16] E. Boniface, s.o.

[17] Ich meine, es in *Pour que l'homme devienne Dieu* nachgewiesen zu haben.

um geht es gar nicht! Es geht darum, den Sünder zu bitten, einen Schritt zu vollziehen, der ihn stärkt, damit er in der Zukunft nicht den gleichen Fehler wieder begeht.

Wenn ein Krankengymnast jemanden bittet, einen zurückgebildeten Muskel systematisch zu trainieren, mehr als fürs tägliche Leben nötig ist, so ist das Ziel nicht, den Muskel oder auch den Kranken bzw. Verletzten zu bestrafen. Es geht darum, eine schlecht funktionierende Mechanik zu stärken.

Wenn Therese die Alkoholkrankheit eines armen Menschen auf sich nimmt, „büßt" sie gar nicht. Es ist auch nicht einzusehen, welch ein Vergnügen Gott daran haben könnte. Es ist auch nicht einzusehen, worin ihr Kampf oder selbst ihr Sieg über die Alkoholkrankheit den Kranken verwandeln könnte, wenn zwischen ihnen keinerlei Verbindung besteht. Das alles ist gänzlich sinnlos, es sei denn, es wird von einer geheimnisvollen Osmose der Seelen ausgegangen, die es erlaubt, daß jemand einem anderen innerlich zu der Bekehrungsbemühung in Freiheit verhelfen kann.

Das richtige Verständnis dieses Mysteriums

Abbé Delage, alias Robert de Langeac, hat mit am besten die Wirkungsweise dieser Leiden verstanden: „Andere Male ist die Seele wirklich gereinigt… Die Prüfungen, Leiden und Versuchungen aller Art, die vorkommen, sind nicht mehr zur Reinigung, sondern zur Erlösung da.[18] Von außen und oberflächlich gesehen, scheinen sie Anfängerprüfungen und Versuchungen, aber sie sind apostolisch: Die Seelen bieten sich für andere Seelen an und erleiden genau das, was die sündige oder Anfängerseele in diesem Zustand leiden müßte. Der heilige Vinzenz von Paul litt, glaube ich, zwei Jahre lang an einer schrecklichen Versuchung gegen den Glauben. Die letzte Prüfung der Heiligen Therese vom Kinde Jesu war auch eine Glaubensprüfung…"[19]

Schließt man sich dieser Theologie an, so versteht man sofort den Sinn der paradoxen Prüfungen so vieler Heiligen, deren Vermählung mit Gott vollzogen schien.

---

[18] Es ist dasselbe wie für Christus. Auf der ersten Stufe der „Reinigung" erreichte der zukünftige Mystiker, sofern es für einen Menschen möglich ist, die Heiligkeit Christi. Auf der zweiten Stufe wird er - wie Christus - aufgefordert, die Versuchungen schwächerer Menschen auf sich zu nehmen, um sie zu überwinden.

[19] Robert de Langeac: *La vie cachée en Dieu* (le Seuil, coll. Vigne du Carmel, 1947).

Ein paradoxer Fall: die heilige Angela von Foligno

So ist es im Fall der heiligen Angela von Foligno (1248–1309) geschehen. Sie war unglücklich verheiratet, Mutter von fünf Kindern, aber reich und auf Sinnengenuß ausgerichtet, sie liebte den Luxus, das gute Essen, den Tanz, das Parfüm, die mondänen Vergnügungen... bis zur Ausschweifung. Aber, was viel schlimmer ist, sie simulierte Strenge und Frömmigkeit. Später beschrieb sie sich so:

„Ich tat Gutes vor den Augen der Menschen. Ich ließ erzählen: Sie ißt kein Fleisch. Aber in Wirklichkeit war ich verfressen und versoffen. Ich tat so, als wolle ich nur das Allernotwendigste, ich spielte die äußerliche Armut. Aber ich machte mir ein Bett aus Teppichen und Decken, das ich morgens wegräumte, damit es die Besucher nicht sahen. Hört mich gut an: ich bin die Heuchelei, Tochter des Teufels. Ich heiße Verabscheuung Gottes. Ich nannte mich eine Tochter des Gebets, aber ich war eine Tochter der Wut, der Hölle und des Hochmuts. Mord ist mein Name!"[20]

Nach dem zu schließen, was man von ihrem Leben weiß, ist die Beschreibung, abgesehen vom Stil, kaum übertrieben. Aber manchmal werden aus großen Sündern große Heilige. Man kennt die Umstände ihrer Bekehrung nicht so genau. Es scheint, daß sie bei einer ersten Beichte den Mut nicht aufbrachte, alles zu sagen, daß sie dann aber Reue empfand und sich in ihrer Verzweiflung an den heiligen Franz von Assisi wandte. Dieser erschien sofort, um ihr seine Hilfe zu versprechen. Als sie später zu seinem Grab pilgerte, wurde sie von einer göttlichen Stimme begleitet, „die so sanft war, daß, als sie verstummte, Angela vor Reue zusammenbrach und vor der Kirchentür unter undeutlichem Gestammel hinfiel."[21]

Angela verzichtete auf alle ihre Besitztümer, all ihren Schmuck, und verteilte alles unter den Ärmsten. Eine völlige Veränderung der Existenz. Ich versichere, eine solche Lektüre ist spannender als alle Romane der Welt. Durch eine Biographie das Erleben der Heiligen ein wenig entdecken zu können, etwas zu erraten, was der heimliche Motor ihres Lebens gewesen ist, ist schlicht wunderbar.

Also erlebte Angela von Foligno einen sehr schnellen mystischen Aufstieg. Aber als ihre Reinigung schon praktisch abgeschlossen war, war sie sehr erstaunt, daß plötzlich die Flammen der Leidenschaft wieder aufloderten:

---

[20] Zitat von Raymond Christoflour, in *Sainte Angèle de Foligno* (Editions du Soleil Levant, Namur 1958).
[21] R. Christoflour, *Einführung,* s. o.

„Ich leide noch an einer anderen Marter: Alle Laster kehren zu mir zurück; sicher leben sie nicht lange auf, aber sie verursachen mir trotzdem großen Kummer." Bis hierher hätte man einfach daraus schließen können, daß diese Laster einfach nicht so ganz verschwunden waren, wie sie behauptete; oder, daß solche Gewohnheiten notwendigerweise eine größere Verwundbarkeit nach sich ziehen, wie bei allen z. B., die harte Drogen genommen haben. Aber das, was dann kommt, zeigt, die Dinge sind komplizierter. „Die Laster, die ich nie hatte, nisten sich in meinem Leib ein und verfolgen mich. Sie leben nicht ewig, und, wenn sie erneut sterben, tröste ich mich, da ich einsehe, daß ich das Opfer der Dämonen geworden bin, die meine alten Sünden in mir wecken und neue hinzufügen."

Später kommt sie auf dieses Thema zurück und beschreibt „diese schreckliche Nacht Gottes…, in der Laster in mir auferstehen, die ich in mir als tot kenne, die aber Dämonen von außen hereinführen, zusammen mit anderen Lastern, die noch nie dagewesen waren."[22]

Was mich hier interessiert, sind natürlich diese „neuen" Laster, die nicht einmal ihrem Temperament entsprachen, da sie ihnen nicht frönte, wenn sie sich ihrem Temperament überließ. Dieses Detail ist entscheidend: Hier versteht man, es handelt sich nicht um einen einfachen Rückfall in die Sünde. Das Mysterium ist tiefer. In meinem ersten Buch, auf das ich in den Fußnoten oft hinweise, hatte ich diesen Fall kaum behandelt.[23] Ich hatte anderen Beispielen den ganzen Platz gegeben. Heute mache ich es einmal umgekehrt. Aber Sie sollten alle diese Texte lesen und im Hintergrund die Lebensbeschreibungen all dieser Heiligen, die das gleiche Phänomen erlebt haben. Wenn man wirklich nichts von ihrem Leben weiß, wirkt ihr Zeugnis weniger überzeugend. Deswegen mußte ich mich hier auf einige wenige Fälle beschränken, über die ich etwas länger referiere. Aber es gibt so viele andere noch! Was für ein Mysterium! Und wie beeindruckend, große Heilige inmitten der größten Schwierigkeiten, der schlimmsten Versuchungen zu erleben! Ich schreibe oft instinktiv „große Heilige", aber ich hoffe, Sie verstehen mich. Es gibt keine „kleinen" Heiligen. Sie sind alle groß. Nur wir sind klein. Deswegen sehe ich sie alle als „groß" an. Wenn man miterlebt, wie die heilige Therese vom Kinde Jesu und vom „heiligen Antlitz"[24] von der Überzeugung überschwemmt wurde, daß alles,

---

[22] Ibid.

[23] *Pour que l'homme devienne Dieu.*

[24] Nicht umsonst hat sie sich selbst diesen Namen gewünscht. Einerseits liegt hier das Vertrauen eines Kindes, andererseits das ganze Leid der Passion. Nichts weist auf die Gekünsteltheit hin, die man bei ihr vermutet hat.

was sie geglaubt hatte, nur Illusion sei; wenn man erfährt, daß sie das ganze Glaubensbekenntnis[25] mit ihrem Blut abschrieb, um es immer am Körper zu tragen, ahnt man ein wenig den inneren Kampf, den sie ausfechten mußte. Wenn man den berühmten Pfarrer von Ars, den Heiligen Jean-Marie Vianney, (1756–1859) erlebt, wie er vor der Heiligkeit Gottes von so großer Angst erfaßt wurde, daß er nicht einmal mehr seinen Namen schreiben konnte, weil seine Hand so zitterte, er, der in dem Gewissen anderer las, Wunder vollbrachte, den man aus der ganzen Welt besuchen kam, so daß man die Eisenbahnlinien verlängern und Hotels bauen mußte, um den Audienzwünschenden Möglichkeiten anzubieten, wenn man die Not, Angst und Verwirrung von so vielen Heiligen sieht, während, wie ich es betone, normalerweise ihre Reinigung abgeschlossen war, kann man, glaube ich, nur der Interpretation des Abbé Delage, so wie ich sie vorstelle, zustimmen. Diese Versuchungen stammen nicht mehr von diesen Heiligen, sondern von anderen Personen, die nah oder fern, ihnen bekannt oder unbekannt sind.

Hier noch eine andere Aussage in diesem Sinne. Es geht um jemanden, über den ich bereits sprach, um jene englische Lehrerin, die ein außergewöhnliches und noch wenig bekanntes Leben führte. Aber dies ist unwichtig. Lassen Sie sich auch hier nicht von dem Wort „Dämonen" irritieren. Das kann auf verschiedenen Ebenen interpretiert werden und ist nicht lächerlich. Wir finden diese Kundgebungen in dem Leben vieler Heiliger und auch in gewissen sogenannten „paranormalen" Phänomenen. Für jetzt konzentrieren Sie sich auf das Wesentliche der Aussage, auf dieses Phänomen der Übertragung, der Hilfe für Personen in Schwierigkeiten. So drückt sich also Theresa-Helena Higginson aus: „Als unser Herr mich mit dieser riesigen Betrübnis heimsuchte, worüber ich sprach, erschien mir der Teufel mit vielen anderen Dämonen und versuchte mich, glaube ich, genau so, wie er jene armen Seelen versuchte, deren Sünden ich auf mich genommen hatte. Die Versuchungen waren, glaube ich, von jeder möglichen Art: Versuchungen gegen die Liebe, Versuchung der Eifersucht, des Neides, des Hasses sogar, auch Versuchungen gegen die heilige Keuschheit und gegen den Glauben und die Hoffnung. Wenn ich bei diesen rastlosen Kämpfen kraftlos wurde und nicht einmal mehr wußte, ob ich unterlag oder nicht, o, dann flehte ich zu Gott, schrie um Mitleid und Barmherzigkeit…"[26]

---

[25] Das „Credo", das bei jeder heiligen Messe und bei jeder großen Etappe des Lebens rezitiert wird: Taufe, Erstkommunion, Hochzeit usw.
[26] Cecil Kerr, s. o.

Schwester Faustine Kowalska

Hier die Aussage einer polnischen Nonne: Schwester Faustine Kowalska.[27] Schwester Faustine wurde in einer armen Bauernfamilie geboren. Sie war das dritte von zehn Kindern. Ihre Eltern waren sehr gläubig, trotzdem machte ihnen der religiöse Eifer ihrer Tochter Sorge, da sie schon mit neun Jahren in der Nacht aufstand, um zu beten. „Diese vielen Gebete werden dich verwirren, Kleine!" Schon mit vierzehn wurde sie als Dienerin in eine nahe Dorfgemeinde geschickt. Aber ihr Traum war, Nonne zu werden. Wie sie es schaffte, liest sich wie ein Märchen. Ich versichere Ihnen, das ist genauso interessant wie Aschenputtel oder Dornröschen. Mit dem Unterschied, daß es eine wahre Geschichte ist. Sie schaffte es, in einen Orden einzutreten, der sich als Aufgabe vorgenommen hatte, „gefallene Mädchen wieder auf den Weg der Tugend zu bringen" und „junge Mädchen zu erziehen, die einen besonderen Schutz zur Vermeidung der Gefahren dieser Welt brauchen". Die Nonnen nannten sie ihre „Zöglinge". Diese Erklärung erlaubt ein besseres Verständnis des folgenden Zitats:

„Eines Tages nahm ich eine schreckliche Versuchung auf mich, die einer unserer Zöglinge aus Warschau zu schaffen machte. Es ging um die Versuchung, sich das Leben zu nehmen. Ich litt sieben Tage lang. Nach diesen sieben Tagen gab ihr der Herr Jesus seine Gnade, und sofort hörte ich auf zu leiden. Ich übernehme oft die Marter unserer Zöglinge. Jesus erlaubt es mir, auch meine Beichtväter."[28]

Sie werden wahrscheinlich bemerkt haben, daß sie die Dinge spontan nach dem klassischen Schema der gewöhnlichen westlichen Theologie interpretiert: Sie leidet, und dank diesem Leiden gewährt Christus dem Sünder eine „Gnade", die ihn verwandelt. In dieser Sicht der Dinge wirkt die Haltung Schwester Faustines nicht direkt auf die versuchte Person… Christus als dritter im Bunde erscheint als Richter, und zwar als ein etwas willkürlicher Richter, und stellt eine Beziehung zwischen Vorgängen her, die nicht wirklich in Beziehung stehen.

Aber das, was Schwester Faustine erlebt, entspricht nicht wirklich diesem Schema. Sie zeigt es unwillkürlich: Sie „übernimmt" die Versuchung einer anderen Person, und das sogar oft. Es wurde zu einer Spezifizität Schwester Faustines, besonders Sterbenden in ihrer Letzten Stunde beizu-

---

27 Schwester Faustine Kowalska (1905–1938). Die wenigen biographischen Daten entnehme ich dem Buch der Maria Winowska: *L'Icône du Christ miséricordieux, message de Soeur Faustine* (Editions Saint Paul, 1973).

28 M. Winowska, s.o.

stehen. Manchmal ging es um Leute, die Hunderte von Kilometern weit wohnten und die sie nie getroffen hatte.

Hier noch ein Zitat von ihr, das Sie an Abbé Delages Erfahrung erinnern wird:

„Einmal verstand ich plötzlich, daß eine Seele mein Gebet benötigte. Ich fing eifrig an zu beten, aber ich fühlte immer noch, es reichte nicht aus. Da fuhr ich mit Gebet fort. Am anderen Morgen erfuhr ich, daß in dem Augenblick, in dem ich aufgefordert worden war zu beten, jemand in den Todeskampf eingetreten war und daß es bis zum Morgen gedauert habe. Ich verstand, wie sehr diese Seele wohl hatte kämpfen müssen. So warnt mich der Herr Jesus: Ich fühle genau, daß eine Seele mich bittet, für sie zu beten. Ich wußte nicht, daß wir in so intimer Beziehung zu den Seelen stehen! In gewissen Fällen warnt mich der Engel…"[29]

Hier werden die Dinge viel besser ausgedrückt. Zuerst ist festzuhalten, daß dem Sterbenden nicht erspart wurde, hart zu kämpfen. Dies ist ganz entscheidend. Schwester Faustine nimmt nicht den Platz der versuchten Person ein. Sie hilft nur. Christus fällt es hier nicht zu, eine Art Gleichung zwischen der Prüfung Schwester Faustines und der Erleichterung des Sterbenden herzustellen. Er „warnt" nur Faustine. Übrigens fungiert manchmal ihr Schutzengel als Warner.

Oftmals ist es auch so, daß Faustine gar nicht erst wartet, bis man sie auf einen besonders dramatischen und eiligen Fall hinweist. Sie arbeitet, ohne zu wissen, für wen, an der Wiederaufrichtung derjenigen, die es brauchen:

„Für die Sünden der Sinne kasteie ich meinen Leib und faste in dem Maße, wie man es mir erlaubt.[30] Für die Sünde des Stolzes bete ich mit der Stirn auf dem Boden. Für die Sünde des Hasses bete ich in den Absichten einer Person, die mir unsympathisch ist, und ich versuche, ihr einen Dienst zu erweisen."[31]

Ich möchte dies alles noch durch einen kostbaren Hinweis hinsichtlich dieser Arbeit der Wiederaufrichtung unseres Willens, der Wiederherstellung unseres Gleichgewichts, der Wiederausrichtung unseres ganzen Lebens auf Gott ergänzen. Ich verdanke ihn Abbé Delage: „Beim lieben Gott geht es nicht zu wie beim Chirurgen, der seine Patienten betäubt. Er läßt den Schmerz nicht verschwinden, im Gegenteil, er macht oft das Eindringen des Schmerzes in das Tiefste unseres Herzens bis zur letzten Faser noch schärfer und schmerzhafter. Er kann uns nicht betäuben, es darf

---

[29] Ibid.
[30] Es geht um die Erlaubnis des Beichtvaters oder der Oberin.
[31] M. Winowska, s. o.

nicht sein. Jesus schlief nicht am Kreuz."[32] Denn wenn Gott aus Barmherzigkeit die Prüfung milderte, könnten wir nicht mehr in unserer Bekehrung fortschreiten. Damit wir in der Liebe Fortschritte machen, muß es ein Hindernis geben, es muß uns etwas kosten! Diese Anstrengung kann anscheinend auf mysteriöse Weise geteilt werden. Sie kann uns aber nicht erspart werden.

Ich beschränke mich auf diese wenigen Beispiele. Ich habe viele andere in meinem ersten Werk zitiert und auf andere in Fußnoten hingewiesen. Wir könnten Aussagen anhäufen, so daß konkret feststellbar würde, wie weit die Seelen „kommunizieren" können. Aber es will mir scheinen, daß Sie bereits feststellen konnten, ich habe nichts erfunden. Alles läuft sozusagen nach dem Hologrammodell, selbst wenn manchmal interpretiert werden, und die Sprache hinterfragt werden muß, die spontan noch in den Kategorien der gängigen westlichen Theologie steckenbleibt.

Wir erleben alle das gleiche, ohne es zu wissen

Wenn das Beispiel der Mystiker für mich so wichtig ist, so deswegen, weil für sie der Vorgang, den ich beschrieb, offensichtlich so abläuft. Die Theologie der frühen Christenheit wird klar bestätigt. Im Leben der Mystiker ist die Kommunion der Seelen so offensichtlich, daß sie gegen die Theologie ihrer Zeit sogar anfingen, sich dessen bewußt zu werden und es vollkommen auszudrücken. Aber es geht noch weiter. Ich glaube nicht, daß die Heiligen eine andere, eine überlegene Natur haben als andere Menschen. Ihr Fall ist von unserem nicht zu trennen. Er zeigt uns nur klarer, was wir alle erleben, wie unter einem Vergrößerungsglas. Also benutze ich es, um unser Leben besser zu verstehen. Aber das Mysterium, das sie leben, ist unseres: Zunächst, weil wir alle durch ihre Bemühung Hilfe erfahren, ohne es zu wissen, mögen sie wie wir mitten in der „Welt" leben oder in einem Kloster oder sogar als Eremiten. Und dann, weil wir im Hologramm alle wechselseitig in Verbindung stehen. Es kann kein individuelles Heil geben. Das ganze Hologramm muß gerettet werden, und wir müssen alle daran mitarbeiten. Die Anstrengung eines jeden zählt für alle.

Der Pfarrer von Ars hatte es vollkommen verstanden. Deswegen kam es vor, daß er es ablehnte, bestimmte Kranke zu heilen, die ihm stark genug vorkamen, ihren Schmerz zu ertragen: „Man darf das Kreuz von Schultern

---

[32] Robert de Langeac: *La Vie cachée en Dieu.*

nicht abnehmen, die es so gut tragen können", erklärte er eines Tages. „Man muß die Dinge in Gott sehen."[33]

Abbé Monnin hinterließ einen Bericht von einer solchen Absage, als der Pfarrer von Ars selbst auf dem Sterbebett lag: „Eine Person, die den Kranken besuchen durfte, kam, um ihn anzuflehen, unseren Herrn um Heilung zu bitten. Er schaute die Person mit seinen glänzenden und tiefen Augen an und winkte schweigend ab."[34]

Die Szene ist schrecklich. Wir sind hier im Herzen unseres eigenen Mysteriums. Das war sicher kein Liebesmangel beim Pfarrer von Ars. Aber er wußte, daß das, was dieser Mann nicht mehr zu tragen gehabt hätte, dann von jemand anders zu tragen sein würde; vielleicht für diesen Mann, vielleicht für sich selbst, vielleicht für einen anderen. Im Hologrammschema oder bei den Matrioschkas gehört uns nichts mehr. Andere müssen meine Versuchungen mit mir für mich ertragen. Aber sind es wirklich meine? Wir sahen, wie Angela von Foligno sich über Versuchungen wunderte, die ihrem Charakter nicht entsprachen. Aber selbst wenn unsere Versuchungen unserem Temperament entsprechen, wer wählte für uns unser Temperament? Wir bekamen es als ein Teil der Menschheit, das es gleichsam für alle Menschen zu heiligen gilt. Es haftet uns so sehr an, daß wir den Eindruck haben, wir wären nicht mehr wir selbst, wenn es geändert würde. Und trotzdem!

Ich glaube, daß wir nach und nach zu einer neuen Auffassung der Menschheit kommen, die wahrscheinlich ziemlich neu und vielleicht auf den ersten Blick ziemlich schockierend für die meisten scheint. Ich verstehe sehr gut, daß man sie ablehnen kann. Aber alles scheint dahin zu führen. Einer großen Mystikerin, einer Nonne, die darüber verzweifelte, seit langem überhaupt kein Streben nach Heiligkeit mehr zu fühlen, antwortete Christus: „ Ich lasse dich nur so kalt zurück, weil Ich deine Wärme nehme, um andere Seelen zu erwärmen."[35]

---

[33] Mgr. Pezeril: Pauvre et saint curé d'Ars (le Seuil, coll. „Livre de Vie").
[34] Ibid.
[35] Schwester Josefa Menendez: *Un appel à l'amour, le message du coeur de Jésus au monde* (Editions de l'Apostolat de la prière, Toulouse, 1944).

Kapitel 12

Auf der Suche nach Übereinstimmung

Obwohl die Grundlinie der Theologie, so wie ich sie zu zeichnen versuchte, zutiefst der Tradition entspricht, wie ich darlegte, bleibt sie trotzdem im Westen praktisch unbekannt, und selbst im christlichen Orient wird sie nicht genug weiterentwickelt. Aber ich glaube, daß jenseits der Theologie das Mysterium der Menschwerdung Gottes wirklich gegenwärtig ist. Daraus leben wir alle, ob Christen oder Nichtchristen, auch ohne es zu wissen.

Man kann aber nicht damit rechnen, daß die Denker aus anderen Traditionen, die die unglaubliche Wahrheit der Inkarnation Gottes naturgemäß nicht kannten, die Tiefe dieses Mysteriums ergründet hätten. Es ist bereits wie ein Wunder, wenn wir durch ihre Aussagen erahnen können, daß sie etwas davon gespürt haben.

Im Islam

In den Werken mehrerer moslemischer Mystiker findet man das Gefühl einer tiefen Einheit des ganzen Menschengeschlechts, so bei Fârid Uddîn Attâr, einem berühmten persischen Dichter des zwölften Jahrhunderts.[1] In einem seiner berühmten Werke, auf das ich später zurückkomme, beschreibt er mit folgenden Worten das „Tal der Einheit": „Obwohl du viele Individuen siehst, gibt es in Wirklichkeit nur wenige; ja, was sage ich, es gibt nur eines. Weil diese Vielzahl von Personen in Wirklichkeit nur eine Person ist, deshalb ist sie in ihrer Einheit vollständig."[2]

Derartige Feststellungen werden oft von der betonten Aufforderung zur Aufgabe des Individualismus begleitet: „Solange du als Individuum lebst, wird es für dich Gut und Böse geben. Wenn du aber eins geworden bist, wird es nur noch Liebe geben."[3]

Weiter gehen die Moslems nie. Wohl findet man beispielsweise bei Djalâl- ud- Dîn Rûmi eine Art poetische Gleichsetzung des Menschen mit

---

[1] Geboren um 1142, gest. um 1230.
[2] Fârid Uddîn Attâr: *Konferenz der Vögel* (Editions les Formes du Secret, 1979).
[3] Ibid.

allem, was lebt, und sogar mit dem Meer, dem Regen, der Sonne, aber ohne daß jemals daraus auf ein inneres Wirken zur Veränderung des Nächsten oder der ganzen Welt geschlossen wird.

Viele Seiten des Denkens des Ibn Arabî könnte man als Sehnsucht nach einer stärkeren Gegenwart Gottes durch Inkarnation auffassen. Djalâl-ud - Dîn Rûmi hoffte auch auf seine Freunde als Vermittler der göttlichen Gnade, und darin könnte man eine Sehnsucht nach der Inkarnation Gottes sehen. Aber man darf auch nicht die moslemischen Denker einfach vereinnahmen, denn sie selbst hätten sich dem ganz gewiß verweigert. Und auf keinen Fall wären wir bei ihnen wirklich nah an dem eben geschilderten Erleben christlicher Mystiker.

In der hinduistischen Tradition

Die großen Grundtexte

Weder in den Veden noch in den Upanishaden scheint es mir etwas zu geben, was dieser mystischen Sicht entspräche. Obwohl man es hätte erwarten können, liest man doch in den Upanishaden etwa: „Jedes Bewußtsein ist die gesamte Schöpfung…". Es wird auch behauptet, derjenige, der nach Erlösung strebt,[4] müsse sich ständig wiederholen: „Nichts ist mir fremd", oder, was auf das gleiche ankommt, „Es gibt Nichts außer mir".[5] Dieser Satz bedeutet übrigens nicht, daß nichts außer mir existiert, sondern, daß alles ein Teil von mir ist.

Leider werden aus diesen Texten nicht die Folgerungen gezogen, die man hätte erhoffen können. Die drei großen klassischen Wege zur Befreiung sind alle streng individuelle Suchwege: Askese, Erkenntnis und Verzicht.

Alyette Degrâces-Fahd untersuchte lange die Praxis der Wandermönche, jener beeindruckender Asketen, die seit Jahrtausenden auf den Straßen Indiens unterwegs sind, „raumbekleidet"[6] und um ihre Nahrung bettelnd. Sie sieht darin eine Kraft, die „fern von allen, aber doch für alle ein Gegengewicht" zu den Kräften des Bösen schafft. Für sie übernimmt der Asket, „der Wandermönch, diese Rolle wirklich. Er braucht keinerlei

---

[4] Erlösung aus dem Zyklus der Wiedergeburten.
[5] S. *Upanishad des Verzichts, aus dem Sanskrit mit Einführung von Alyette Degrâces – Fahd* (Fayard, 1989).
[6] also ganz nackt; im Himalaya bestimmt nicht sehr gemütlich.

Bezugsgruppe. Er weiß ja, die Distanz zur Gruppe der anderen Menschen bedeutet keine Abweisung oder keine gänzliche Trennung. Die Befreiung[7] als individuell aufzufassen heißt sie verkennen und die wirkliche Natur des Atman, des Selbst, verkennen."[8] Das entspricht der holographischen Theologie. Trotzdem muß ich feststellen, daß diese edle Überzeugung sonst nirgendwo in den neunzehn Upanishaden dieses Sammelwerkes zum Vorschein kommt. Es will nicht scheinen, daß die Autoren aus dieser ganzen großen Tradition jemals eine Wirksamkeit auf so tiefer Ebene angenommen hätten. Es wird hier immer wieder mit ein wenig ermüdender Stetigkeit behauptet, der Asket müsse jede Bindung hinter sich lassen, Eltern, Frau, Kinder, Freunde; er dürfe sich an niemanden binden, müsse in absoluter Einsamkeit verbleiben. Zwar wird betont, er dürfe keinem Lebewesen, ob Mensch oder Tier, etwas zuleide tun. Aber es wird ihm auch verboten, jemandem zu Hilfe zu kommen. „Der Asket darf nicht einmal zum Wohle der Welt handeln, noch andere zu solchem Handeln antreiben."[9]

Dieser letzte Satzteil ist besonders schwer zu verstehen. Man wird mir entgegenhalten, ich hätte selbst nichts verstanden. Jedoch muß ich anmerken, das einzige Mal, wo die Verantwortlichkeit des Asketen seinen Mitmenschen gegenüber positiv angesprochen wird, heißt es nur: „er müsse wie ein Stummer den Menschen das Selbst durch seine bloße Vision des Selbst zeigen."[10]

Es geht also absolut nicht um eine Art tiefe Solidarität, Harmonisierung, Osmose usw. Die einzige positive Rolle des Asketen für seine Mitmenschen besteht darin, mitten unter ihnen eine Art Offenbarung des Absoluten zu sein. Das ist richtig, und diese Aufgabe ist zu vergleichen mit der Ausstrahlung christlicher Heiliger. Sie alle sind große Zeugen des Absoluten. Aber sie sind auch, wie wir sahen, viel mehr als das. Ich stimme zu, wenn es heißt, „im Sanskrit wird gern ein positiver Wert durch eine negative Form ausgedrückt"[11], und daß also die ausdrückliche Aufforderung, niemals Böses zu tun, als eine Aufforderung zum Gutes tun zu verstehen ist. Aber es bleibt doch dabei, daß in all diesen Texten der Upanishaden niemals konkret dazu aufgefordert wird, seinen Nächsten zu lieben, ihm zu helfen, ihn zu erleichtern und zu trösten. Es geht mir nicht

---

[7] Befreiung aus dem Zyklus der Wiedergeburten.
[8] A. Degrâces-Fahd, s.o. Atman kann man ungefähr mit „Seele" übersetzen, und das Selbst mit dem Absoluten, das sie erreichen soll, um das endgültige Glück zu finden.
[9] Upanishad des Wandermönchs Narada, V, 47; *Upanishad des Verzichts,* s.o.
[10] Ibid.
[11] Jean Varenne, in *Upanishads du Yoga* (Gallimard, 1990).

darum, den Hinduismus zu kritisieren. Wenn es auch stimmt, daß er das schreckliche Kastensystem[12] verschuldet hat, so stimmt aber ebenso, daß die Christen lange Zeit und zu wiederholten Malen gut mit der Sklaverei auskamen.[13] Aber es stimmt auch, daß Leprakrankenhäuser, Waisenhäuser, Armenhäuser bis zu Sterbehospizen von den Christen erbaut wurden. Welche Vorbehalte man da auch haben kann (zu viel Bekehrungswille, Sektenbewußtsein, zu viel Unverständnis und Verachtung lokaler Kulturen), es bleibt trotzdem richtig, keine Religion der Welt, keine Ideologie hat jemals bei weitem den Ärmsten so viel Liebe gebracht.

Bei aller Deutung scheint es doch so: Das Verbot böser Taten, die Aufforderung, seine Ruhe zu bewahren, vollkommen Herr seiner selbst zu sein und heiter zu bleiben, zielt viel mehr auf eine persönliche Vervollkommnung als auf die wirklichen Interessen des Nächsten. Wir sind hier noch beim Prinzip des „Jeder für sich". Wir bleiben doch sehr weit weg vom Liebesgebot der Evangelien, bei dem es sogar heißt: „Liebt eure Feinde!"

Vergessen wir aber nicht, daß dieser Schrei des Neuen Testaments damals gegenüber der Umwelt sehr revolutionär war. Er ist es übrigens bis jetzt geblieben. Wenn aber diese Aufforderung zur Liebe in den Upanishaden fehlt, so bestimmt nicht deshalb, weil die Inder weniger zur Liebe fähig wären als die Menschen unserer Länder. Es handelt sich eher darum, daß in der indischen Zivilisation die Welt von Anfang an als eine Illusion angesehen wurde. Bei dieser Geisteshaltung wirkt sofort die Enthaltung natürlicher und spontaner als die positive Tat.

Das „vermittelte" Heil

Trotzdem fänden sich auch hier Bestätigungen meiner Theologie, aber zu späterer Zeit im Hinduismus, z.B. in der Beziehung Ramakrishnas zu einem seiner seltsamsten Jünger, Girish Chandra Ghosh. Er war ein berühmter Schauspieler und Dramaturg, der beim Tod seiner Frau den Glauben an Gott verloren hatte. Seitdem lebte er ausschweifend und war

---

[12] Louis Dumont scheint nachgewiesen zu haben, daß das Kastensystem weder wirtschaftlichen noch politischen Ursprungs ist, sondern religiös begründet. S. *Homo hierarchicus* (Gallimard, 1966).

[13] Der heilige Paulus scheint sich damit abzufinden. Die christlichen Herren allerdings kamen nach und nach dazu, ihre Sklaven freizulassen. Aber die Sklaverei entstand erneut in anderer Form, z.B. Leibeigenschaft oder Menschenhandel.

ein Trinker geworden. Unter dem Einfluß Ramakrishnas gelang es ihm doch nach und nach, sich von seiner Sucht zu befreien. Aber in den Augen Ramakrishnas war es nicht genug, nichts Böses zu tun. Girish sollte sich Gott durch Gebet nähern. Ein Gebet vor der Mahlzeit und eins vor dem Schlafengehen sei das Mindestmaß. Aber für Girish war es noch zuviel.

„Gut!" sagte Ramakrishna. „Nun, wenn Sie den Herrn sehen und trotzdem keinen Schritt zu ihm gehen wollen, würden Sie mich stellvertretend einsetzen? *Ich* werde für Sie beten. Sie mögen Ihr Leben leben. Aber Achtung! Sie versprechen mir, ab jetzt dem Herrn ergeben zu sein. Ich bete für Sie; aber mein Gebet wird zunichte gemacht, wenn Sie nicht auf jede Initiative verzichten."[14]

Da sieht man, daß diese „Stellvertretung" nicht dazu führt, Girish jede Anstrengung zu ersparen. Aber der Gedanke eines „stellvertretenden Gebetes" führt näher an christliche Vorstellungen heran. Ramakrishna hatte übrigens über die Evangelien meditiert und auch eine Christusvision erfahren.

Wenn der Pfarrer von Ars die Rückkehr zu Gott predigte und ahnte, seine Beichtkinder seien nicht imstande, sich entsprechend anzustrengen, so beruhigte er sie: „Ach, mein Freund, lassen Sie sich nicht entmutigen! Man wird Ihnen helfen, man wird das meiste für Sie übernehmen."[15] Und ähnlich hieß es, Abbé Delage habe „einer wenig großmütigen Seele" helfen wollen, und da habe ihn jemand gefragt: „Was wird es Sie selbst kosten?" Ach, habe er geantwortet, der liebe Gott ist nicht so anspruchsvoll.[16]

In der buddhistischen Tradition

Wahrscheinlich liegt ein Verdienst des Buddhismus darin, erkannt zu haben, daß die Welt der heute Lebenden von der Welt der Verstorbenen geprägt ist. Wir erwähnten bereits, für die Buddhisten gibt es kein „Selbst", das von einer Existenz in die nächste übergeht. Denn schon auf dieser Welt bildet sich nicht wirklich die Einheit einer Person. Wir sind nur „ein Haufen wechselnder Gebilde". Verschiedene Elemente aus diesem Haufen

---

[14] Romain Rolland: Das Leben des Ramakrishna (Oberwil bei Zug Kugler,Edition Rotapfel 1986). S. auch ein Echo in *L'Enseignement de Ramakrishna* (Albin Michel, 1949).

[15] Mgr Pezeril, Pauvre et saint curé d'Ars (s. o.).

[16] Aus dem anonymen Vorwort von „Vous... mes amis" von Robert de Langeac (Lethielleux, 1953). Für das Wort „anspruchsvoll" steht hier ein Ausdruck aus dem Dialekt des Limousin.

können in verschiedenen Körpern reinkarnieren – zu gleicher Zeit oder im Laufe der Jahrhunderte.

So erläuterte ein tibetischer Eremit Alexandra David-Néel gegenüber: „Man darf nicht sagen: „Ich war Tsong Khapa", oder: „Ich war Srong bstan Gampo", aber man darf denken: „So wie ich jetzt wahrnehme oder fühle oder erkenne, so könnte auch eine dieser Persönlichkeiten wahrgenommen, gefühlt oder erkannt haben…"[17]

Schließlich reinkarniert sich ja nicht die Person, da sie nicht existiert, sondern nur ihr Karma.

Die Technik der „Übernahme"

In gewissen Zweigen des Buddhismus geht man weiter. Wie wir es eben sahen, können wir, selbst ohne daran zu denken, Wahrnehmungen und Eindrücke übernehmen, die jemand anders vor uns hatte, und das, ohne es zu wollen, einfach durch unbewußte Seelenverwandtschaft. Aber wir können auch willentlich die Last mit jemanden teilen, aus Mitgefühl. Das erklärt uns der Dalai-Lama. Damit tritt er in ein Gedankensystem ein, das er an anderer Stelle, wie wir sahen, verworfen hat.

Sehen wir uns also den Text an. Der Dalai-Lama zitiert zunächst ein altes Gedicht:

„Kurz gesagt, ich übe es, allen ohne Unterschied Hilfe und Glück anzubieten, direkt und indirekt, und mit all dem Respekt, der Müttern gebührt, übernehme ich ihren Schmerz und ihr Leid."[18]

Und so kommentiert der Dalai-Lama: „Diese Strophe spielt auf die Praxis der Gabe und Seelsorge an: In einem Liebesdrang bietet man anderen sein Glück und dessen Quelle an; und in einem Drang des Mitgefühls übernimmt man deren Leid und dessen Quelle. Diese beiden Qualitäten sind für die Praxis eines Bodhisattva wesentlich:[19] Das Mitgefühl treibt ihn an, das Leid anderer zu lindern, die Liebe, ihr Glück zu erwirken. Wenn man diese Tugenden pflegt, ist jede Erscheinung von Leid eine Gelegenheit zur Gabe und Seelsorge. Man überlegt: Hier ist ein Wesen in großer Not. Es hat eine große Sehnsucht nach Glück und Erleichterung. Aber es

---

[17] Alexandra David-Néel: *Immortalité et réincarnation* (Le Rocher, 1978).

[18] Gadampa Lang-ri- tang-ba (1054–1123) *Entraînement de l'esprit en huit stances.*

[19] Der Boddhisattva ist jemand, der die nötige Entwicklung durchschritten hat, um ein Buddha zu werden, aber aus Mitgefühl für die anderen Menschen auf das Nirvana verzichtet, um Lehrer zu sein.

weiß nichts von schädlichen Verhaltensweisen, die zu vermeiden sind, oder von den richtigen Haltungen, die es zu haben gilt. Diese Unwissenheit bringt es um jede Freude. Ich werde sein Leid übernehmen und ihm mein ganzes Glück schenken."

„Einige Ausnahmewesen haben diese Macht tatsächlich erworben, aber diese Praxis wirklich zu üben ist nicht jedem möglich... Diese Praxis wird zusammen mit richtiger Atemtechnik ausgeübt und besteht darin, das Leid des anderen mit der eingeatmeten Luft einzusaugen und mit jeder Ausatmung Glück auszuströmen."

Unglücklicherweise wird die Tragweite dieses Textes im Kommentar der nächsten Strophe etwas heruntergespielt. Dort unterstreicht der Dalai-Lama von neuem die typisch buddhistische Überzeugung, daß auf diese Weise wohl ein Leid gelindert, nicht aber eine leidende Person erleichtert wird: „Das Mitgefühl, die Mitleidenden und die Mitgefühl Empfangenden sind so künstlich wie die Tricks eines Zauberers: Alles scheint an sich real, aber nichts existiert auf diese Weise... Die Person existiert, aber nur dem Namen nach, dank eines Namens, den sie bekam."[20] In Wirklichkeit existiert die Person nicht. Es gibt nur das Gebilde eines Körpers und eines Geistes, und im übrigen existiert der Körper nicht. Es gibt nur ein Gebilde von Organen, und im übrigen existieren die Organe nicht...

Ich glaube trotzdem, daß in der Wirklichkeit die menschlichen Beziehungen der Buddhisten von den unsrigen weniger abweichen, als man es nach ihren Aussagen befürchten könnte. Wahrscheinlich könnten sich sogar an dieser Stelle Christentum und Buddhismus treffen. Wenn im Buddhismus immerfort darauf gedrängt wird, alles Persönliche hinter sich zu lassen, empfinden wir das gemeinhin als sehr negativ, wie eine Zerstörung. Es geht indessen natürlich um das Sterben der Ego-Persönlichkeit. Wenn das Christentum den „Tod des alten Menschen" anstrebt, wird ausdrücklich die Geburt eines „neuen Menschen" an seiner Stelle betont. Dem Christentum geht es um ein positives Wachstum des Menschen über sich hinaus. Dem Christen geht es nicht darum, sich in das Unpersönliche aufzulösen, sondern eher darum, sich zu erweitern, damit sich schließlich jeder mit allen anderen identifiziert.

Aber, sieht man einmal vom Wortschatz ab, geht es dem Buddhismus wirklich um etwas anderes?

In dem erwähnten Gedicht und in der Tradition, auf die sich der Dalai-Lama bezieht, trifft man etwas von der geheimnisvollen Osmose, die ich

---

[20] Dalai-Lama: *Hundert Elefanten auf einem Grashalm.*

bei den christlichen Mystikern gefunden habe. Es ist noch recht wenig auf der Ebene des Diskursiven. Aber es wäre möglich, daß die Bodhisattvas in Wirklichkeit etwas viel Tieferes erlebt haben als das, was wir aus dem Wortlaut ihrer Erklärungen schließen können, etwas, das ganz und gar die Erfahrung christlicher Mystiker trifft.

Der Buddha des Mitgefühls

Der im Westen bekannteste Buddha des Mitgefühls ist seit dem Werk Pater de Lubacs[21] bestimmt Amida, die japanische Version des Amithaba. Seine Bedeutung wuchs in Japan im zwölften Jahrhundert beträchtlich. Man glaubte, man brauche nur Amida von ganzem Herzen anzurufen, um den Wiedergeburten zu entkommen, was man auch im Leben verbrochen haben mochte. Trotzdem war nicht alles endgültig besiegelt. Es mußte noch in einem vorläufigen Paradies die notwendige Entwicklung nachgeholt werden. Aber so fesselnd diese legendäre Figur auch sein mag, sie ist nicht typisch genug für den traditionellen Buddhismus, als daß ich länger bei ihr verweilen möchte.

Fest steht nur, wenigstens eine buddhistische Strömung sehnte sich schon sehr früh nach dieser Übertragung, diesem Austausch zwischen dem Bodhisattva und den Leidenden. Das kann man schon im zweiten vor-christlichen Jahrhundert bei einem Autor wie Nagarjuna feststellen: „Könnte ich nur die Früchte ihrer schlechten Taten übernehmen und sie die Früchte meiner tugendhaften Taten bekommen."[22]

Diese Tradition soll auf den (Gautama) Buddha selbst zurückgehen und setzte sich über zahlreiche Autoren bis in unsere Tage fort. Gueshe Kelsang Gyatso erläutert die Technik, auf die der Dalai-Lama anspielte, so: „Das negative Karma und die Leiden aller Lebewesen mögen ihre Früchte auf mich übertragen und sie alle sofort vom Leid und seinen Ursachen befreien." Dann wird die Methode genau festgelegt: „Während eifrig in diesem Sinne gebetet wird, stellen wir uns vor, die Qualen und die schlechten Taten aller Lebewesen kommen in der Gestalt von schwarzem Rauch zusammen, der sich in unserem Herzen auflöst und unsere Selbst-

---

[21] Henri de Lubac: *Aspects du bouddhisme* (Le Seuil, 1951) la *Rencontre du bouddhisme et de l'Occident* (Aubier, 1954) und *Amida* (1955).

[22] Nagarjuna: *La précieuse guirlande de conseils à un roi*, Zitat von Guéshé Kelsang Gyatso, in *La Compassion universelle* (Editions Dharma, 1991).

haftung gänzlich zerstört." Etwas weiter erklärt er, wie dieses Gebet mit der Atmung verbunden wird.[23]

Die Sehnsucht nach universeller Erlösung ist die gleiche wie im Christentum. Im Ausdruck aber bleibt der Buddhismus näher an dem im Westen angenommenen Heilsvorgang als an dem Modell, das ich vorschlage. Die „Befreiung" scheint von außen zu kommen, ohne daß von der persönlichen Mitarbeit des „Empfängers" die Rede ist. Trotzdem entstanden in dieser Tradition wunderschöne Texte. Hier z.B. ein paar Zitate aus dem Werk des Asanga aus dem fünften nachchristlichen Jahrhundert. Für ihn „macht der Bodhisattva keinen Unterschied mehr zwischen sich und dem anderen. Er wünscht auf gleiche Weise das Ende des Leids für sich und den Nächsten… Der Bodhisattva trägt in seinem Mark die Liebe zu den Geschöpfen, wie man sonst einen einzigen Sohn liebt. Wie die Taubenmutter ihre Jungen liebt und sie bebrütet, so der Barmherzige die Geschöpfe, die wie seine Kinder sind." Und: „Die Welt ist nicht fähig, ihr eigenes Leid zu ertragen… Der Bodhisattva ist fähig, das Leid aller Geschöpfe zusammen zu ertragen, so vieler, wie es auf der Welt gibt. Seine Zärtlichkeit zu den Geschöpfen ist das höchste Wunder auf dieser Welt, oder nein, für ihn sind der andere und er selbst identisch, denn die Geschöpfe sind für ihn wie er selbst."[24]

Die buddhistische Tradition des Mitgefühls enthält viele andere wunderbare Texte, die voller Liebe entbrannt sind.[25] Die Sehnsucht nach allumfassendem Heil geht manchmal sehr weit und klingt an das Christentum an. So z.B. in diesen kurzen Auszügen eines wunderschönen Gedichts des Fürsten Shantideva, der an dem Tag, als er gekrönt werden sollte, in den Dschungel flüchtete:

„Könnte ich nur für alle Wesen das Leid stillen! Könnte ich nur den Kranken die Medizin, der Arzt, der Pfleger sein, bis sie gesund sind!… Könnte ich nur den Armen ein nie versiegender Schatz sein!… Ich liefere meinen Leib der Willkür aller Wesen aus. Sie mögen ihn unaufhörlich schlagen, schänden, mit Staub bedecken. Sie mögen mit meinem Leib ein Spiel treiben, ihn zum Gegenstand der Verspottung und Verhöhnung machen…."[26]

Bei solchen Texten fühlt man sich sehr nah dem christlichen Mysterium. Daß Fürst Shantideva uns nicht erklärt hat, wieso sein Leid das Leid ande-

---

[23] Guéshé Kelsang Gyatso, s. o.
[24] René Grousset, *Sur les traces du Bouddha,* Plon. 1957.
[25] Weitere Zitate im eben angegebenen Werk.
[26] Guéshé Kelsang Gyatso, s. o.

rer mildern kann, ist nicht so entscheidend. Schließlich ist es besser, keine Erklärung zu geben als eine falsche, wie es im Westen mit der Passion Christi geschah. Übrigens muß noch einmal gesagt werden, es ist sehr gut möglich, daß eine solche Liebe zu einem wirklichen Teilen der ertragenen Prüfungen geführt hat. Aber wahrscheinlich blieb es beiden, dem Buddha und dem, dem geholfen wurde, unbewußt.

Widerstände im Buddhismus

Trotzdem scheint es einen gewissen Widerstand im Buddhismus gegen jede Vorstellung der Solidarität im Heil zu geben. Im allgemeinen wird dieser Gedanke sogar ausdrücklich zurückgewiesen. So stark der Wunsch des Bodhisattvas zur Erlösung anderer auch sei, er kann nur durch sein Beispiel und seine Lehre dazu beitragen. Vor kurzem noch wurde dies sehr klar von einem Meister tibetischer Spiritualität unterstrichen: „Die Buddhas merzen das Leid nicht mit der Hand aus und waschen schädliche Taten nicht mit Wasser ab.[27] Sie können die Vollkommenheit ihres eigenen Bewußtseins nicht anderen vermitteln.[28] Sie befreien die Wesen nur durch die Lehre der Befreiungswege, d. h., was zu tun und was zu verwerfen sei, was wohltuend und was schädlich ist. Die Befreiung hängt von eurer eigenen Praxis ab."[29] Gemeinsam ist letzten Endes nur das Wissen, das Beispiel. Was die Bekehrung selbst angeht, bleibt jeder streng auf sich selbst gestellt.

Übrigens wird beim körperlichen Leid auch nicht anders verfahren. Gegenseitige Hilfe ist gering. Man hilft einander nur unter Mönchen. Selbst im Lande Amidas, des eigentlichen Buddhas des Mitgefühls, gibt es kaum Wohltätigkeit. 1988 gab der buddhistische Mönch Furukawa Tairyu Sensei zu, in ganz Japan gäbe es nur ein Dutzend Altenheime. Und sie wurden, fügte er hinzu, alle auf christliche Initiative hin gegründet.[30]

Wie stets sind die jahrhundertealten großen Religionen in verschiedene Strömungen, Tendenzen und Zweige zerfallen. Ein Glück, wenn uns wenigstens Religionskriege erspart bleiben! Wie der Mensch zum Heil kommt, darüber gibt es ziemlich verschiedene Ansichten. Jedoch dürfen

---

[27] Also keine Taufe.

[28] Eine sehr klare Zurückweisung meiner Theologie.

[29] Kensur Nawang Lekden in *Compassion et vacuité* (Editions Dharma, 1979). Kensur Lekden (1900–1971) war der Abt eines tantrischen Kollegs in Lhasa. Nach der Invasion der Chinesen lehrte er in buddhistischen Gemeinschaften in Indien, Frankreich und den USA.

[30] Bernard Rérolle: *Le Japon du silence et la contemplation du Christ* (Le Centurion, 1991).

diese theoretischen Unterschiede nicht dazu führen, daß uns die Übereinstimmung verstellt wird, die es in der Praxis oft sehr wohl gibt, wenn es um wesentliche Werte geht. Mir scheint in der Tat, daß in der Zielvorstellung der spirituellen Suche, des erreichten Heils, der Verbindung mit Gott, eine starke Übereinstimmung zum Vorschein kommt.

Kommen wir also auf das Hologramm zurück.

Kapitel 13

Vom zeitlichen zum ewigen Hologramm

Unser Hologramm konkret erleben

Zunächst darf nicht vergessen werden, daß die Wirklichkeit, um die es geht, zweifellos viel mehr ist als nur ein Hologramm. Das Schema des Hologramms ist nur ein Vergleich. Dann sollte man berücksichtigen, daß unser Hologramm holochron ist, d.h., es wird ebenso durch die Jahrtausende wie durch den Raum wirksam.

Deswegen verbindet es auch auf gleiche Weise die auf Erden Lebenden mit den im Jenseits Lebenden. Hier möchte ich den Leser bitten, einige sogenannte „paranormale" Zeugenaussagen zu berücksichtigen, die ich schon an anderer Stelle erwähnt habe.[1] Es würde uns zu lange aufhalten, sie hier ausführlich aufzugreifen. Indessen sehe ich an diesem Punkte eine echte Konvergenz all dieser Aussagen untereinander sowie mit der Erfahrung der Mystiker. Hier finden wir das Schema des Hologramms oder der russischen „Matroschkas" wieder. Hier wird endlich die traditionelle Lehre von der „Gemeinschaft der Heiligen" ernst genommen. Meister Eckhart scheint es wohl auch so gesehen zu haben: „Die Meister lehren für gewöhnlich, daß alle Menschen von Natur aus gleich edel sind. Ich aber sage in Wahrheit: „Das ganze Gut, das alle Heiligen und Maria, die Muttergottes, und Christus in seiner Menschennatur besessen haben, dieses ganze Gut ist mir von Natur aus eigen!"[2] Hier handelt es sich selbstverständlich nicht um materielle Güter. Die Güter, um die es geht, sind die geistigen Werte, die Tugenden und die Heiligkeit selbst. Alles wird gemeinsam, und selbst die Heiligkeit Christi und Mariens werden unser. Eben deshalb sagte Christus, er würde sich für uns „heiligen" (Joh. 17,19). Aber vor der Heiligung war der Abfall in die Sünde und die Auflehnung. Christus kam, um unsere Situation als Sünder mit uns zu teilen und um uns an seiner Heiligkeit teilhaben zu lassen. Hier liegt, wie wir es sahen, das ganze Geheimnis der Menschwerdung.

---

[1] S. *Les morts nous parlent* Kap. 8 und 9.
[2] Meister Eckhart, Predigt 5 b.

Nichts ist verborgen, was nicht bekannt wird

Bei dieser völligen Teilung unserer Lebenserfahrungen wird nichts verborgen bleiben. Wir werden einander ganz transparent, in unserer Vergangenheit wie in unserer Gegenwart.

„Nichts ist verborgen, was nicht bekannt wird" (Matthäus, 10,26). Wir werden nur noch *ein* Wesen sein. Wer unter uns erschrickt nicht vor einer derartigen Aussicht? Wer möchte denn da nicht den Blicken der anderen ausweichen und in den Boden versinken oder in das erstbeste Mauseloch entschlüpfen? Ich weiß das. Und doch glaube ich, daß es sich so verhält. Vergessen wir nicht, daß jeder von uns davor erschrickt, weil jeder denkt, die anderen seien doch nicht so übel dran wie er selbst. Aber vor allem vergessen wir nicht, daß uns unsere Nächsten im Jenseits mit einem Mitgefühl und einer Liebe aufnehmen werden, die schon der Liebe und dem Mitgefühl Christi ähneln. Sie werden unsere Schwächen als die ihrigen betrachten.

An die Liebe der anderen glauben

Die heilige Gertrud von Helfta, damals schon ernsthaft krank und ganz entkräftet, fragte sich, ob sie wirklich beim Vortrag des Evangeliums aufstehen sollte. Sie hörte innerlich, wie Christus ihr antwortete, daß jedesmal, wenn sie um seinetwillen etwas Schwieriges, ihre Kräfte Übersteigendes vollbrachte, er es von ihr wie ein wunderbares Geschenk entgegennehme. Jedesmal aber, wenn sie sich lieber schonen wollte, stimmte er dem zu, als hätte er selbst die Kraft für sich gebraucht. „Ich stimme zu, als wäre ich selbst krank und hätte diese Schonung absolut nötig."[3] So empfindsam ist die Liebe Gottes. Würden wir wagen, wirklich daran zu glauben, würden wir, glaube ich, von ihr wirklich verwandelt werden.

Auf dieser Ebene werden die Arbeiter der elften Stunde soviel bekommen wie die der ersten (Matthäus, 20, 1-16). Man wird sich nicht einmal mehr fragen, wer was verdient hat. Das wird völlig unerheblich sein. Aber um solche Aussichten zu akzeptieren, muß man an die Liebe der anderen glauben. Ich weiß, daß dies oft noch schwerer fällt als an die Liebe Gottes zu glauben. Aber Sie müssen trotzdem dahin kommen. Sonst ist für Sie die „Gemeinschaft der Heiligen" kein Paradies. Die Gemeinschaft im Jenseits

---

[3] Gertrud von Helfta, *Der Herold der göttlichen Liebe,* Buch 3, Kap. 59.

kann auch eine andere Seite offenbaren, je nach dem Grad der spirituellen Entwicklung des einzelnen. Sie kann der Himmel oder die Hölle sein.

„Die Hölle, das sind die anderen "

Jean-Paul Sartre hatte es verstanden. In „geschlossene Gesellschaft" werden die Personen des Stückes in einen leeren, fensterlosen, türlosen Raum geführt. Sie wissen, daß sie verdammt sind, und glauben zunächst, in einem Vorraum zu den Folterkammern zu sein. Aber niemand holt sie zum Foltern ab. Um sich die Zeit zu vertreiben, fangen sie ein Gespräch untereinander an. Und sehr schnell beginnen sie, sich gegenseitig zu zerfleischen. Und plötzlich begreift einer von ihnen. Es wird keine Folterkammer geben. Sie sind schon drin. Für jeden von ihnen gilt: „Die Hölle, das sind die anderen!" Ein Stotterer, heißt es, stottert niemals, wenn er alleine ist. Es muß also der Blick der anderen sein, der ihn hindert, sich auszudrücken. Einige verstummen schließlich ganz.

Wie liebesleer sind wir denn, daß wir so zur Hölle der anderen werden können? Welch ein Grauen! Ich erinnere mich auch an eine Fernsehsendung über Zwillinge, die mich begeistert hatte. Eine ganze Reihe von Zwillings- oder Drillingspaaren äußerte sich. Selbstverständlich bilden Zwillinge nie ein einziges Wesen. Aber sie leben schon in einer Lebensgemeinschaft, in einer Transparenz zueinander, die ein wenig in diese Richtung geht. Ich erinnere mich, daß einige diese Kommunion in Liebe gelebt hatten. Mehrere erklärten sogar, es sei ihnen unmöglich gewesen, eine Ehe einzugehen, weil die innige Beziehung zueinander sie bereits ganz erfüllt habe. Andere dagegen reagierten mit Haß auf diese aufgezwungene Intimität. Sie sagten es beide übereinstimmend vor den Fernsehzuschauern und sagten es also gleichzeitig einander ins Gesicht. „Unseren schlimmsten Feinden würden wir kein solches Unheil wünschen! Wissen, fühlen, ohne jegliche Täuschungs- oder Widerrufmöglichkeit, daß der andere jederzeit genau weiß, was Sie empfinden, wie Sie innerlich reagieren, so etwas ist ungeheuerlich", sagten sie. Diese enge Gemeinschaft war ihnen zur Hölle entartet.

„Ich bin wir"

Und doch zielt jede Liebe auf diese starke Sehnsucht nach Verschmelzung, wobei Liebender und Geliebter noch unterschieden werden. Platon hatte es im berühmten Dialog des „Gastmahls" schon verstanden. Aber alle Liebenden fühlen es und sagen es mit eigenen Worten. Hier einige Beispiele unter wahrscheinlich Millionen Möglichkeiten, die ich einem Sammelband entnommen habe, der nach der Aufforderung in einer Fernsehsendung entstand, den schönsten Liebesbrief einzuschicken, den „Sie bekommen oder abgeschickt haben…" Hunderte und Aberhunderte von Briefen kamen aus Schubladen und Speichern. Einige wurden veröffentlicht. Was ich zitiere, mag abgedroschen klingen, weil es um eine allgemeine Wahrheit geht: „Schlagen denn nicht unsere Herzen im gleichen Rhythmus?" „Ich schreite durch Dein Leben, ich atme in Deiner Seele, Du läßt meine Hände nicht los…" „Ich bin nicht mehr ich, ich bin wir… Du in meinem Herzen, in meiner Seele, in meinem Körper." „Ja, ich habe Tränen stärkster Erschütterung vergossen, da ich fühlte…, daß wir ein einziges, unzerstörbares Wesen bilden". „Dann hoffe ich, daß ich es verstehen werde, Dich zu lieben, wie ich Dich jetzt liebe, in der Fülle unserer sich ergänzenden Einmaligkeiten; denn Du bist ich, denn ich bin Du, durch die Jahrhunderte der Jahrhunderte hindurch, durch eine Ewigkeit der Zärtlichkeit."[4]

Schrittweise Erweiterung des Hologramms

Wahrscheinlich fängt das Erlernen der Liebe beim Paar, dann nach und nach in der Familie an. Es ist anzunehmen, daß es sich dann weiter in immer größer werdenden Kreisen in der Nachbarschaft oder in den Arbeitsbeziehungen fortsetzt. Vielleicht könnte man hier das Modell einer Forschergruppe anwenden, die man üblicherweise (und vielleicht etwas zu Unrecht) die „Princeton Gnosis" nennt.[5] Demnach gibt es schon beim Elementarteilchen ein anfängliches Bewußtsein und den Anfang einer Freiheit. Ein Zusammenschluß von Teilchen zum Atom hätte dann bereits eine höhere Ebene des Bewußtseins und der Freiheit erreicht. Ein Molekül aus mehreren Atomen würde einer noch höheren Ebene entsprechen, usw.

---

[4] les plus belles lettres d'amour, présentées par J. F. Delassus, (J.C. Lattès, 1983).
[5] Raymond Ruyer: La gnose de Princeton (Fayard, 1974).

Arthur Köstler[6] kommt über andere Wege zu einem ähnlichen Gedanken. Er nennt die Primäreinheiten „Holone" und die höheren Hierarchien „Holarchien". Rupert Sheldrake[7] zieht seinerseits den Ausdruck „morphische Einheit" vor.

Gleichermaßen darf man sich vorstellen, daß einige Personen zusammen einen ersten Kreis der engeren Gemeinschaft bilden könnten.[8] Einige dieser Kreise würden sich vielleicht auf höherer Ebene nach politischer, nationaler, sprachlicher, religiöser Zugehörigkeit zusammenschließen usw., bis die Gemeinschaft die ganze Menschheit umfaßt, wobei Christus geheimnisvoll, aber wirklich auf jeder dieser Ebenen, von jedem einzelnen bis zu der gesamten Menschheit ausstrahlt.

Die Erweiterung bis zur Grenze des Universums

Ich glaube sogar, daß man noch weiter gehen muß. Wladimir Lossky, einer der größten orthodoxen Theologen dieses Jahrhunderts, hat sicher recht, wenn er bei Meister Eckhart den Sinn für das Kosmische wiederentdeckt, der in der orthodoxen Tradition wie in der frühen Kirche so gegenwärtig war und ist. Er merkt an, daß für Meister Eckhart die Person Christi keine „abgeschlossene Individualität" ist. Sie „enthält nicht nur alle einzelnen Menschen, sondern auch alle Engel und alle Kreaturen. So ähnelt die menschliche Person in ihrer Vergöttlichung der göttlichen Person des Sohnes in ihrer Menschwerdung: Sie weitet sich aus bis zur Gesamtheit der geschaffenen Natur."[9] So etwas behauptete schon der heilige Paulus in seinem Brief an die Kolosser: In Christus…" wurde alles erschaffen, im Himmel und auf Erden, das Sichtbare und das Unsichtbare...". Abbé Delage drückt es auch in seiner gewohnten, äußerst zurückhaltenden Art aus: „Nicht nur in sich, o mein Gott, spürt die Seele das Wirken Deiner Macht, sondern auch um sich und sogar bis zu den Weltgrenzen hinaus."[10]

Im Lichte gewisser Botschaften aus dem Jenseits – wie denen von P. Monnier, die ich schon erwähnte – scheue ich mich nicht, in diesen Worten

---

[6] Arthur Köstler, L'étreinte du crapaud (Calmann-Lévy, 1967).

[7] Rupert Sheldrake, Une nouvelle science de la vie (Le Rocher, 1985).

[8] Wer in „seine" früheren Leben hineinversetzt wird, befände sich dann sehr oft wahrscheinlich eher im Leben anderer aus der engeren Gemeinschaft.

[9] W. Lossky, Théologie négative et connaissance de Dieu chez Maître Eckhart (Vrin, 1960).

[10] R. de Langeac, Vous…mes amis (s. o.).

des Abbé Delage einen Hinweis auf seine Mitarbeit am Werk Gottes auf anderen Ebenen der Existenz oder in anderen bewohnten Welten zu sehen.

Das ewige Hologramm: die Trinität

Und doch müssen wir noch sehr viel weiter gehen. Vergessen wir den Vers aus der Genesis nicht: „Laßt uns den Menschen nach unserem Bilde machen." Sodann, wenn die gesamte Menschheit und vielleicht sogar die ganze Schöpfung ein einziges Hologramm bildet, so deshalb, weil dieses Hologramm als Bild eines anderen entstand, des Hologramms Gottes, der Trinität. Schon die griechischen Väter sahen diesen Bezug. In Wirklichkeit, sagten sie gegen jede Augenscheinlichkeit, gibt es nur einen einzigen Menschen, in dem Tausende, Milliarden Personen leben, so wie es in der Dreieinigkeit nur ein einziges göttliches Wesen gibt, in dem drei göttliche Personen leben und wirken.

Das Geheimnis der Heiligen Dreieinigkeit! Kaum jemand in den Westkirchen wagt noch darüber zu sprechen. Und ich kann es nur zu gut verstehen. Denn unsere westlichen Theologen haben das Geheimnis zu sehr erklären wollen. Sie haben nach Herzenslust geistreiche Systeme, eins subtiler als das andere, sich ausgedacht, die alle uns helfen sollten, den Reichtum des göttlichen Innenlebens besser zu begreifen. Als Ergebnis stellte sich das Gegenteil ein. Die Gedankenspiele des heiligen Augustinus und des heiligen Thomas von Aquin haben niemanden überzeugt und interessieren kaum noch jemanden. Tatsächlich haben sich ihre philosophischen Konstrukte an die Stelle des christlichen Geheimnisses gesetzt und haben es aus unserer Sicht verdrängt. Der menschliche Stolz führt uns stets zur Gottlosigkeit zurück.[11] – Gerade das Geheimnis der Beziehungen des Menschensohnes zu seinem Vater war aber doch Christus gekommen, den „Unmündigen" zu offenbaren, während es den „Weisen und Klugen" verborgen bleiben muß (Matthäus 11, 25–27).

Die letzte Offenbarung

Aber es geht noch weiter. Hier muß man unbedingt den großen Schlüsseltext im Evangelium des heiligen Johannes zitieren: „Glaubt mir! Ich bin in dem Vater, und der Vater ist in mir" (Joh. 14,11).

---

[11] Vgl. F. Brune, „*La réduction de la personne à l'être chez Saint Augustin et dans la Scolastique*" im Sammelband „*Saint Augustin*" (L'Age d'Homme, 1988).

Hier finden wir den sehr schlichten Wortschatz aller Liebenden vor, die sich danach sehnen, nur noch eins zu sein. In diesem gleichen Text kündigt Christus die Aussendung der dritten Person der Trinität an, die uns alles verkünden wird. Das Hologramm wird vollkommen.

Dann betet Christus: „Heiliger Vater, bewahre sie in deinem Namen, die du mir gegeben hast, damit sie eins sind wie wir" (Joh. 17,11). Genauso wie die drei Personen der Trinität ihre Kommunion im einzigen Sein leben, als ein vollkommenes Glück nämlich, sollen wir Menschen alle lernen, einander zu lieben, damit unsere Einheit vollkommen wird.

Dann gelangen wir zur dritten Stufe der Offenbarung des letztgültigen Geheimnisses unserer Existenz: „Alle sollen eins sein, wie Du, Vater, in mir bist und ich in Dir bin, sollen auch sie eins in uns sein... Ich habe ihnen die Herrlichkeit gegeben, die Du mir gegeben hast; denn sie sollen eins sein, wie wir eins sind" (Joh. 17, 21-22). „Ich in ihnen und Du in mir", Christus gehört durch seine Menschwerdung beiden Hologrammen an und vereinigt sie in sich. Sodann werden auch wir in Christus der Allmacht seiner göttlichen Natur, seiner „Herrlichkeit", teilhaftig werden.

Die Vergöttlichung des Menschen

Hier geht es um die Vergöttlichung des Menschen, einen Glaubensschatz, den unsere christlichen Brüder aus dem Osten durch die Jahrhunderte zu bewahren wußten, aus dem unsere westlichen Mystiker gelebt haben, den aber unsere offizielle Theologie vergessen hatte. Im Erwachsenenkatechismus der französischen Bischöfe wird sie dreimal erwähnt, jedesmal aber, als ginge es dabei um ein sprachliches Wagnis der frühen Kirche und sogar ganz besonders der Ostkirche: „Die griechischen Väter (Bischöfe und Theologen der ersten christlichen Jahrhunderte) scheuten nicht davor zurück, von ,Vergöttlichung' zu sprechen." Der Weltkatechismus der katholischen Kirche vermeidet das Wort. Dort ist nur von „Lebens- und Liebesgemeinschaft" mit der hochheiligen Trinität, der Jungfrau Maria, den Engeln und allen Seligen die Rede.[12]

Ich muß gestehen, daß für mich die Vergöttlichung oder Vergottung des Menschen keine Nebensache ist, keine kleine Zugabe nach Wahl. In meinen Augen klafft ein Abgrund zwischen dem westlichen (katholischen oder protestantischen) Begriff des ewigen Lebens und dem der Ostchristen oder

---

[12] Wk, § 1024.

der Mystiker. Für die westlichen Theologen wird die „Einheit" mit Gott immer nur bestenfalls eine Freundschaft mit Gott sein. Aber jeder bleibt bei sich zu Haus.

Für die Theologen der Ostkirchen und für alle Mystiker (ob westliche Christen, östliche Christen oder auch Nichtchristen) wird dagegen die Einheit mit Gott eine echte Teilhabe an seinem Wesen selbst, an seiner Göttlichkeit sein.[13]

Für mich geht es hier keineswegs um eine Art prometheische Sehnsucht nach der Macht Gottes, nach der Gleichheit mit ihm. Es geht um Liebe. „Wenn Du nur um Haaresbreite von Deiner Geliebten getrennt bist, kommt es Dir vor wie hundert Meilen", sagt eine der handelnden Personen des Farîd Uddîn Attâr über die Liebe zu Gott. Es gibt keine Vereinigung mit Gott, wenn ich nicht selbst zu Gott werde. Alles andere, alles, was Er mir geben könnte, ist gänzlich wertlos für mich. Er möge seine Spielsachen, all seine Welten und seine Wunder behalten. Wenn Er sich mir nicht schenken kann oder will, Er, wahrlich, Er hatte kein Recht, mich zu erschaffen!

Wem es aber genügt, Ringelreihen zu tanzen und fröhliche Picknicks in den grünen Auen des Paradieses mit der heiligen Jungfrau und den Heiligen zu veranstalten, dem ist zugegebenermaßen das Geheimnis der Trinität nur noch eine unnötige Verzwicktheit, und man kann verstehen, daß man damit nichts mehr anfangen kann.

Die von den Mystikern erlebte Vergöttlichung

Im Gegensatz dazu werden wir jetzt erörtern, wie einige dieser Mystiker das Eintreten ins göttliche Leben erlebt haben. Zu unserer freudigen Überraschung werden wir dann feststellen, daß viele andere nichtchristliche Mystiker sowie viele der Menschen, die eine dieser so aufsehenerregenden Nahtod-Erfahrungen machen durften, dieses Eintreten auch so empfanden, ohne sich dessen recht bewußt zu sein.

---

[13] Wobei die östliche Tradition die Transzendenz Gottes beibehält und trotzdem auf dem Realismus unserer Vergöttlichung beharrt, dank der Unterscheidung zwischen Gott in seinem Wesen und in seinen nichtgeschaffenen Energien. Vgl. „Pour que l'homme devienne Dieu".

„Ich bin Er und Er ist ich"

Hier zunächst ein Text des Abbé Delage. Dabei sollte man nicht vergessen, daß er Professor an der theologischen Hochschule war und deshalb der Lehre des heiligen Thomas von Aquin treu bleiben mußte! Sein Zeugnis ist nur um so kostbarer dort, wo er aus Treue zu seiner Lebenserfahrung gezwungen war, sich von der Lehre des Thomas zu entfernen.

An dieser Stelle ist er so weit gekommen, daß die Seele, die lange Zeit auf der Suche nach Gott war, schließlich das göttliche Leben und das Sein Gottes selbst teilt:

„Wo die Suche nach Gott aufhört, fängt die Besitznahme an: Die Seele und Gott sind nur noch eins, nicht im Sein, sondern in der Erkenntnis und in der Liebe. Es sind zwei Naturen in einem Geist und in einer Liebe. Eine tiefe Vertrautheit entsteht, eine vollkommene Kommunion, eine Verschmelzung ohne Vermischung und Vermengung. Ich bin Er, Er ist ich. Man ist alles, was Er ist. Man hat alles, was Er hat. Man weiß es, man sieht es fast. Man spürt es, man kostet es, man genießt es, dadurch lebt man, davon stirbt man. Ja, es wäre die Stunde des Todes, hätte Er nicht verfügt, daß man hienieden noch leben soll."

Und an anderer Stelle verdeutlicht er noch: „Um so mehr Gott Besitz von mir ergreift, um so mehr ergreife auch ich Besitz von ihm. Sein ganzer Reichtum gehört mir. Ich habe an seinem Wissen, seiner Weisheit, seiner Macht, seiner Güte teil. Niemand kann diese geheimnisvolle Gütergemeinschaft verstehen. Es ist eine Art Gleichheit oder, besser gesagt, eine Art Einheit. Die Seele spürt deutlich ihre Vergöttlichung. Sie wohnt bei Gott, ja sie ist Gott, so weit das für eine arme Kreatur möglich ist. Nicht nur, daß der liebe Gott sie mit seiner Natur und mit seinem intimsten Leben kommunizieren läßt, er läßt sie in mancher Stunde an der Regierung der Welt teilhaben. In ihr tagt der Rat der anbetungswürdigen Dreifaltigkeit, und sie läßt sie in voller Bewunderung daran teilhaben."[14]

„In der einzigen Einfachheit von uns beiden"

Ich möchte hier noch einen Text eines sehr großen Mystikers zitieren, der erst ganz allmählich entdeckt wird. Jean de Saint Samson wurde in Sens im Jahre 1571 geboren. Mit drei Jahren erkrankte er an Pocken und wurde unzureichend behandelt, so daß er für das ganze weitere Leben erblindete.

---

[14] R. de Langeac, *La vie cachée en Dieu* (Le Seuil, 1960).

Mit zehn Jahren wurde er zur Vollwaisen und lebte fortan bei einem Onkel. In seiner neuen Familie, die anscheinend relativ wohlhabend war, wurde seine musikalische Begabung gefördert. Er lernte viele Instrumente spielen, und seine Darbietungen wurden sowohl an der Kirchenorgel wie bei Bällen oder Konzerten sehr geschätzt. Aber solch ein weltliches Leben erfüllte ihn nicht. Schon damals ließ er sich die „Nachfolge Jesu Christi" sowie eine Sammlung von Mystikertexten aus der rheinländisch-flämischen Schule vorlesen, die unter dem Namen Tauler im Umlauf war. Im Jahre 1600 findet man seine Spur in Paris wieder. Er ging da im Kloster der Karmeliten ein und aus. Er wohnte mal hier und mal dort, wie es Gott gefiel, in völliger Armut. Schließlich wurde er trotz seiner Blindheit als Novize im Karmelitenkloster von Dol in der Bretagne aufgenommen. Aber die meiste Zeit seines Lebens verbrachte er im Kloster in Rennes, als einfacher Bruder, da das Priestertum ihm aufgrund seiner Behinderung verwehrt blieb. Trotzdem war er die treibende Kraft zur Reform des Karmeliterordens in Frankreich und weit über die Grenzen hinaus. Er war fast ununterbrochen krank und verließ diese Welt im Jahre 1636. Sein Werk ist schwer zu lesen, was teilweise erklären mag, daß es noch nicht zur Gänze erschienen ist. Er schrieb selbstverständlich nicht selbst, sondern diktierte sein Werk gutwilligen, aber wenig erfahrenen Schreibern. Die Sätze gehen ihm durch, schwellen auf, erweitern sich und versanden manchmal ganz. Dies um so mehr, als beim Reden über seine Erfahrung Jean sie neu erlebte und erneut in Ekstase geriet. Er litt unter der Unzulänglichkeit der Sprache und verwarf die Worte, kaum daß er sie gesprochen hatte. Indessen könnten gerade diese Schwierigkeiten dazu führen, daß bei ihm selbst das so deutlich wird, was er nicht einmal ausdrücken kann. Eines der Hauptmerkmale all seiner Texte besteht darin, daß er mit Nachdruck betont, intensiv erlebt zu haben, wie „zwei in einem sind", zwei Personen in einem Sein. Deutlich spürt man seinen außerordentlichen Jubel dabei. „Du besitzt mich, und ich besitze dich ganz und gar, ganz und völlig, und wir sind nur eins, in dem einen und einzigen von uns Zweien, die wir in gleicher Weise verzückt sind vor Liebe und Schönheit voneinander, ineinander, und durch die gegenseitigen und unaussprechlichen Umarmungen voneinander, ineinander, wo wir besitzen gleich viele Köstlichkeiten, gleich viel Einfachheit, gleich viel einfache Liebe, in unserem einfachen und einfach einzigen Wesen, über die Tat hinaus, über die Leidenschaft hinaus, über die Überflutung hinaus, selbst über die Liebe hinaus, in der Liebe der gleichen

---

[15] J. de Saint Samson. *L'Epithalame de l'Epoux divin et incarné et de l'épouse...* in „oeuvres complètes", Paris 1993. Ich habe mir erlaubt, den Satz abzubrechen! (F. B.).

242

Liebe ohne Liebe, in der sehr einfachen, sehr einzigen und sehr achtsamen gegenseitigen Sicht von uns Zweien, in der einzigen Einfachheit von uns Zweien."[15] „In der einzigen Einfachheit von uns Zweien", „in unserem einfachen und einfach einzigen Wesen", „in dem einen und einzigen von uns Zweien" – all diese Wiederholungen zeigen deutlich, daß das Glück Christi und Jeans darin besteht, zu fühlen, daß sie nur noch ein Wesen sind!

„ Wir beide, ein einziger Leib "

Praktisch die gleichen Worte findet man wieder bei allen großen Mystikern aller Zeiten und Religionen. Aber wollte ich ernsthaft darüber referieren, müßte ich ein anderes Buch schreiben, in dem viel genauere Vergleiche anzustellen wären, die notwendigerweise auch viel technischer ausfallen müßten, um die Kategorien und die eigene Sprache jeder der großen religiösen Strömungen zu berücksichtigen. Dies um so mehr, als es in jeder Religion unzählige Strömungen gibt. Jedoch kann ich das vorliegende Buch nicht abschließen, ohne auf die bestehenden außerordentlichen Übereinstimmungen hinzuweisen, selbst wenn es knapp und vereinfachend geschehen muß. Auch hier erlaube ich mir, meine Vorlieben deutlich zu machen. Der Hinduismus z.B. sieht in seinen gelehrtesten Betrachtungen in der persönlichen Anbetung eines Gottes nur ein Zugeständnis an die menschliche Schwäche. Aber das, behauptet man dort, sei nur eine Stufe, die zwar wahrscheinlich für einige unentbehrlich sei, welche unfähig sind, direkt zur Einheit mit dem unpersönlichen Brahma zu gelangen. Was mich aber in meiner christlichen Erfahrung betrifft, so sehe ich im Gegenteil in der Erfahrung der Mystiker die Überschreitung der gelehrten Forschung und den Triumph der Intuition der Liebe Gottes. Persönliche Beziehungen, Austausch, sind der Liebe unentbehrlich. Hier z.B. seien einige Ausrufe eines außerordentlichen, wunderbaren Mystikers, eines armen Analphabeten namens Tukârâm angeführt. Er war jedoch weit davon entfernt, ungebildet zu sein, weil er lange Zeit die Lehre der Brahmanen genossen hatte und schließlich Tausende von Versen auswendig konnte. Er verfaßte mehr als viertausend Gedichte, wovon einhunderteins ins Französische übersetzt wurden. Selbstverständlich schrieb er sie nicht auf. Er diktierte sie, und sie wurden mündlich weiter tradiert. Es sollen auch heute noch Tausende von Pilgern auf den Straßen Indiens weiter seine mystischen Gedichte aufsagen. So also drückte er seine Beziehung zu Gott aus: „Ich gebe Dir ein Gesicht, Du machst mich unendlich. Wir beide, ein Leib. Ein neues Wesen ist geboren, Das Du-Ich, das Ich-Du. Zwischen uns kein

Unterschied mehr, ich Du, Du Tukâ". Ich hätte auch viele andere Autoren zitieren können. Jetzt gehe ich schneller voran. Ich lese in den Litaneien des Râmdas:

„O Râm, Du bist zwei, aber Du bist eins. Der Liebende und Geliebte, eng umschlungen, werden eins. Zwei werden eins und Eins bleibt, ewig, unendlich, die Liebe."

„Den ich suchte, hat mich aufgesucht, und Dieser ist Ich geworden, den ich den anderen nannte!"

Ich hätte genauso gut moslemische Mystiker zitieren können:
„In Wahrheit sind wir, Du und ich, eine einzige Seele
Denn es gibt zwischen mir und Dir weder mich noch Dich"
„Jedesmal, wenn ich „ich" sagte, ging es um Dich…"

Oder ich hätte einige dieser Zeugen zitieren können, die vom Nahtod-Erlebnis zurückgekommen sind und oft genau das gleiche empfunden haben: „Ich war eins mit dem reinen Licht und der Liebe. Ich war eins mit Gott und zugleich mit allem."

Bruce Greyson vermerkt in bezug auf das Erlebnis der Barbara Harris: „Gott war zugleich mit ihr und ein Teil von ihr. Sie war bei Gott und gleichzeitig war sie Gottes teilhaftig."

Gott, Christus, eher „empfinden" als sehen

Da es nicht nur um eine Lebensgemeinschaft geht, sondern um wirkliche „Teilhabe an der göttlichen Natur", wie sich der heilige Petrus ausdrückt, oder darum, „zu Gott zu werden durch Partizipation", wie der heilige Johannes vom Kreuz sagen würde, folgt daraus, daß unsere Beziehung nicht so sehr eine Vision von Angesicht zu Angesicht sein wird, als ob uns Gott noch äußerlich bliebe. Es wird darum gehen, Seine Gegenwart in uns zu empfinden. Ich möchte hier zwei Zeugnisse aus dem Jenseits anführen, die ich für wichtig halte. Beide wurden über „automatische" oder „intuiti-ve" Schrift empfangen.

Das erste stammt von einem jungen Mann, von einer Waisen, der als Liftboy in einem Hotel arbeitete. Sein Wunschtraum wäre gewesen, reiten zu können.

Ersatzweise und weil ihm die Geldmittel fehlten, fuhr er Motorrad, und dabei verunglückte er tödlich. Paul Misraki erfuhr über die automatische Schrift seinen Namen und die Adresse des Hotels, in dem er arbeitete. Er traf Leute, die ihn gekannt hatten, die ihm also den Anfang eines Beweises für die Echtheit dieser Mitteilungen lieferten. Während dieses begeisternden und sehr ergreifenden Dialogs, der einige Momente tragischer Spannung enthielt, kann man sehr wohl die Entwicklung dieses jungen Mannes im Jenseits mitvollziehen. Hier also ein außerordentlicher Text, in dem er die Gegenwart Christi beschreibt:

„Er ist über uns, und wir beten zu ihm. Er ist wunderbar anzusehen, selbst von weitem. Wir hoffen, uns ihm eines Tages nähern zu können, dazu ist Geduld nötig, und wir müssen viel in seinem Sinne arbeiten, damit wir an seiner Seite sein dürfen. Aber er hat Blicke, die einen durchdringen, es ist aufsehenerregend und unbeschreiblich. Wir dienen ihm mit Freude und hoffen, zu ihm hinaufzukommen. Er ist weiß, leuchtend, aber das ist nur ein Bild. Wir erfühlen ihn stark in uns, mehr als daß wir ihn sehen. Unsere Leiber nehmen ihn in sich auf, das sind die besten Augenblicke. Das geschieht nicht immerfort, es wäre zu schön. Was Maria betrifft, ist es in etwa auch so…"

Das zweite Zeugnis stammt von einem jungen französischen Offizier, der im Ersten Weltkrieg fiel. Seine Mutter bekam seine Botschaften. Er stammte aus einer streng protestantischen, frommen Familie und berichtigte oft die religiösen Anschauungen seiner Eltern aus dem Jenseits. Da entstand eine Sammlung wunderbarer Texte. Es wäre höchste Zeit, daß man die Wichtigkeit dieses Zeugnisses bemerkt. So drückt er sich aus:

„Ich sagte es Dir bereits: Wir leben hier in der fortdauernden und gesegneten Vision unseres geliebten Meisters… Aber ich hatte noch nicht hinzugefügt: Schon wissen wir nicht mehr, sehen wir Christus oder empfinden wir ihn… Die Anschauung der Liebe ist nichts anderes, als das unaussprechliche Gefühl, Gott zu lieben…"

Ganz dieser Gedanke in einer anderen Sprache läßt sich bei einem großen schon zitierten persischen Mystiker wiederfinden, nämlich Farîd Uddîn Attâr. Es geht um den berühmten Text mit dem Titel „Konferenz der Vögel". Die Vögel wollten einen König wählen, wie in der Fabel von La Fontaine. Der Wiedehopf aber versicherte ihnen, sie hätten in Wirklichkeit schon einen rechtmäßigen König, den Simorg. „Er ist uns nah, aber wir sind ihm fern." Der Wiedehopf kannte einen Weg zu seinem Haus, aber er konnte nicht allein dahin gelangen. Da versammelten sich alle Vögel und schmiedeten große Pläne. Viele aber fanden schnell Vorwände, um die Reise nicht einmal anzutreten. Andere machten sich auf den Weg, aber es gab zahlreiche Prüfungen unterwegs, und wenige Vögel kamen schließlich ans Ziel: nur dreißig, das heißt auf persisch sî morg. Und als diese endlich den Simorg betrachten durften, entdeckten sie zu ihrer Verwunderung sich selbst in dem, den sie anzubeten gekommen waren.

Schlußwort

Hier konnte ich die Übereinstimmung nur andeuten, die zwischen den großen Religionen zumindest zum Teil über das Endziel unserer zukünftigen Entwicklung in späteren Welten herrscht. Es würde, wie ich schon sagte, eine noch ganz andere Untersuchung erfordern. Hier wollte ich nur zeigen, daß das Christentum, wenn es um Heilswirkung, Bekehrung, Aufstieg zu Gott geht, über eine absolut originelle Lösung verfügt, die einzigartig im Konzert der Religionen ist. Das hängt mit dem aufsehenerregenden Glauben an die Inkarnation Gottes zusammen, der alles erschüttert. Ich denke, ich habe genug betont, alle Menschen sind in diesem Heilswerk eingeschlossen. Weil andere Religionen die Einheit des Menschengeschlechts in Christus nicht kannten, konnten sie nicht klar aus der Sackgasse herauskommen: Entweder es gibt das Heil ohne echte Bekehrung, oder wir erretten uns selbst, aber jeder für sich.

Ich weiß, daß es heute als großmütiger gilt, das Christentum nicht anders zu bewerten als andere Religionen auch und Christus auf der gleichen Ebene wie Konfuzius, Buddha oder Mohammed zu belassen. Für viele ist das ein Mittel zur Befreiung von einer zu anspruchsvollen Religion. Für andere ist es eine Gelegenheit zur Verkündigung anderer Messiasse und Propheten: Wie viele begeisterte Reden über das, was bestenfalls eine Vorbereitung auf echtes spirituelles Leben wäre.

Ich weiß auch, daß die heutigen Christen unter einer Art Großmutskomplex leiden. Sie wagen es nicht mehr, über ihren Glauben zu sprechen, weil sie sonst Angst hätten, wie die Konquistadoren, wie die Kolonisatoren zu handeln, die heute gehaßt werden. Missionare waren zu lange Zeit an den Eroberungs- und Beherrschungsfeldzügen beteiligt. Überhaupt scheint es heute sehr umstritten, die Liebe Christi verkünden zu wollen. Das sei, meint man, ein Versuch, die „westliche Kultur" zu verbreiten und durchzusetzen.

Aber da wird vergessen, daß Christus ursprünglich unserer Kultur so fremd ist wie der indischen oder chinesischen. Er ist in keinem Dorf der „unbezwingbaren Gallier" oder der Germanen geboren. Er gehört auch nicht zu unserer griechisch-römischen Kultur. Er kam zu uns aus dem Orient, und die Tradition, die ihn ankündigte und trug, hatte mit unserer nichts gemein. Wenn wir ihn nun verkündigen, so setzt das keineswegs voraus, daß wir unsere Denkart und unsere Werte anderen aufzuzwingen versuchen. Das um so weniger, als die Werte, die tatsächlich bei uns vorherrschen, oft nichts Christliches an sich haben.

Deshalb sollten wir unsere Komplexe als ehemalige Kolonisatoren und ehemals Kolonisierte hinter uns lassen. Christus ist niemandes Eigentum. Er ist über alle Spaltungen erhaben, ob ethnisch, sprachlich, kulturell oder sogar kirchlich. Die Kirchen sind nicht Christus. Ihre Verbrechen, Fehler, Schwächen und Irrtümer dürfen uns den Blick auf die unglaubliche Offenbarung der Liebe Gottes nicht verstellen.

Ich möchte mit den Worten Christi an Juliana von Norwich, der schon erwähnten englischen Rekluse, schließen. Diese Worte sind ohne Zweifel die tiefste Offenbarung Gottes an seine Geschöpfe. Da Juliana sich nach fünfzehn Jahren fragte, was der Sinn aller von ihr empfangenen Offenbarungen sei, sagte ihr Christus:

„Du möchtest wissen, was Dein Herr hat sagen wollen? Wisse es, er meinte die Liebe. Wer hat Dir das alles geoffenbart? Die Liebe. Was hat sie Dir gezeigt? Die Liebe. Und wozu geschah es? Aus Liebe. Wenn Du Dich diesem fest anschließt, wirst Du es noch viel mehr entdecken. Aber Du wirst sicher dort niemals etwas anderes entdecken als Liebe."[1]

---

[1] Révélations de l'amour divin à Julienne de Norwich, recluse du quatorzième siècle (Mame, 1925).

Namensregister

N.B. : Nach den Eigennamen (Hlg) = Heiliger, Hlge) = Heilige, (Slg) = Seliger, (Slge) = Selige.

A

Abd el-Kader: 37.
Abd-Ru-Shin: 83.
Adrienne von Speyr: 202–204, 205–206, 207.
Advaya-Taraka Upanishad: 40.
Aflâkî: 33.
Agpaoa: 80.
Agresti, Guglielmo M. di: 128.
Albrecht, Barbara: 203
Alexander der Große: 73.
Amida, oder Amithaba: 229.
Ancelet-Hustache, Jeanne: 90.
Angela von Foligno (Hlge): 215–216, 221.
Angelus Silesius: 123.
An-Nawâwî: 36, 52.
Anna-Katharina Emmerich: 126–127, 211–212.
Ansâri, Khwâdja 'Abdullâh: 159.
Aristoteles: 32.
Arnaldez, Roger: 10.
Asanga: 230.
Athanasius (Hlg): 121, 135.
Augustinus (Hlg: 22–23, 25, 29, 37, 92, 101, 158, 198, 238
Aurobindo (Sri): 54–55, 57–58, 76.
Ayala, Silvestre Falgas: 84.

B

Balthasar, Urs von: 202, 203, 206.
Barreau, Jean-Claude: 162.
Bartholomäus I: 29.
Barzel, Bernard: 90.
Bascom, Lionel C.: 244.
Basilides: 82.
Bauer: 97.
Becket, Samuel: 65.
Beirnaert, Louis: 146–147.
Bentov, Itzhak: 97.
Bernard, Régis: 135.
Bérulle (kardinal de): 197–199.
Besant, Annie: 71.
Bhagavad-Gîtâ: 38–39, 53, 58.
Blavatsky, Helena Petrovna: 71–73, 77, 138.
Bohm, David: 97.
Böhme, Jakob: 99.
Bohr, Niels: 91, 97, 99.
Boniface, Ennemond: 212, 213.
Bossuet: 17.
Boufflet, Joachim: 103, 132, 177.

B (cont.)

Bo-Yin-Ra: 83.
Broglie, Guy de: 25.
Broglie, Louis de: 91
Brown, Rosemary: 84.
Bruckberger: 49.
Brune, François: 18, 37, 53, 65, 80, 89, 92, 177, 238.
Buddha: 45, 50, 60, 73, 229, 246.
Bunge: 97.

C

Caouette, Aurélie: 115.
Capra, Fritjof: 99.
Casel, Odon: 100
Castaneda: 99.
Castello, Martine: 120, 138.
Cayce, Edgar: 83.
Cazenave, Michel, 91, 100.
Cerchio Esseno: 84.
Cerchio Firenze: 75, 76–78, 88, 138.
Cerchio Kappa: 84.
Cerchio Logos: 84.
Chandogya-Upanishad: 39, 41.
Chandra Ghosh, Girish: 225–226.
Charles de Foucauld: 130.
Chaunu, Pierre: 90.
Chauvin, Rémy: 80, 136–137, 138.
Christine von Stommeln: 126.
Christoflour, Raymond: 215.
Christopher: 84.
Claudius (der römische Kaiser): 79–81.
Cognet, Louis: 206.
Colloqui con A: 84.
Conan Doyle, Arthur: 83.
Consolata Betrone: 21.
Costa de Beauregard, Olivier: 97–98, 103, 104, 108–109.
Cramer: 98.
Cuvelier: 115, 127.

D

Dalai-Lama: 44, 61–62, 64, 227–229.
Daniélou, Alan: 40, 41, 53.
Dante: 194.
David-Néel, Alexandra: 44, 62, 63, 72, 227.
Davidon: 98.
Degrâces.Fahd, Alyette: 223–224.
Delafosse, Bernard: 59.

Deutschsprachige Literaturangaben

Sri Aurobindo, *Die Frage der Wiedergeburt,* Gauting : Mirapuri Verlag 1997.

Ein Interview mit dem Dalai-Lama. München: Hasenzahl 1985; ab 2. Auflage: Jägerndorf: Diamant Verlag 1985.

H. P. Blavatsky, *Theosophie und Geheimwissenschaft.* Ausgewählte Werke, München: Diederichs 1995.

Das Seth Material. Ein Standardwerk esoterischen Wissens. Genf. Ariston 1989.

Rudolf Steiner, *Die Offenbarungen des Karma.* Ein Vortragszyklus in Hamburg vom 16.–28. 5. 1910, Dornach. Rudolf-Steiner-Verlag 1995.

Erwin Schrödinger, *Mein Leben, meine Weltansicht.* Zürich, Diogenes, 1989.

Mircea Eliade, *Die Religionen und das Heilige:* Elemente der Religionsgeschichte. Frankfurt/Main Insel 1998.

Ilya Prigogine (mit Isabelle Stengers) *Das Paradox der Zeit. Chaos und Quanten.* München: Piper 1993 Die Gesetze des Chaos. Frankfurt/Main, Insel 1998.

Rupert Sheldrake ,,*Das Gedächtnis der Natur. Das Geheimnis der Entstehung der Formen in der Natur.* Bern, München, Wien: Scherz 1991.

George Ritchie, *Rückkehr von morgen.* Marburg/Lahn, Francke 1990.

Henri De Lubac, *Auf den Wegen Gottes.* Einsiedeln: Johannes 1992.

Stefan von Jankovic, *Ich war klinisch tot: Der Tod, mein schönstes Erlebnis.* Ergolding: Drei-Eichen Verlag 1995.

(Underhill Evelyn) Mystik. *Eine Studie über die Natur und Entwicklung des religiösen Bewußtseins im Menschen.* Unveränderter Nachdruck der Ausgabe von 1928. Bietigheim: Turm Verlag 1974.

Urs v. Balthasar, *Erster Blick auf Adrienne von Speyr.* Einsiedeln: Johannes Verlag 1998.

Romain Rolland, *Das Leben des Ramakrishna.* Oberwil bei Zug: Kugler (Edition Rotapfel) 1986.

Zur Bibliographie

Aurobindo: Die zahlreichen Werke Aurobindos erscheinen im Verlag Hinder & Deckmann, Gladenbach.

Yogananda: Die zahlreichen Werke Yoganandas erscheinen im Barth-Verlag, Bern, München, Wien.

Deshimaru: Die übersetzten Werke Deshimarus erscheinen im Aurum Verlag in Freiburg i. Br.

Herrigel: *Zen in der Kunst des Bogenschießens.* Weilheim: O. W. Barth, 1962 u. a.

Kakuzo: *Das Buch vom Tee.* Frankfurt/Main, Insel Verlag, Insel Bücherei 247.

Suzuki: Die zahlreichen Werke Suzukis erscheinen im Scherz bzw. Barth-Verlag, Bern-München-Wien.

Capra: *Das Tao der Physik.* Bern-München-Wien: Scherz 1986.

Schrödinger: *Mein Leben, meine Weltansicht.* Zürich: Diogenes 1989.

Talbot: *Mystik und neue Physik.* Die Entwicklung des kosmischen Bewußtseins. München. Heyne 1989.

Bede Griffiths

Ein Mensch sucht Gott

John Swindells, Hrsg.

192 Seiten, gebunden – ISBN 3-928632-39-6

Ein authentischer Zeuge für die Anwesenheit Gottes in der Welt

Einer der größten Virtuosen unseres Jahrhunderts, Yehudi Menuhin, hat den Mönch, Mystiker und Meister Bede Griffiths auf unübertreffliche Weise charakterisiert: „Er ist ein authentischer Zeuge für die Weisheit der großen Religionen. Er offenbart meisterlich und wunderbar die Gegenwart Gottes." Dieser göttliche Geist berührt den Leser in diesem Buch, in dem einer der größten Mystiker unseres Jahrhunderts über sein Leben reflektiert. In diesen Selbstzeugnissen wird eine erstaunliche Synthese von Wissen und Erfahrung, von westlichem Denken und östlicher Weisheit dokumentiert. Der Leser wird getroffen von der bedingungslosen Liebe als Schlüssel zur Versöhnung aller Gegensätze in der Welt.

Gott, Mensch und Welt

Die Drei-Einheit der Wirklichkeit

Roland R. Ropers

226 Seiten, gebunden – ISBN 3-928632-40-X

Die Wirklichkeit als Trinität des Kosmischen, Göttlichen, Menschlichen

Einer der großen Wegweiser der Menschheit in das neue Jahrtausend ist Raimon Panikkar. R. Ropers würdigt in diesem Buch das Werk des universalen Gelehrten, des hochangesehenen Philosophen und spirituellen Meisters und bringt dem Leser die bahnbrechende Theologie und Spiritualität für ein neues Verstehen der einen Wirklichkeit nahe, die sich in Zeit und Ewigkeit, in Diesseits und Jenseits manifestiert. Der in drei Fächern promovierte Wissenschaftler, Gastprofessor an über hundert Universitäten, hat mehr als 40 Bücher in sechs Sprachen geschrieben. In diesem Buch kommt in den hochaktuellen Beiträgen und Ausschnitten aus dem Lebenswerk Panikkars die genial-integrative Dialogfähigkeit zum Ausdruck, die östliche und westliche Spiritualität miteinander verbindet.

Suche nach der Wahrheit

Wege – Hoffnungen – Lösungen

Willigis Jäger

228 Seiten, gebunden – ISBN 3-928632-41-8

Spirituelle Weisungen aus der Sicht des Mystikers

Wer bin ich? Woher komme ich? Warum bin ich? Welcher Weg führt zur Wahrheit? Welches Leben eröffnet Sinn? Nur in der Tiefe unseres Seins gibt es eine wahre Antwort auf diese bohrenden Fragen. Um sich dieser Wahrheit zu nähern, wurde dieses Buch geschrieben. Der Verfasser begleitet den Leser auf der Suche nach der Wahrheit. Alle wichtigen Themen des spirituellen Lebens werden behandelt und zur christlichen Mystik, zu den Erkenntnissen der Naturwissenschaften und der Transpersonalen Psychologie in Bezug gesetzt. Ein spiritueller Meister unserer Zeit hat den Mut, grundlegende Glaubensinhalte des Christentums aus der Sicht des Mystikers neu zu interpretieren. Er will die Erkenntnis vermitteln, daß allein die religiöse Erfahrung zu den Quellen der Religion führen kann und so mithelfen, daß das kommende „Jahrhundert der Metaphysik" für alle Religionen eine Zeit der Regeneration wird.

Suche nach dem Sinn des Lebens

Willigis Jäger

272 Seiten, gebunden, ISBN 3-928632-03-5

Alle wichtigen Themen des spirituellen Lebens werden von dem Zenmeister Pater Willigis Jäger in diesem Buch grundlegend behandelt und in Bezug gesetzt zur christlichen Mystik, aber auch zu den großen Traditionen der esoterischen Wege anderer Religionen, zu den Ergebnissen moderner Naturwissenschaft und zu den Erkenntnissen der transpersonalen Psychologie. Die psychologischen Aspekte des inneren Weges, seine Tiefenstrukturen und Stadien, der Umgang mit den Gefühlen und die Verwandlung des Schattens werden eingehend beschrieben. In diesem Buch geht es um den inneren Weg der christlichen Religion, um einen Bewußtseinswandel in der Gleichgestaltung mit Christus, um eine neue – von innen geprägte – Ethik, die Verantwortung für die Mitwelt übernimmt. Das Buch befreit zu einem sinnerfüllten Leben; motiviert, den inneren Weg zu gehen, provoziert zu einem neuen Denken und Handeln und tröstet in dunklen Stunden.

Die Vision des göttlichen Menschen

Barbara Schenkbier

432 Seiten, gebunden, Einband Kunstleder mit Goldaufdruck,
21 ganzseitige Bilder, Zweifarbendruck – ISBN 3-928632-18-3

Das Buch ist ein umfassendes Standardwerk, das den Durchbruch einer neuen Evolutionsstufe im menschlichen Bewußtsein des Menschen vorbereiten hilft. Aufbauend auf wissenschaftlichen Erkenntnissen und der mystischen Tradition aller Religionen führt es zu einem tieferen Wissen über das menschliche Bewußtsein, um dann den Weg zum göttlichen Menschen zu beleuchten. Alle wichtigen Schritte werden beschrieben, wesentliche Übungen aus einer neuen Sicht heraus dargestellt und die Transformationsstufe zu einem neuen Bewußtsein geschildert.

Beim Lesen und Anwenden der beschriebenen Wahrheiten eröffnet sich dem Leser eine neue Sicht über den Sinn des Lebens. Alle, die den geistigen Weg beschreiten, werden ihn besser verstehen, ihn bewußter, mutiger und konsequenter weitergehen.

Das Buch ist aus der eigenen, spirituellen Erfahrung der Autorin heraus geschrieben und eröffnet den Blick in eine Zukunft, die die evolutionäre Schöpferkraft selbst schaffen wird.

Die verborgene Blüte

Über die psychologischen Hintergründe der Spiritualität

Han F. de Wit

288 Seiten, gebunden – ISBN 3-928632-42-6

Grundlegende Menschlichkeit und spirituelles Wachstum

Warum strahlen manche Menschen Lebensfreude aus, andere aber Lebensangst? Warum wachsen die einen an ihren Leiden, während andere an ihnen zerbrechen? Wie kann ich ein glücklicher Mensch werden, zu mir selbst finden? Welche Hilfen bietet die Psychologie? Die Antworten darauf stehen im Zentrum der kontemplativen Psychologie. Sie beziehen sich auf eine verborgene Blüte, die sich tief im Kern unseres Wesens entfaltet. Ihre Früchte – Lebensmut, Lebensfreude, Erbarmen und Klarheit des Geistes – sind in diesem Buch gegenwärtig mit all unserem Handeln, im Umgang mit uns selbst, unserer Umgebung und Umwelt. Es geht um unsere grundlegende Menschlichkeit. Wege dorthin werden eingehend beschrieben.

Wenn es verletzt, ist es keine Liebe
Wege zu erfüllenden Beziehungen
Chuck Spezzano

384 Seiten, gebunden – ISBN 3-928632-20-5

Dieses Buch verändert Ihr Leben. Ein Wissender zeigt den Weg, wie Sie ein Leben führen können, das erfüllt ist von Liebe und Verstehen, von Freude und Glück. Sie erfahren in 366 Kapiteln wichtige Lebensgrundsätze, die Ihre zwischenmenschlichen Beziehungen auf eine höhere Ebene heben.
Die Weisheit der Liebe, die der Verfasser in jahrzehntelanger Forschungsarbeit als Psychotherapeut, als weltweit bekannter Seminarleiter, als visionärer Lebenslehrer entdeckt und in klare Weisungen umgesetzt hat, verwandelt Sie und berührt Ihr wahres Wesen, das Liebe ist.
Durch die angebotenen Übungen, die das theoretisch Erkannte auch in den praktischen Alltag umsetzen, wird das Buch zu einem Wegbegleiter und Ratgeber in bedrängenden Beziehungsnöten. Sie reifen in Ihrer Selbsterkenntnis, können Ihre Beziehungen in Partnerschaft und Freundschaft neu ordnen, vertiefen und intensivieren.

Glücklichsein ist die beste Vergeltung
Die Kunst des Loslassens – ein 30-Tage-Programm
Chuck Spezzano

136 Seiten, gebunden – ISBN 3-928632-21-3

Auch dieses Buch von Chuck Spezzano informiert den Leser über die wichtigsten Lebensregeln zum Glücklichsein. Es hilft, die unterbewußten Blockaden zu erkennen und aufzulösen, die inneren Hindernissse aus der Psyche zu überwinden und in der Erfahrung der wunderbaren Seelenkräfte der Liebe sein wahres Lebensglück und seinen Lebenssinn zu finden. Unverarbeitete Geschehnisse und Gefühle kommen ins Bewußtsein und können geheilt werden. Widerstände aus verdrängten, ungelösten Ereignissen, Schmerz, Schuldgefühle und Angst werden durch Erkennen und Übung aufgelöst.

Der Weg durch den Sturm
Weltarbeit im Konfliktfeld der Zeitgeister
Arnold Mindell

248 Seiten, gebunden – ISBN 3-928632-29-9

Wie sollen wir Menschen an der Schwelle zum dritten Jahrtausend unsere gigantischen Probleme lösen? Ausgehend von seinen Erfahrungen in der psychotherapeutischen und supervisorischen Arbeit mit Einzelnen und Gruppen in vielen Teilen der Welt hat Mindell Ansätze für eine Methode entwickelt, welche Lösungen nicht von außen überstülpt, sondern Gruppen und Großgruppen dabei unterstützt, sich selbst kennenzulernen und bisher unterdrückte oder übersehene Teile als Ressourcen für den Umgang mit ihren Schwierigkeiten und zur Entwicklung von Gemeinschaft zu nutzen.
Wie können Betroffene dabei unterstützt werden, aus ihrem Prozeß und ihrem jeweiligen Feld heraus Zugang zu den eigenen Potentialen von Führungskraft und Weisheit zu finden? Dieses Buch schildert Schritte auf dem steinigen Weg der Suche nach einer neuen „Weltarbeit", welche Erkenntnisse aus der Psychologie, den modernen Naturwissenschaften und den alten spirituellen und schamanistischen Traditionen zusammenbringt, um den Herausforderungen unserer Zeit zu begegnen.

Selbsterkenntnis und Heilung

Die Auflösung der emotionalen Energieblockaden

Jordan P. Weiss

240 Seiten, gebunden, 21 Zeichnungen – ISBN 3-928632-28-0

Die in diesem Buch dargestellte Methode „Psychoenergetics" wurde von Dr. Jordan Weiss entwickelt, einem Spezialisten auf den Gebieten Streßbewältigung, Verhaltensmedizin, Personaler Transformation und chronischer Erkrankungen. Diese Methode schafft Zugang zu dem unbewußten Selbst und läßt Sie verborgene, falsche Denk- und Verhaltensmuster entdecken und auflösen, die Sie daran hindern, alle positiven Möglichkeiten des Lebens auszuschöpfen und ein glückliches Dasein zu führen.
Mit den Methoden der „Psychoenergetics" können Sie folgendes erlernen: Ärger, Angst und Unsicherheit freizusetzen; Blockaden zu entdecken, die Sie am Erreichen Ihrer Ziele hindern; Selbstsabotage zu eliminieren; sich von Schmerzen zu befreien; Schmerzen bei Menschen zu lindern, die Sie lieben; Liebe und Glück zu empfangen und negative Energien aufzulösen. Sie können Ihr Leben dauerhaft verändern. Es ist zu kurz, um die Lektüre dieses Buches noch einen einzigen Tag aufzuschieben!

Das Enneagramm der Gesellschaft

Die Übel der Welt, das Übel der Seele.

Claudio Naranjo

168 Seiten, gebunden, 10 Zeichnungen – ISBN 3-928632-37-X

Das Wissen um die Tiefenstrukturen der Seele mit Hilfe des Enneagramms führt zur Erkenntnis des eigenen Charakters mit seinen Stärken, Schwächen und verborgenen Potentialen. In diesem Buch weist Claudio Naranjo – Arzt, Psychiater, weltbekannter Bewußtseinsforscher und Therapeut – nach, daß die Mißstände der Welt in den Übeln unserer Seele begründet liegen.

Es werden dabei folgende Themen behandelt:
● Das Enneagramm als Landkarte der Übel, Sünden und grundlegenden Leidenschaften in der individuellen Psyche sowie die Beziehungen zwischen diesen Übeln und den Krankheiten der Seele.
● Eine detaillierte Beschreibung der Störungen der Persönlichkeit oder Charakterneurosen, die sich aus jeder einzelnen dieser Übel oder krankhafter Zustände ableiten lassen.
● Eine Diskussion der Verwirrungen der Liebe, die jedem einzelnen dieser menschlichen Charaktere des Enneagramms zu eigen sind.
● Eine Betrachtung eines möglichen „Enneagramms der Gesellschaft" als eine kurze sozialkritische Abhandlung aus der Perspektive der psychischen Krankheiten des individuellen Charakters.

Transpersonale Psychologie und Psychotherapie

112 Seiten, zwei Ausgaben: Frühjahr und Herbst

Transpersonale Psychologie und Psychotherapie ist eine unabhängige Zeitschrift, schulen-, kultur- und religionsübergreifend, verbindet das Wissen spiritueller Wege und der Philosophia perennis mit moderner Psychologie und Psychotherapie, leistet Beiträge zur wissenschaftlichen Fundierung des Transpersonalen.
Transpersonale Psychologie und Psychotherapie ist eine Zeitschrift, die sich an Fachleute und Laien wendet mit einem Interesse an transpersonalen Themen. Aus einem schulen-, kultur- und religionsübergreifenden Verständnis heraus bietet sie ein Forum der Verbindung von Psychologie und Psychotherapie und deren theoretischen Grundlagen mit spirituellen und transpersonalen Phänomenen, Erfahrungen und Wegen, Welt- und Menschenbildern. Sie dient dem Dialog der verschiedenen Richtungen, fördert integrative Bemühungen und leistet Beiträge zur Forschung und Theoriebildung. Sie bietet Überblick, Orientierung und ein Diskussionsforum auf wissenschaftlichem Niveau.